Michele Petragnani Ciancarelli

IL FANTASMA DELLA MIA LIBERTÀ
11 SETTEMBRE 2001
Ispirato a una storia vera

EDIZIONI
EFFETTO

Michele Petragnani Ciancarelli
Il fantasma della mia libertà 11 settembre 2001
Ispirato a una storia vera

Prima edizione settembre 2021
ISBN 978-88-32195-32-3

Grafica Roberta Sanna
Illustrazione Giorgio Polo

Edizioni Effetto 2021
www.edizionieffetto.it

IL FANTASMA DELLA MIA LIBERTÀ

11 SETTEMBRE 2001

Ispirato a una storia vera

Per quelli che non ce l'hanno fatta...
ALWAYS REMEMBER

A Giulia, Sveva e Tobia

«Il romanzo è la verità dentro la bugia»
Stephen King, IT

Corriere della sera, 13 settembre 2001

Storia di un giovane romano

Michele, il sopravvissuto e la sua lunga fuga per le strade di New York

di **PAOLO BROGI**

«Ho visto sette persone che si gettavano nel vuoto davanti a me...». Era al 35° piano del World Financial Center, a venti metri dalle torri del World Center. Si chiama Michele Petragnani, è un romano di 27 anni, vive a New York, ha un master in *business administration* e un posto di lavoro all'American Express. Era al telefono con suo padre Franco, un neurochirurgo romano, mentre vedeva quei corpi che volavano giù come in un film surreale dell'orrore. Poi quando il secondo aereo dirottato ha colpito la seconda torre ha lasciato suo padre alla cornetta e si è gettato a rotta di collo giù per le scale del grattacielo cercando una via d'uscita. Ce l'ha fatta, lasciando però suo padre nelle più gravi ambasce, incollato a una cornetta che non rispondeva più. È riuscito a contattarlo, facendogli tirare un gran sospiro di sollievo, solo un paio di ore dopo. Due ore che a Roma nell'appartamento dei Petragnani vicino a piazza Vescovio non sembravano finire mai. Ma Petragnani aveva ben altro da fare. Questo è dunque il suo racconto.

CONTINUA A PAGINA 50

Dal 35° piano del World Financ

Miche

SEGUE DALLA PRIMA

«Martedì era per me il secondo giorno di lavoro all'American Express, dove - racconta Michele Petragnani al telefono dalla sua casa in Upper Eastside faticosamente raggiunta martedì mattina subito dopo il crollo delle torri del WTC - Il grattacielo del World Finmancial Center è collegato da un ponte mobile, al primo piano, con una delle due torri. Alle otto e venti del mattino, un po' in anticipo sull'inizio della giornata di lavoro, ho percorso il ponte e sono salito nel mio ufficio al 35° piano. Ero alla mia scrivania e guardavo fuori quando alle 8,45 ho sentito l'impatto, un po' sopra di me. Terribile, fortissimo, con un'onda d'urto che ha fatto vibrare in modo pazzesco i cristalli del mio piano».

«Ero in ufficio, all'American Express. Ed era il mio secondo giorno di lavoro»

«Quaranta metri più
to ho visto un buco ne
s'era formato nella to
da quel buco stavan
vendo giù le macerie
descenti. C'era una n
di fuoco che scendeva
di me. Sono restato a
aperta. Poi quella nub
bile si è un
radata e ho
persone ch
no alle fin
Si sporgev
fuori e chie
no aiuto.
parlante d
grattaciel
preso a gra
re. Era la "s
ty" che dava
mazioni su
to stava succedend
prio di fronte ai nostr
e che invitava alla ca
colpire il WTC, secon
toparlante, era stato
colo aereo bimotore. "
sono pericoli per il
grattacielo", ha pros

er accanto alle torri del Wtc ha visto tutto. «Si sono gettati giù nel vuoto almeno in sette»

n fuga dal grattacielo di New York

LINES Sullo sfondo le torri ancora in piedi del Wtc, accanto al World Financial Center

parlante invitandoci a vacuare l'immobile. A punto ho chiamato la amiglia a Roma. Mi ha sto mio padre Franco. o detto di accendere la rchè stava succedendo an disastro. Gli ho anche detto che io mi trovavo in un altro grattacielo, senza precisare quale, e di non preoccuparsi per me. Non avevo messo in conto che un secondo aereo stava per piombare addosso alle WTC. Mentre era attaccato a quel telefono ho cominciato a vedere persone che si gettavano nel vuoto, precipitando giù e rimbalzando contro la struttura del palazzo. È stato qualcosa di difficile da descrivere. Uno, due...credo di aver visto sette persone che in una manciata di secondi si gettavano nel vuoto. Mi sono passati davanti, a pochi metri di distanza. Non potrò dimenticare mai più tutto ciò...»

«Poi all'improvviso, in mezzo a folate di fumo nero, ho intravisto l'ala di un aereo che oscurava il cielo sopra di me. E subito dopo un altro botto tremendo, seguito da un mare di fiamme. Un cerchio di fuoco scendeva versio il basso. Erano quasi le nove. Ho pensato che la terza torre sarebbe stata la mia, d'istinto ho gettato sul tavolo la cornetta telefonica e mi sono gettato a capofitto nella scala di servizio che mi era stata mostrata il giorno prima. Fino al 18° piano non c'era nessuno, o almeno erano in pochi a scendere. Al 17° piano cominciava una fila, persone che scendevano in modo abbastanza ordinato. Ci hanno fatto uscire da Vesey Street, il ponte non esisteva più, e fuori ho trovato parecchie persone che sostavano guardando in alto. Putroppo parecchi sono restati, mentre io mi allontanavo verso nord a piedi fino ad Union Square dove sono sceso nella metropolitana. Strada facendo, il cellulare ha ripreso a funzionare e ho chiamato mio fratello che fa il biologo a Washington pregandolo di chiamare subito papà. Poi arrivato a casa ho saputo del crollo delle torri. E che due impiegate del mio team che dovevano arrivare in ufficio alle 9, Sonali e Katherine, sono scomparse nel nulla».

«Ho chiamato al telefono mio padre a Roma ed è arrivato il secondo aereo...»

Paolo Brogi

Introduzione

Il maestoso atrio che mi circonda evoca una sensazione di orgoglio. Sono al World Trade Center, nelle mitiche Torri Gemelle! È il mio primo giorno di lavoro e sarà un giorno che non dimenticherò mai. Oggi è l'11 settembre 2001...

Avevo un'idea per un romanzo, il mio primo, e volevo attingere un po' dalla mia vita per sentirlo veramente *mio.* Non ero però certo di voler ripercorrere la tragedia che ho vissuto, dopotutto sopravvivere a Ground Zero è stato un piccolo miracolo e l'idea di romanzare l'11 settembre mi sembrava un po' come mischiare il sacro con il profano, narrare l'inenarrabile, finché ho capito che ciò che più mi tratteneva era la paura di fare i conti con il passato. Poi per puro caso, come spesso accade, un giorno mi sono imbattuto in un vecchio documento che scrissi alcune settimane dopo l'attentato. Perso in una periferica del mio hard disk, sopravvissuto al pericolo di diversi backup e alla sfida di una traduzione linguistica, quel breve documento (*Il Fantasma Della Mia Libertà)* mi ha soccorso, diventando l'epilogo di questa storia e "prestando" il titolo al romanzo stesso. Si tratta di un vero flusso di coscienza: parole buttate giù d'istinto dopo essermi svegliato con un sussulto nel cuore della notte, tra le lenzuola intrise di sudore. La causa era un incubo ricorrente, il preludio al disturbo da stress post-traumatico che mi avrebbero diagnosticato da lì a breve. Un tunnel lunghissimo fatto di sedute di psicoterapia e di cocktail di pillole colorate per combattere soprattutto i *flashback:* un processo psichico che attinge dal trauma vissuto per alimentare delle allucinazioni multisensoriali che spesso si fondevano (e confondevano) alla realtà, scollandomi dal mondo che mi circondava.

Attraverso un personaggio ho inserito nel racconto cosa ho visto quel giorno, come mi ha cambiato e perfino come sto vivendo quella ricorrenza anno dopo anno. L'idea era quella di amalgamare nella trama del romanzo un contesto che non fosse solo un freddo riferimento storico, ma un'autentica testimonianza autobiografica. Sebbene infatti avessi da tempo il desiderio di raccontare pubblicamente questa esperienza, la possibilità di avvolgere tutto nella fantasia della narrativa era l'unico modo per riaprire "quella porta" che tenevo chiusa da vent'anni, senza rischiare di rifarmi male. Tengo a precisare, tuttavia, che per rispetto verso le persone coinvolte in quella sciagura, benché questa storia e i suoi personaggi siano fittizi, tutti i riferimenti all'11 settembre sono reali e li racconto così come li ricordo. Se qualcuno si dovesse offendere per questa audace miscela tra la testimonianza diretta di una delle più grandi tragedie della storia contemporanea e la fantasia narrativa, chiedo scusa, non era mia intenzione. È solo un cassetto lasciato accostato per frugarmi nell'anima, se vorrete farlo...

10 settembre

X

Очи черные
(Ochi chernye)

OCCHI SCURI

Yevhen Hrebinka, *Literaturnaya Gazeta*, 1843

Prologo

Uno stridio di pneumatici nel vicolo ne rivelò l'imminente arrivo. Era notte fonda e la violenza del vento si accaniva da giorni sulla costa orientale dell'America. Nei quartieri periferici di Washington i vecchi pali della luce divennero facili prede delle intemperie. Grossi rami, spezzati alla stregua di stuzzicadenti, avevano tranciato dei cablaggi sospesi lasciando isolate diverse zone della capitale americana.

I meteorologi avevano lanciato un avviso di tempesta non del tutto inusuale in quella regione per il mese di settembre. Anzi, era perfettamente in sintonia con una vecchia filastrocca caraibica sulla stagionalità degli uragani, che recita così: "*June too soon, July stand-by, August you must (be prepared), September remember*". In un paio di settimane sarebbe stato *October all over*[1] che, in teoria, avrebbe chiuso la stagione dei cicloni. Ma non era ancora il momento. Adesso c'era l'inferno in terra e, non a caso, le strade erano deserte.

Un fulmine illuminò il cielo color acciaio. Fu un istante, poi tornò il buio e il boato del tuono squarciò il silenzio della notte emulando lo scoppio di una granata. Cessato il fragore l'oscurità venne di nuovo sfidata da un fascio di luce che,

1. "Giugno troppo presto, Luglio prepararsi, Agosto bisogna (esser pronti), Settembre ricorda, Ottobre tutto finito."

tagliata a fatica la fitta pioggia, si andò a scagliare contro un muro malandato. Poi il rombo di un motore si fece più forte, e quel cerchio luminoso proiettato sulla parete scrostata divenne sempre più piccolo e intenso: un veicolo si stava avvicinando. La luce proveniva da un singolo fanale, e in pochi istanti apparve una moto che si andò a fermare proprio a ridosso di quel muro segnato dal tempo e dall'incuria. I quattro cilindri della Ducati, ora in folle, scalpitavano quasi fossero cavalli da corsa al nastro di partenza. Due guanti neri riposizionarono il manubrio, e il fanale andò a scovare un'automobile. Sembrava caduta nell'oblio, come tutte le cose che non avevano trovato un riparo in quella notte da lupi. Eppure, la macchina riprese improvvisamente a vivere spalancando gli occhi come un paziente che si risveglia dopo un lungo coma.

Goccioloni di pioggia ticchettavano ovunque, ma quelli che cadevano sul motore incandescente evaporavano all'istante, e avvolsero il centauro in una nube di fumo dalla quale prese forma una creatura demoniaca.

La portiera del guidatore si aprì e scese un uomo con un ombrello che lo copriva a malapena. Non era un uomo qualsiasi, sfiorava i due metri di altezza e con la sua falcata arrivò al cofano dell'utilitaria in un solo passo. Raggiunto il cono di luce, mostrò le mani aprendo bene il palmo per evidenziare che non fosse armato. Indossava un vestito di sartoria a due pezzi, nessun negozio normale avrebbe mai confezionato un abito della sua taglia. Il diavolo sulle due ruote girò la chiave e il vicolo riprecipitò nel silenzio. Inghiottita dalla penombra si distingueva appena una sagoma interamente rivestita di pelle nera, stivali e casco integrale, anch'essi scuri. A mano a mano che si avvicinava, si rese conto che perfino la visiera del casco era brunita. Un'ombra mimetizzata nella notte scivolava verso di lui e, alla vista di quell'ossimoro vivente, il colosso prese una sigaretta e se la portò alle labbra; forse era un'altra sequenza prestabilita, o forse solo un modo per distendere i nervi alla vista di quella figura sinistra. Era raro che la torre umana si sentisse a disagio davanti a qualcuno, eppure quel dannato motociclista lo inquietava terribilmente. Estrasse uno zippo, e incendiò il tabacco. Fu l'ultimo gesto silente.

«Spasibo tovarishchu» disse il colosso tendendo la mano.

«Da zdravstvuyet matushka Rossiya!» replicò il centauro stendendo il braccio oltremisura fino all'avambraccio del gigante, affinché i due potessero stringersi i rispettivi gomiti.

"Grazie compagno" e "Lunga vita alla madre Russia" fu il botta e risposta che accompagnò quel saluto particolare, come se appartenessero a una setta o una confraternita segreta.

***

Dopo l'inusuale presentazione, i due iniziarono a parlare in russo, la loro lingua madre. Il motociclista mantenne abbassata la visiera scura per preservare l'anonimato. La sua voce era alterata da un sintetizzatore vocale montato nel casco che rendeva impossibile determinarne perfino il sesso. L'effetto sonoro era quello di una lima che raschiava sul ferro, e rendeva il misterioso individuo un personaggio ancora più inquietante. Aveva con sé una valigetta, ovviamente nera.

La ventiquattrore passò di mano e il gigante la adagiò sul cofano per ispezionarne il contenuto e accertarsi che corrispondesse agli accordi. Per prassi non si fidava mai di nessuno e di certo non avrebbe fatto eccezione per questo losco bastardo. La valigetta conteneva diversi oggetti.

In cima a tutto c'era una Sig Sauer M11 con un silenziatore 9mm. Il bestione la trascurò con disinvoltura, lasciando trasparire la sua dimestichezza con le armi. Fu invece quel che all'apparenza sembrava un orecchio umano a catturare la sua attenzione. L'immagine raccapricciante ricordava il classico rapimento con finalità di estorsione, ma non erano questi gli accordi. Vedendo lo stupore nel suo volto, il centauro si sentì obbligato a chiarire che si trattava di una protesi di silicone. La studiò con attenzione e si rese conto che era una sofisticata ricetrasmittente adattabile all'orecchio come un guscio. Indossata in pubblico, nessuno si sarebbe mai accorto che fosse un auricolare. Un prototipo.

L'ispezione nella valigetta continuò, sempre con un occhio puntato su quell'individuo sinistro. Al minimo accenno di ostilità, la montagna umana era pronta a spararagli con la pistola che portava sotto la giacca. Sfiorò un mazzo di chiavi, ma la sua attenzione fu catturata da un altro strano oggetto: un cilindro d'alluminio che aveva tutta l'aria di essere la custodia di un sigaro extra-large. Un sorriso gli deformò il volto, e gettò la sigaretta pregustando una fumata più prelibata. Il mozzicone fu catturato da un flusso d'acqua che andava a morire nella grata di un tombino sovraccarico. Avvolse le dita sull'oggetto di metallo, ben più massiccio di una comune custodia per sigari. Era liscio, a eccezione di una delle due facce su cui era stilizzato un logo che non aveva mai visto prima. Sotto quel simbolo si leggeva la scritta "RUST". Gli occhi concentrati, appena socchiusi, si spalancarono tradendo ancora una volta il suo stupore.

«Gde noutbuk?» chiese in russo, non vedendo un laptop.

«Ty derzhish' eto!» – Lo hai in mano! – rispose l'individuo col casco, levandogli il cilindro dalle mani. Ruotò una delle basi e fece uscire un sottile schermo avvolgibile. «RUST» esclamò il motociclista, soffermandosi volutamente su ciascuna delle quattro lettere incise. «È l'acronimo per Roll-Up Screen Tablet» disse con un perfetto accento americano. «Da questo momento in poi devi scordarti il russo. Parleremo solo in inglese!»

Un sofisticato schermo touch-up si accese con un piccolo bottoncino e lasciò il gigante senza parole. Con lo stesso bottone lo strumento si spense, arrotolandosi su se stesso. Lo mise nel taschino della giacca per evidenziarne la portabilità. Un altro prototipo. Finalmente la montagna umana si poté focalizzare su ciò che più desiderava all'interno della valigetta. Erano molte e tutte uguali: fascette contenenti banconote da cento dollari nuovissime. Ne prese una a caso e la esaminò per accertarsi che fossero vere. In controluce riconobbe l'inconfondibile filigrana della zecca americana. Con la mano destra, poi, ispezionò le altre fascette per stimarne la quantità e accertarsi che il denaro fosse tutto là, come nei patti. Lo era. Mezzo milione di dollari in banconote non tracciate.

«Dollarov» disse in russo, con tono scherzoso. Si avventò sulle banconote per sentirne il profumo, e sbottò in una fragorosa risata nel cauto tentativo di distendere gli animi. Tra i due aleggiava uno scetticismo reciproco e l'aria, già carica di tensione, si rese elettrizzante. La risata non sortì l'effetto desiderato.

«DOLLARI!» ruggì la controparte in inglese.

Con un rapido gesto gli sfilò la mazzetta dalle mani. La creatura mastodontica era un killer professionista, anch'egli con la mano lesta, ma nulla in paragone a quella del cavaliere vestito di nero. Il movimento fu al limite delle capacità umane, quasi rettiliano. Una gocciolina di sudore gli imperlò la fronte, rivelando l'ansia che provano anche i giganti. Il rimprovero era un monito a ricordare che poco prima i due tizi avevano concordato di parlare solo in inglese, ma il colosso aveva già infranto il patto. Il piano era preciso, studiato nei minimi dettagli, e leggerezze di quel genere non erano ammesse. I due rimasero a fissarsi come atto di sfida. Il conducente della Ducati aveva una corporatura media eppure, nonostante il casco, il titano lo torreggiava di almeno un palmo. La differenza era ancor più vistosa nella massa corporea, discrepanza che in teoria avrebbe dovuto spaventare qualsiasi interlocutore. Qualsiasi, ma non quel demone nero. No, lui manteneva la posizione senza il minimo accenno di timore. Sostennero lo sguardo, la visiera scura contro quegli occhi neri, egualmente impenetrabili. Difficile dire quanto durò, ma alla fine il motociclista fischiettò le note di un motivetto a loro ben noto.

«Ochie chernye!» esclamò l'omone, ancora una volta in russo, riconoscendo la canzone di tradizione popolare.

«Occhi scuri» replicò l'altro in inglese, evidenziando di nuovo il punto sulla lingua.

L'enorme creatura pensò di aver vinto la sfida degli sguardi, la battaglia di nervi, e tirò un sospiro di sollievo per rallentare il cuore che gli correva all'impazzata. Le pulsazioni però aumentarono.

«Se sento un'altra parola in russo, giuro che ti strappo gli occhi dalle orbite con queste tre dita e te li faccio mangiare. Se hai sentito parlare di me, saprai anche che non sarebbe la prima volta!»

La voce robotica trasudò nella pelle del bestione evocando un brivido che gli corse lungo tutta quell'enorme spina dorsale. Era la prima volta in vita sua che qualcuno lo faceva sentire così. Nonostante fosse una persona spietata, la montagna umana abbassò lo sguardo riconoscendo l'autorità dell'avversario. Solo allora il motociclista restituì il blocco di denaro lanciandolo nella valigetta.

«Mezzo milione ora e un altro milione alla fine.» La voce metallica mise fine alla disputa. «Con questo strumento potrai metterti in contatto con me in modo sicuro.» Indicò la protesi di silicone e proseguì: «Sarà l'unico nostro mezzo di comunicazione, non ci incontreremo mai più di persona. Niente telefoni o e-mail, solo questo orecchio.»

«Ok» replicò l'ammasso di muscoli. «Ci rivedremo solo quando la missione sarà terminata.»

«Non è soltanto per i soldi, sai...» disse con lo sguardo basso quasi a giustificarsi: «cambieremo il mondo!»

Furono le parole giuste per diffondere quella tensione.

«Sì, compagno!» esclamò il centauro. Nonostante il sintetizzatore vocale nel casco riproducesse una voce piatta e impersonale, l'argomento accese di colpo il suo entusiasmo.

«Il capitalismo americano ha portato il mondo verso il collasso. Ci troviamo sull'orlo di un cratere senza fondo, stretti nella morsa di un'economia insostenibile che ha portato sovrappopolazione, carestia, inquinamento e riscaldamento globale, solo per citare alcuni aspetti di questa orribile piaga» disse con fare appassionato e coinvolto. «I ghiacciai si sciolgono mentre le foreste bruciano. Gli oceani soffocano sotto la plastica e il risultato è che il mondo sta perdendo cinquanta specie al giorno. Cinquanta specie vengono cancellate dal pianeta, ogni giorno» ripeté, enfatizzando con una pausa strategica degna di un grande oratore. «Se l'estinzione è un processo naturale, lo studio dei fossili e altri dati scientifici ci insegnano che questo valore è tra le cento e le mille volte superiore al tasso di estinzione naturale dai tempi dell'origine della vita sulla Terra. Non dobbiamo dunque meravigliarci se è arrivato anche il nostro turno. Abbiamo avuto diverse avvisaglie, ma i Paesi occidentali le hanno trascurate. L'America più di tutti, con il suo colonialismo dispotico e lo scellerato capitalismo sta guidando la nostra estinzione di massa.»

Il titano era mesmerizzato. Aveva di fronte l'unica persona in grado di incutergli timore e, al tempo stesso, anche l'unico essere umano capace di destarlo dal torpore tipico di chi ha smesso di fregarsene del mondo.

«Il mio cuore batte all'unisono col tuo, fratello!» La torre umana si erse dritta al punto da sembrare perfino più alta di prima, battendosi il pugno simbolicamente su quel petto enorme.

«Prima che la catastrofe diventi irreversibile dobbiamo sradicare questo flagello. Nulla sarà più uguale. Sarà l'inizio di una nuova era economica in cui gli Stati Uniti impareranno a supplicare, piuttosto che ordinare. La nostra missione porterà a un mondo migliore per tutti. Ma non dimenticarti che dietro a ogni grande conquista ci sono grossi sacrifici» puntualizzò il motociclista, perentorio. «La storia ci insegna che il bene di molti a volte richiede, ahimè, il sacrificio di qualcuno. Non potrai mai esitare d'ora in avanti, fratello. D'ora in poi, qualunque ostacolo dovrà essere considerato un danno collaterale.»

«Ho capito» disse, gli occhi scintillanti.

Un breve saluto stringendosi i gomiti sotto la pioggia scrosciante, e i due si separarono così come erano venuti.

- I -

La Porsche 911 4S si fermò al casello. La pioggia incessante dei giorni precedenti stava diminuendo, ma la visibilità era ancora scarsa al punto che l'importo da pagare apparso sul display si leggeva a malapena attraverso il parabrezza appannato.

«Salve.» Una voce maschile proveniente dall'abitacolo dell'auto sportiva interruppe il silenzio della notte. Il guidatore aveva abbassato il finestrino di appena due dita, il minimo indispensabile per passare il denaro del pedaggio. Fuoriuscì una densa nuvola grigia, il conducente stava fumando come un forsennato. Tutto era stato calcolato nel minimo dettaglio.

Per attuare il suo piano avrebbe dovuto transitare in una corsia EZ pay[2] senza dare nell'occhio, ma qualcosa non aveva funzionato. Il dispositivo non era scattato e la sbarra al casello automatico non si era alzata. Per questo dovette prendere una decisione immediata. Suonare il campanello chiedendo aiuto a quell'ora della notte era rischioso, meglio fare marcia indietro e transitare attraverso un casello "solo contanti". L'impiegato si era appisolato, da parecchio tempo non passava qualcuno. Erano le 4:09 del mattino al *Governor Harry Nice Memorial Bridge.*

2. Equivalente americano del Telepass.

L'uomo nella vettura fece di tutto per ridurre al minimo la visibilità in quella notte da lupi. Spense il condizionatore per far appannare i vetri e accese tre sigarette insieme per creare una spessa coltre di fumo. Giunto alla sbarra abbassò il finestrino quei pochi centimetri necessari per effettuare il pagamento, sapendo che il fumo avrebbe ostacolato la vista del casellante e delle telecamere.

«Sei dollari, vuole la ricevuta?» pronunciò una voce assonnata.

«No, grazie!» Le dita spuntarono dalla nuvoletta grigia e passarono il contante esatto, come previsto dal piano B. La macchina ripartì e il casellante richiuse gli occhi. L'uomo alla guida diede un'occhiata allo specchietto retrovisore per accertarsi che non ci fosse nessuno dietro di lui, poi guardò avanti. Anche la corsia opposta era deserta.

Aveva studiato l'andamento del traffico su quel ponte. La combinazione tra il giorno della settimana, l'orario e le condizioni meteorologiche avevano ridotto a una percentuale di una sola cifra le possibilità di incontrare qualcuno in quel momento. Le probabilità furono rispettate, nessuno transitò sul *Nice Bridge*. Percorse quella ripida strada sospesa a due corsie fino al centro, dove la struttura metallica che adorna il ponte si arcua in una specie di cupola. Parcheggiò il più vicino possibile al marciapiede laterale e spense sia il motore sia le luci. Sapeva che per minimizzare i rischi doveva agire con rapidità.

Il cielo plumbeo copriva le stelle come una coperta, ma la luna spuntò fuori per un attimo: altro segno che la tormenta stava passando. Un raggio di luce inaspettato attraversò il parabrezza illuminando due guanti scuri che tenevano il volante.

È ora di andare. La sigaretta brillò rossa, e lui si stiracchiò il collo sul poggiatesta in pelle prima di abbandonare la Porsche e scavalcare il parapetto con agilità. La tesa del copricapo gli nascondeva il volto dalle telecamere, ma non poteva evitare le gocce d'acqua angolate dal vento che gli pungevano il collo come aghi.

Si fermò sul ciglio per sporgersi e gettare uno sguardo al Potomac. Era nel punto di massima altezza e il fiume scorreva distante sotto di lui. L'enorme corso d'acqua gorgogliava come una bestia selvaggia, rinvigorito dal temporale dei giorni precedenti. Guardò nel vuoto sapendo che la corrente furiosa non avrebbe avuto pietà. Dalla tesa del cappello lanciò un ultimo sguardo verso il cielo. La luna era spuntata di nuovo fuori in breve tregua con le nuvole che scorrevano rapide, trasportate dalle correnti d'aria. Come un curioso occhio giallo sembrava volesse scrutarlo un'ultima volta, e le gocce di pioggia ora lo pungevano sul viso come uno sciame d'api impazzite. L'uomo esitò un istante, quasi fosse alla ricerca di un segno che lo facesse desistere e ripercorrere i suoi passi.

Che sto facendo?

Cercò di dare un ultimo tiro alla sigaretta, ma il diluvio l'aveva spenta da tempo. Prese allora il mozzicone tra pollice e indice, e lo scrutò con attenzione. La luna, semmai fosse stata un occhio che si apriva furtivo per vigilare, voleva solo accertarsi che lui portasse a termine il suo compito senza rimpianti. La pioggia, invece, gli ricordava semplicemente che il suo tempo era esaurito e che quell'ignobile peccatore non si meritava neppure un'ultima boccata di fumo.

Il mozzicone spento volteggiò in aria per primo. Lui lo seguì, volando nel vuoto per quarantuno metri.

***

Circa cento metri dell'Harry Nice Memorial Bridge erano sigillati dal nastro giallo della polizia lungo una delle due carreggiate. Poco prima dell'alba, l'intera struttura di quasi tre chilometri era stata chiusa con conseguenze devastanti sul traffico. Non c'erano valide alternative per collegare la Virginia al Maryland. Basti pensare che il Woodrow Wilson

Bridge sulla I-495, situato oltre quaranta miglia a nord, era il ponte più vicino. Sebbene drammatico, come qualsiasi caso di suicidio, l'evento sembrava il gesto teatrale di una persona disperata. E ciò non era abbastanza per congestionare la vita delle diciottomila persone che, in media, attraversano quel cavalcavia ogni giorno. Ecco perché il Nice Bridge, conosciuto anche come Potomac Bridge, fu riaperto in fretta a eccezione del tratto ancora interessato dalle indagini della scientifica. Ciononostante, le due file di auto in entrambi i sensi di marcia si allungavano a colpo d'occhio.

Questa vecchia costruzione che unisce Newburg nella contea di Charles con la cittadina di Dahlgren, nella contea di King George, è l'ultimo ponte prima che il Potomac si allarghi a dismisura e si vada a riversare nella famosa baia di Chesapeake. Poiché il Potomac appartiene territorialmente allo Stato del Maryland e funge da linea di demarcazione con la Virginia, quasi tutti i ponti su questo fiume sono sotto la giurisdizione del Maryland e in particolare della Maryland Transportation Authority (MDTA), un'agenzia statale indipendente responsabile per tutte le strade a pedaggio dello Stato. Fu proprio la MDTA la prima a intervenire sul posto.

«Buongiorno, sergente!»

Un uomo in impermeabile beige salutò, chinandosi per oltrepassare il nastro di recinzione con un distintivo in mano. Aveva appena smesso di piovere, ma l'aria trasudava ancora molta umidità. «Sergente Mahoney, signore» rispose il poliziotto della MDTA identificandosi a un suo superiore.

«Sono il detective Blake, cosa abbiamo di bello?» chiese, mostrando le proprie credenziali. La sua domanda era puramente retorica, ma implicava un veloce riassunto.

«Sembrerebbe che qualcuno si sia buttato giù» cominciò Mahoney, «eravamo di servizio nelle vicinanze e siamo stati chiamati a controllare. Siamo arrivati poco dopo le cinque questa mattina, forse cinque e un quarto. Abbiamo rinvenuto il veicolo abbandonato a metà della struttura. Siamo arrivati proprio mentre il traffico cominciava a intensificarsi. Inizialmente abbiamo chiuso tutto il ponte, sapevamo che sarebbe stato un massacro per la viabilità e così dopo i primi esami l'abbiamo riaperto, a eccezione della sezione transennata che vede adesso.»

«Hai detto le cinque e un quarto? Il sistema di sorveglianza mostra la macchina transitare verso le quattro.» Il tenente lo interruppe, controllando gli appunti e lanciando una veloce occhiata dal parapetto. L'altezza era da capogiro.

«Il protocollo si è attivato, signore. Speravamo di avere a che fare solo con una macchina in panne, succede spesso. Però, poi, controllando i video...»

«La mia domanda è: perché la MDTA ha messo in atto il protocollo solo un'ora dopo il fatto, sergente?» obiettò Blake.

«Mmm... abbiamo interrogato l'addetto al casello del turno, quello che ha dato l'allarme. Dai controlli effettuati, ehm... ci sono ragioni per credere che non fosse del tutto vigile al momento dell'incidente, signore.»

«Chiedo scusa?» interruppe di nuovo.

«Il casellante dormiva, tenente.»

Blake lo fissò in silenzio e appuntò qualcosa sul taccuino.

«Le assicuro però che prenderemo le dovute misure punitive per accertarci che...» Mahoney continuava a parlare ma Blake si era già allontanato, avvicinandosi alla Porsche.

«C'è un video che ritrae la persona mentre salta giù?» chiese Blake a Mahoney, che lo seguiva come un cagnolino.

«Sissignore. Le immagini purtroppo non sono molto chiare. Sa com'è, telecamere vecchie, brutto tempo, angolo d'inquadratura distante... però sì, è tutto su video. Le immagini mostrano la macchina che parte dal casello a velocità normale, per poi fermarsi al centro del ponte. Una persona scende dal posto di guida, dai gesti sembrerebbe fumare. Abbiamo anche trovato un pacchetto di sigarette sul sedile. Cammina fino al parapetto, si ferma qualche istante, poi si butta giù.»

«Avete rintracciato il proprietario?»

«Si chiama Marcus Whiterman: maschio, bianco, quarantaquattro anni, incensurato. Vive a Washington, a Dupont Circle. *Dottor* Whiterman...» si corresse Mahoney con un'enfasi sul titolo della vittima. Se si trattava di un modo per stemperare gli animi non sortì l'effetto desiderato, e ancora una volta Blake lo fissò in silenzio.

«Uno scienziato di qualche genere, apparentemente di successo. Voglio dire, Dupont Circle è tanta roba! Per non parlare di quella là...» il sergente indicò la Porsche. «È tutto quel che abbiamo, per ora.»

«Più avanti il fiume sbocca nella Chesapeake Bay. La baia ha una superficie di quasi dodicimila chilometri quadrati, sai cosa significa? Te lo dico io, significa che con questa corrente chi è saltato giù potrebbe esser finito ovunque e noi abbiamo perso un'ora cruciale per le ricerche. Ormai sarà come cercare un ago in un pagliaio, il corpo potrebbe non saltar fuori per giorni, sempre se siamo fortunati e si è incagliato tra qualche roccia.»

Mahoney abbassò lo sguardo a contemplare la suola dei suoi scarponi, quando avvertì una presenza alle spalle. La sagoma del sergente Miller sembrò materializzarsi all'improvviso dal nulla, nel silenzio tutto attorno. «Ehi Billy, il vecchio ti vuole giù alla centrale per una rapina a una gioielleria in città. Vai pure, finisco io qui.»

Fece sì col capo e ringraziò Miller, il suo braccio destro nella sezione investigativa della centrale di La Plata, nel Maryland. Blake diede un ultimo sguardo alla scena grattandosi la barba incolta, che poteva apparire come un look studiato, ma non era affatto così; dividendosi tra un lavoro impegnativo come quello del detective e il ruolo di padre single, era affetto da una carenza cronica di tempo. La cravatta allentata sulla camicia sbottonata e quell'aria perennemente stropicciata era lo specchio della sua vita, tanto quanto la mascella volitiva che incorniciava due occhi grigi come il cielo in quei giorni.

Allora, dottor Marcus Whiterman, qual è la tua storia? pensò Blake fra sé e sé, fissando il Potomac a braccia conserte sul parapetto. *Guidi una macchina a sei cifre, abiti in una casa milionaria, eppure sei così triste da volerla fare finita. Ok, posso anche capirlo. Ma perché venire a farlo proprio quaggiù, a settanta chilometri da casa in una notte così schifosa?*

- 2 -

Il numero di like sul suo post in bacheca raddoppiava come la mitosi cellulare: uno... due... quattro... otto. Le reazioni dei suoi amici virtuali si esprimevano in un susseguirsi esponenziale di emoticon come se fosse scoppiata una fiala di Ebola a Times Square nella notte di Capodanno. Sedici... trentadue... sessantaquattro... centoventotto...

VERITÀ E RISPETTO
di Theresa Westlake

The Public Eye non è più il giornale in cui sono entrata con orgoglio diversi anni fa. In qualità di dirigente, mi prendo le mie responsabilità per questo fallimento. Animato da persone di talento e idee coraggiose come la decisione di rimanere una testata indipendente, *The Eye* ha raccolto negli anni la sfida di proporre una visione imparziale e non filtrata dei fatti. Nonostante le pressioni, sia i politici sia le loro lobby sono stati tenuti fuori dalla redazione (e dai conti correnti del giornale). Infatti, *The Eye* conta solo su un ristrettissimo finanziamento pubblico, cosa abbastanza inusuale per un quotidiano di questi tempi. Ma dipendere quasi esclusivamente da finanziamenti privati è stata la fortuna e al tempo stesso la sfortuna di questo giornale. Sebbene abbia sposato questa filosofia con fierezza, recentemente sono emerse delle divergenze con l'editore su come utilizzare i limitati fondi disponibili. Questa differenza di opinioni si è accentuata creando una frattura insanabile. Quando decisi di lasciare all'improvviso il mondo della finanza per unirmi a *The Public Eye* scelsi di seguire un percorso centrato su due valori cardine: VERITÀ e RISPETTO. Negli ultimi mesi ho avuto delle accese discussioni con il direttore Gordon Stevens, che a mio avviso ha violato ripetutamente questi due valori. Sono state dette molte bugie pur di non pagare alcuni collaboratori del giornale. Credo che in tempi difficili tutti debbano fare dei sacrifici proporzionali alle proprie possibilità, ma il management la vede diversamente e così, mentre una manciata di persone continua a ricevere grossi assegni, lo staff non viene pagato.

Coinvolta in questa farsa, in questa catena di bugie, sono diventata parte di uno schema che tradisce anche il secondo caposaldo dell'azienda poiché non pagare coloro che rappresentano il vero motore di questo grande giornale è una palese mancanza di rispetto. Quindi, è con la stessa determinazione con cui ho sposato questa testata diversi anni fa che oggi ne annuncio il mio divorzio. Quasi un anno fa mi sono separata da mio marito per delle differenze non conciliabili nella mia vita privata. Ora mi confronto con un altro doloroso fallimento nella mia vita professionale. Le mie dimissioni, tuttavia, seguono il mio ultimo articolo su *The Eye*. Quello che leggete qui è un estratto e vi rimando all'edizione online per maggiori dettagli.

VERITÀ per i nostri lettori e RISPETTO per i nostri impiegati. Perché io ancora credo che queste due parole debbano essere i capisaldi di *The Public Eye*.

Theresa Westlake stava finendo di sistemare gli effetti personali nel suo ufficio. Aveva riempito alcune scatole, e cercava di distribuire gli ultimi oggetti nei piccoli spazi rimasti qua e là nei i cartoni. Una cornice in una mano e un premio nell'altra, era pronta più che mai a guardare avanti dopo tanti anni trascorsi al *The Public Eye*, un piccolo quotidiano indipendente di Washington, DC. La fortuna del giornale era rappresentata da uno zoccolo duro di lettori fidelizzati che apprezzavano il suo giornalismo investigativo.

La Westlake si era dimostrata una ragazza precoce da subito, levandosi il pannolino poco dopo il compimento del primo anno di età. Da lì in poi, tutto fu una corsa contro il tempo, corsa che puntualmente vinceva. Cominciò a parlare a due anni, iniziò le elementari a cinque e si laureò con il massimo dei voti alla Notre Dame University a soli diciannove anni. Laurea in economia con studi secondari in psicologia. La sua carriera di giornalista iniziò dopo una breve parentesi nel mondo della finanza segnata dagli attacchi terroristici dell'11 settembre.

Il conduttore di un famoso talk-show una volta fece un commento sulla Westlake, durante un live in prima serata: «*Un'impavida cronista d'assalto che mostra la stessa duttilità sia davanti ai riflettori delle telecamere sia nel fare il lavoro sporco a testa bassa in un vicolo.*»

Doveva essere un complimento, se non fosse stato per un rude giornalista di un'importante emittente – tale Scott Riley – che suggerì un gioco di parole creando ambiguità e imbarazzo. Secondo l'interpretazione di Riley, il conduttore del talk-show voleva dire tra le righe che la Westlake avesse doti per lavorare nell'industria del porno. Fu così che all'improvviso, "davanti ai riflettori delle telecamere" e "fare il lavoro sporco a testa bassa" assunsero una nuova prospettiva agli occhi di molte persone. Le correnti femministe insorsero, ribellandosi contro la citazione incriminata. In un batter d'occhio la frase, il conduttore, il talk-show e perfino il network televisivo furono stigmatizzati come sessisti. Il problema fu che il presentatore era noto per il suo umorismo pungente a sfondo sessuale, e Theresa Westlake era uno schianto di donna. Scott Riley aveva dunque aperto un vero e proprio vaso di Pandora. La pressione nel canale divenne insostenibile e il noto personaggio "sotto accusa" fu chiamato a chiarirsi. Lo fece nel successivo *live show*, provando a spiegare che le sue parole erano state fraintese e che lui voleva solo elogiare le doti della Westlake come giornalista. Nel dire che poteva stare "davanti ai riflettori delle telecamere" lui voleva solo sponsorizzarla come potenziale futura presentatrice per un telegiornale, mentre il riferimento "a fare il lavoro sporco a testa bassa" era un'allusione al suo coraggio di seguire piste e cercare indizi anche in contesti pericolosi, come solo un vero cronista d'assalto sa fare.

Il chiarimento avvenne durante una puntata in cui era ospite un personaggio che aveva da poco ottenuto la copertina sulla rivista Time e fu seguita da decine di milioni di telespettatori. La spiegazione fu apprezzata, ma il dubbio rimase. Molta gente cominciò a cercare la Westlake su internet e, nel bene o nel male, la sua notorietà subì un'impennata. Gli haters sui social la stigmatizzarono come "la puttana" o "la pornostar", ma *The Public Eye* di riflesso beneficiò di un periodo di florida crescita dei profitti. Questo accadeva anni fa, prima che diverse crisi economiche mettessero in ginocchio l'editoria. E così, tanto rapidamente quanto le vendite salirono, i guadagni del giornale crollarono.

***

Bugiardi! Quando è troppo è troppo!

Nel suo ufficio, Theresa Westlake apriva e chiudeva il pugno con fare nervoso intorno a una pallina antistress, gadget del giornale ormai divenuto suo oggetto totem terapeutico. Seduta in bilico su una sedia basculante, lanciò un'occhiata dubbiosa al cestino sotto la scrivania, ma ormai aveva preso la sua decisione. La sfera di gomma rimbalzò sul bordo del bidone, e per un istante sembrò anch'essa indecisa se entrare oppure no. Fece canestro ma nel lancio si sporse troppo, le ruote della sedia scivolarono sotto di lei e si ritrovò a sforbiciare le gambe in aria sopra la testa. Voleva emulare Michael Jordan e finì invece per riprodurre il marchio di fabbrica di Cristiano Ronaldo, la rovesciata. La Westlake era così, una donna impavida e disposta a perseguire i suoi ideali con grande determinazione. Una tipa tosta all'apparenza, la cui proverbiale goffaggine però poteva manifestarsi all'improvviso, come a volerne smussare quegli spigoli caratteriali.

Guardandosi intorno un'ultima volta nel suo ufficio ormai vuoto, pensò che non fosse poi molto diverso da quando ci entrò per la prima volta. In quell'occasione, tuttavia, gli scatoloni erano in entrata invece che in uscita. Le pareti erano spoglie, gli scaffali della libreria vuoti, e la scrivania sgombra a eccezione di un oggetto: un documento contenuto in una cornice di mogano che era sempre stato lì. Non ricordava neanche più l'ultima volta che lo avesse letto eppure lo aveva scritto lei di suo pugno, e lo aveva allegato al suo CV con la candidatura per il posto al *The Public Eye*. Gordon Stevens, il direttore del giornale, le disse che fu proprio quel documento a convincerlo ad assumerla. Leggere il curriculum, dopo, era stata solo una formalità. Quando lei accettò la posizione, il direttore le fece trovare il documento incorniciato sulla sua scrivania con un post-it attaccato sopra:

"Sii fedele a questo e tutto andrà bene!"

E infatti fece bene sin dall'inizio, e il suo rapporto con Stevens fu eccellente per lungo tempo.

Tuttavia si era venuta a creare un po' di tensione tra loro nelle ultime settimane. Le discussioni riguardavano sempre la stessa tematica, ovvero il mancato pagamento degli stipendi dei giovani redattori. Il problema era che Stevens continuava a promettere di correggere la situazione, ma tali promesse venivano puntualmente disattese, c'era sempre un imprevisto. Oggi era di nuovo il giorno di paga e la mattina era cominciata con spirito positivo al giornale, negli ultimi tempi il direttore aveva dato particolari rassicurazioni al riguardo e tutto lo staff della redazione attendeva speranzoso.

Garrett Wilkins, il braccio destro della Westlake, si era presentato nell'ufficio della capa con una tazzina di cartone colma di brodaglia nera ustionante che al bar dell'edificio spacciavano per espresso.

«Ho letto che in Italia i veri amanti del caffè lo bevono amaro, però tra quelli che lo gradiscono dolce, molti preferiscono il miele allo zucchero» disse Wilkins sorridendo.

«No grazie, non amo il miele» rispose secca la Westlake.

«Dovresti provare. È molto più sano dello zucchero...»

Wilkins le si avvicinò con la sostanza melliflua fin quasi sotto al naso, e lei indietreggiò di colpo frapponendo le mani tra loro a mo' di barriera: «Ho detto NO!» gridò scacciando il braccio del ragazzo con una manata tale da fargli rovesciare a terra l'intero liquido marrone. Per un momento le sembrò perfino di sentire il sapore del miele sulla lingua. L'intera bocca ne era impastata al punto da avvertirne un pizzicore che le fece lacrimare gli occhi. Durò un attimo, poi quella sensazione sgradevole sparì velocemente così come era arrivata: un'allucinazione. Si rese conto di avere esagerato nella sua reazione e si scusò subito con il ragazzo. Wilkins non poteva sapere che la Westlake aveva un problema personale con il miele sin da quando era bambina. I due si salutarono e Garrett sgattaiolò fuori dall'ufficio della capa ancora turbato. Il pretesto glielo aveva fornito la vista del carrellino che, muovendosi nel corridoio tra le scrivanie, distribuiva le famigerate buste paga. «Ecco qua, in caso avessi finito i fazzoletti!»

Garrett ritornò dalla Westlake dandole un mazzo di foglietti gialli con la scritta "pagherò". Ne aveva cinque aperti nella mano a formare un ventaglio e glieli puntò sotto il naso.

«Potrebbero tornarti utili per il tuo raffreddore, a me risultano troppo ruvidi per pulirmici il culo!»

Il ragazzo era stato incaricato dai colleghi al confronto con la capa per l'ennesimo raggiro aziendale. Il volto di Theresa s'irrigidì mentre apriva un cassetto della sua scrivania già colmo di quei foglietti gialli. Ormai li collezionava da due mesi.

«Gary…» esordì con uno sguardo sommesso, prima di sfociare in un fastidioso starnuto.

«Gary *cosa*?» la interruppe. «Lo so che ti dispiace, Tess. Il problema è che il tuo dispiacere non paga le nostre bollette!»

«Gordon mi aveva promesso... anzi mi aveva *giurato* la settimana scorsa, che la banca avrebbe fatto il bonifico.»

«Certo, Tess» disse Garrett, una punta di sarcasmo nella voce. «Se ha detto così. Oh, e fammi indovinare. Sii paziente, giusto? Ci pensi tu...» concluse uscendo dall'ufficio.

La donna rimase alcuni minuti con i gomiti puntati sulla scrivania, le mani a sorreggersi la fronte. Le parole del collega l'avevano lasciata in tumulto. Ci aveva messo la faccia per settimane, anzi mesi, promettendo che la situazione si sarebbe risolta. In realtà, come redattore capo lei veniva pagata regolarmente e il problema non la riguardava in modo diretto, ma non sopportava quello che stava accadendo agli altri. Erano tutti professionisti seri e lavoratori infaticabili, la vera spina dorsale del giornale.

Schiaritasi le idee, uscì dal suo ufficio procedendo lungo il corridoio con passo deciso. Il problema era la sua dignità. Si domandò se il suo onore venisse comprato con ciascuno di quegli assegni che lei percepiva ogni due settimane a scapito del suo staff. Superò i cubicoli sistemati a destra e sinistra del corridoio, fino a raggiungere la scrivania di Garrett Wilkins. Lo sguardo severo della giornalista arrivò prim'ancora delle sue lunghe gambe, e il ragazzo tentò di anticiparla sollevando a fatica dalla sedia la sua mole flaccida. Stava già per biascicare delle scuse, in effetti sia lui sia gli altri sapevano che non era colpa di Tess. Lei si era sempre battuta per loro e gli aveva persino prestato dei soldi per ovviare alle loro difficoltà.

«Tess, mi dispiace per prima, non avrei dovuto...» la anticipò Garrett.

«No Gary, sono io a essere dispiaciuta.»

Tess lo spinse giù premendogli con vigore la spalla adiposa verso il basso e forzandolo a sedersi di nuovo. Poi, con il mazzetto di fogli gialli tra le dita proseguì spedita lungo il corridoio che andava a morire nell'ufficio più grande. L'insegna sulla porta recitava:

GORDON STEVENS - DIRETTORE

Nella postazione antistante l'ufficio, la segretaria personale del direttore si teneva impegnata spostando fascicoli da un ripiano all'altro della sua scrivania.

«Ciao, Tess!» la salutò. «Gordon sta per entrare in una conference call con il gruppo *Heaven Media*. Forse se torni più tardi…»

«Il paradiso può attendere, Nancy...» ringhiò tra i denti, passando oltre senza degnarla neanche di uno sguardo: «è dell'inferno che Gordon si deve preoccupare ora!»

E senza tanti convenevoli, irruppe come un uragano nell'imponente ufficio angolare.

- 3 -

Gordon Stevens era un uomo tarchiato, prevalentemente calvo, con due piccoli occhi azzurri incorniciati da lenti spesse che facevano sembrare ancor più lontano il suo sguardo sfuggente. Se ne stava seduto dietro alla grande scrivania di quercia e teneva le gambe corte e tozze adagiate sul piano. Il telefono della sua scrivania era in vivavoce per la call di aggiornamento quotidiano con *Heaven Media Group*, in attesa che la controparte si connettesse. HMG rappresentava il maggior azionista di *The Public Eye*. Di fatto, il direttore stava entrando in riunione con i suoi capi, quelli che pagavano i conti (o non li pagavano, a seconda dei punti di vista). Stevens aveva in mano la copia del giorno e, come consuetudine, la scorreva innumerevoli volte dalla prima all'ultima pagina, carattere per carattere, come se dovesse recitare a memoria l'intero giornale. Si era soffermato su un articolo di spalla, il racconto di una rapina in strada a Washington, DC finita male. Il titolo in grassetto era:
"Distretto del Crimine: Washington miete un'altra vittima tra le sue strade"

L'acronimo del Distretto della Columbia, D.C., è spesso oggetto di giochi di parole. Tra questi, "*Distretto del Crimine*" è tra i più comuni. La capitale USA conta, infatti, circa una vittima ogni tre giorni: un trend in discesa rispetto agli 1,5 omicidi al giorno dei primi anni '90 e che è sceso progressivamente per arrivare al record delle "sole" ottantotto vittime del 2012. Il sottotitolo dell'articolo recitava:

"Scienziato rapinato e ucciso nel settore nord-ovest della città".

Statistiche alla mano, sembrava uno dei tanti omicidi di Washington, DC. Ciò che lo rendeva particolare sotto il profilo giornalistico fu che la vittima era stata uccisa con una pistola minuscola. Sebbene il killer fosse ancora latitante e l'arma del delitto non fosse stata ritrovata, i proiettili usati avevano le dimensioni di noccioline. Un calibro illegale negli Stati Uniti e non reperibile con facilità, secondo la polizia. I proiettili erano talmente piccoli che l'omicida aveva sparato al collo della vittima consapevole che fosse l'unico modo per ferire a morte con una pistola di quel tipo. Se lo avesse colpito in qualsiasi altra parte del corpo le pallottole probabilmente sarebbero state fermate dalle ossa, dalla cartilagine o anche semplicemente dal tessuto adiposo. Per sua sfortuna però la vittima, il dottor Mansud Singh, era un indiano secco come un chiodo, e il suo collo magro non offrì alcuna resistenza ai quattro colpi di arma da fuoco. Uno di questi gli recise la carotide e Singh morì dissanguato in pochi minuti.

Il direttore Stevens stava ancora leggendo l'articolo quando Theresa Westlake piombò nel suo ufficio.

«Ma che diamine, Tess!» Stevens quasi cadde dalla sedia nel suo precario equilibrio. «Nancy non ti ha detto che ero al telefono?»

«Sei sudato, Gordon. Tieni, asciugati il viso!» La fronte dell'ometto era imperlata di sudore e lei, con una sonora manata sulla scrivania, gli offrì tutti quegli avvisi di pagherò. Gordon rovesciò gli occhi indietro vedendo quella pioggia di coriandoli gialli planare verso il basso.

«Tess, per amor del cielo, non è il momento. Possiamo parlarne dopo?» la liquidò il direttore in tono annoiato.

«Dopo? *Dopo* dura da due mesi, Gordon!» Tess schiacciò il bottone del muto sul telefono mettendo la chiamata in attesa.

«Che stai facendo, sei impazzita?»

«Due mesi senza stipendio, Gordon. Mi sono riempita il cassetto di questi foglietti del cazzo con la scritta *pagherò* e ogni volta che ne abbiamo parlato mi hai assicurato che sarebbe stata l'ultima. Nel frattempo, ho sempre coperto te e il giornale. Adesso basta!»

«Non ho tempo per questa storia ora, esci immediatamente. Dico sul serio» e indicò la porta.

«Mi hai dato la tua parola, Gordon. Hai giurato... sui tuoi figli!» sbottò disgustata. «Quindi ti ho creduto e ho dato a tutti la mia parola. Magari per te non ha valore, ma per me è una questione di onore, Gordon.»

L'uomo tarchiato realizzò che Tess era veramente arrabbiata e tentò ancora una volta con i suoi trucchetti. «Tess ascoltami, l'ufficio contabilità mi ha detto che c'è stato un problema tecnico con il bonifico della banca. Un aggiornamento dei sistemi. Sono certo che si risolverà nell'arco di qualche giorno. Adesso se puoi scusarmi...» indicò nuovamente la porta e il telefono a ricordargli della conference call con *HMG*. Un ghigno di sdegno le deformò il volto.

«Sei così invischiato nelle tue balle che neanche ti ricordi che è la scusa che hai usato due settimane fa.»

«Sì, ma si stanno riorganizzando internamente, c'è un nuovo direttore che sta spulciando tutti i numeri e ha bloccato i pagamenti su certi prestiti per un paio di giorni. Sono sicuro che non sarà un grosso problema, un piccolo ritardo come ti dicevo...»

«Ascolta, Gordon...»

«No, ascoltami tu. A te arrivano i soldi, giusto?»

Il direttore mise i piedi a terra e si sfilò gli occhiali dal naso, puntandole una stecchetta contro. «I tempi sono duri, lo sai. Le vendite sono crollate, il coefficiente delle pubblicità è ai minimi storici. Il Gruppo *Heaven Media* sta tagliando i fondi.

Se vuoi la mia opinione, è già tanto che quei ragazzi stiano facendo un'esperienza importante mentre altri giornalisti sono in fila ai centri dell'impiego. Ci saranno giorni migliori. Ora vai fuori dalle palle.» Il tono era diventato minaccioso.

«Non sono ragazzi, Gordon… Sono giovani professionisti. Dei lavoratori instancabili il cui lavoro merita di essere compensato. La compagna di Garrett è incinta, e forse avrai notato che non ci sono molti beni di prima necessità che si possono comprare con dei bigliettini gialli con su scritto *pagherò*.» Li raccolse da terra e glieli mise sulla scrivania.

«Cos'è, una lezione morale? Guarda, è meglio che lasci perdere, Tess. Per l'ultima volta, esci!» Drizzò il braccio puntando la porta con la stanghetta degli occhiali.

«*Ciao Gordon, scusaci per l'attesa, siamo tutti qui pronti per cominciare.*» Un tono squillante si propagò all'improvviso dal vivavoce.

«Benissimo! Era da tanto che aspettavo questo momento» esclamò la donna, premendo il bottone del muto. «Benarrivati, finalmente!» proseguì innalzando il mento, come a voler rafforzare le sue parole.

«*Pronto, chi parla?*» chiese una voce confusa dall'altro capo della linea. «*Gordon, ci sei?*»

«Ciao a tutti, sono Theresa Westlake. Volevo solo accertarmi che non mancasse nessuno di voi bugiardi, spilorci bastardi, per ciò che ho da dirvi. Perché Gordon è solo la coda del problema, mentre si sa, il pesce marcisce dalla testa!»

Gordon Stevens fissava il telefono ammutolito. Forse, in cuor suo sperava fosse ancora in modalità silenzioso, ma non lo era. «Me ne vado, Gordon. *The Eye* non è più il posto dove voglio lavorare. La mia lettera di dimissioni è... be', è online!»

Riagganciò la cornetta e uscì così come era entrata. In qualità di caporedattore del giornale Tess aveva le credenziali per editare il sito internet della testata e il suo articolo "*Verità e Rispetto*" era sulla homepage del quotidiano.

***

Un'ora dopo, il direttore Stevens si presentò nell'ufficio della Westlake. La riunione telefonica si era appena conclusa seguendo un ordine del giorno del tutto improvvisato e volto a porre rimedio all'articolo-bomba pubblicato online da Tess. L'uomo tarchiato approdò alla scrivania accompagnato dall'eco dei suoi tacchi, la stanza era vuota. Certo, c'era stato un po' di attrito tra i due negli ultimi tempi culminato in questa scenata, ma in cuor suo non avrebbe mai immaginato di arrivare a tanto. Nella desolazione del vuoto, svettava l'unico oggetto lasciato di proposito dalla giornalista. Stava nel centro della scrivania e Gordon Stevens lo riconobbe immediatamente. Staccò il vecchio post-it sbiadito dalla cornicetta e riconobbe la propria calligrafia. Il documento incorniciato invece lo aveva scritto Tess ed era intitolato "*Il Fantasma Della Mia Libertà*". Il direttore ricordava bene la storia di quel foglio di carta. Parole scritte di getto, una notte di molti anni prima, svegliata da un terribile incubo. Lo stesso che la perseguitava da settimane, tutte le sere dopo quel maledetto giorno del 2001.

Una giovane Theresa Westlake, neolaureata a Notre Dame, cominciò la sua carriera professionale nella Grande Mela. Dopo una mezza giornata orientativa con le risorse umane il 10, quell'11 settembre fu il suo primo giorno di lavoro effettivo in una famosa azienda di servizi finanziari con il quartier generale situato nel complesso precedentemente noto come World Financial Center, a New York City. Entusiasta e impaziente di cominciare, Tess arrivò presto quella mattina per fare bella impressione sul suo nuovo capo.

Non erano ancora le 8 quando le porte dell'ascensore si aprirono al trentacinquesimo piano. Prese la metropolitana partendo da una stazione vicina al suo appartamento nell'Upper East Side di Manhattan e scese alla fermata del World Trade Center (WTC) dove un accesso dedicato la condusse nell'atrio di una delle Torri Gemelle. Prese un caffè con il direttore, giusto il tempo di una chiacchierata per declinare le numerose aspettative su di lei. Una mezz'ora dopo, Tess si accinse a portare un vassoio pieno di oggetti di cancelleria nel suo nuovo ufficio. Come segno di stima le fu assegnata una postazione privilegiata sulla vetrata nel lato sud-est del grattacielo, la vista era meravigliosa. Di fronte ai suoi occhi, a un tiro di schioppo, si stagliava in tutto il suo splendore One World Trade Center, l'iconica torre gemella con l'antenna. Era immensa, sovrastata unicamente dal sole che in quel momento parve specchiarsi vanitoso sulle vetrate assieme al Hudson River, nei pressi di Battery Park.

Alle 8:46 un suono intenso, simile a quello prodotto dagli aerei militari che volano a bassa quota, si propagò nell'aria, seguito dal boato di un'esplosione tremenda. Confusa e ignara di cosa stesse accadendo, Tess fu investita da una potente onda d'urto che fece tremare tutto l'edificio, proprio come succede durante un terremoto. Ma questo non fu affatto l'aspetto più terrificante. La vetrata davanti a lei, rivolta verso una delle Torri Gemelle, si curvò dapprima verso l'interno e poi in fuori seguendo il corso di una sinusoide. Tess osservò il cristallo deformarsi alla stregua di una gigantesca lente a contatto che, per sua fortuna, resistette alla violenza dell'onda d'urto. Se la vetrata fosse esplosa l'avrebbe scagliata all'indietro come una palla di cannone, disintegrandole tutte le ossa del corpo.

Fece un sussulto, e tutti gli oggetti di cancelleria che aveva selezionato volarono in aria. Diede uno sguardo alla finestra, la vista innanzi a lei era surreale. Un gigantesco anello di fuoco circondò la torre nord del WTC circa trenta piani più in alto rispetto alla sua visuale. Diverse tonnellate di carburante di quello che poi verrà identificato come il volo 11 della United Airlines, il Boeing 767 che si schiantò contro la prima torre, stavano bruciando all'istante. A Theresa era capitato di vedere un'immagine simile solo nei film fantasy, di quelli dove un dragone sputava fuoco contro i palazzi. Ma questo non era un effetto speciale hollywoodiano, era pura realtà.

Sentiva il cervello implodere mentre cercava un appiglio per capire cosa fare. Il primo istinto fu quello di chiamare i genitori. Prese il telefono dalla scrivania e suo padre, ormai pensionato, rispose da migliaia di chilometri di distanza. Gli chiese di guardare in TV cosa stesse succedendo. *Forse una bomba*, immaginò lei, ricordandosi che alcuni anni prima la stessa torre era stata bersaglio di un attentato terroristico che fece scoppiare un ordigno nel parcheggio sotterraneo.

«Sono i fottuti russi, te lo dico io!» La voce frenetica di un collega la raggiunse dalla postazione vicina: «Ho un amico nella CIA, giusto l'altra sera mi ha detto che siamo sul ciglio di una nuova guerra fredda, ma nessuno ne parla!»

Ecco qua, adesso ci mancavano solo i terrapiattisti del cazzo... pensò lei.

In meno di tre minuti la CNN diramò le breaking news, annunciando un disastro al World Trade Center.

Inizialmente, il conduttore diede la notizia non confermata di un incidente causato da un piccolo aeroplano a elica che sembrava essersi schiantato contro il grattacielo. La stessa notizia venne emanata anche dalla filodiffusione interna dell'azienda della Westlake, che esortava tutti i dipendenti a mantenere la calma. Però, per ironia della sorte, sebbene non avesse mai completato il brevetto, Tess qualche anno prima aveva preso alcune lezioni di volo con un Cessna e conosceva bene gli aeroplani a elica per uso ricreativo. Quella situazione le parve da subito ben più complicata.

Il caos si propagò rapidamente e ci fu una corsa frenetica ai telefoni da parte di tutti gli impiegati. Lei rimase attonita a osservare la scena dal vetro, la cornetta in mano e il padre in linea. A pochi passi di distanza una colonna di fumo avvolse la torre, ricoprendola come una giacca nera. L'anello di fuoco si dissipò gradualmente a mano a mano che il carburante finì di bruciare. Col diradarsi della coltre di fumo, Tess vide attraverso le fiamme la distruzione all'interno del grattacielo. Lo spettacolo, già drammatico, divenne atroce. A prima vista sembrarono stelle cadenti, ma notò qualcosa di diverso tra quelle palle di fuoco che disegnavano parabole luminose nel cielo. Alcune infatti caddero inerti, altre sembrarono contorcersi nel precipitare. Guardando con più attenzione, Tess si accorse che quelle inerti erano detriti incandescenti mentre le altre, quelle che si muovevano, erano in realtà delle torce umane. Col passare dei minuti, osservò un susseguirsi inesorabile di *stelle cadenti*. Impotente di fronte a quella scena assurda, lei poté solo contare quante di loro fossero detriti incandescenti e quante, invece, torce umane.

Lo sguardo ormai vitreo di Tess si soffermò su uno dei piani squarciati dall'esplosione. Una donna con i capelli neri e una camicetta blu arretrava inesorabilmente verso l'orlo della facciata distrutta. Sembrava indenne e forse ancora ignara di non avere scampo. Rimase lì sul ciglio a resistere, forse sperando che un aiuto la raggiungesse dall'esterno. Tess la fissò per alcuni attimi che parvero interminabili, la donna guardò verso l'abisso finché il fumo, o forse il calore delle fiamme sempre più vicine, ebbero la meglio e la costrinsero a scegliere il minore dei mali. Un'altra stella cadente. Questa, però, precipitò spenta. Si tenne quella scena straziante per sé mentre farfugliava qualcosa al padre, rassicurandolo sul fatto che lei fosse al sicuro "*nell'altra torre*"...

All'improvviso, una considerazione si fece largo con prepotenza nella sua testa ingarbugliata di pensieri. Col dissiparsi della coltre di fumo nero, il danno strutturale alla torre apparve evidente, si estendeva per diversi piani del grattacielo. Tess ripensò ai Cessna che aveva pilotato: era impossibile che degli aeroplani così piccoli potessero produrre tutta quella devastazione. Non fece in tempo a elaborare quel pensiero che un secondo sibilo arrivò con una tonalità ancora più alta del primo. Questo perché il secondo oggetto volò a un'altitudine più bassa. Il boato catastrofico che ne seguì produsse un'altra onda d'urto che investì nuovamente il suo edificio in lungo e in largo e l'avrebbe scagliata a terra se non fosse riuscita ad aggrapparsi al tavolo. Fu in quell'istante che Tess realizzò di trovarsi nel bel mezzo di un attentato terroristico. Sgomenta, fece cadere il telefono a terra per potersi sorreggere meglio con due mani. Non lo riprese più, lasciando il papà in linea a urlare il suo nome a migliaia di chilometri di distanza.

Tess, a quel punto, non poteva fare altro che correre. Doveva correre per salvarsi la vita.

Pensò a un attacco missilistico, non avendo visto dei veri e propri aerei. Dopo aver udito il secondo sibilo, infatti, dalla prospettiva della sua finestra le parve di intravedere appena la punta di un'ala, nulla di più. Sapeva perfettamente che il suo edificio era il terzo più alto nei dintorni, e i primi due erano stati già colpiti. *Il mio sarà il prossimo!*

Frammenti della sessione orientativa con le risorse umane le ricordarono di non prendere gli ascensori durante le evacuazioni di emergenza, e così si proiettò d'istinto verso le scale ancora sgombre. Trentacinque piani, ciascuno con un mezzanino, per un totale di settanta rampe. Per fortuna aveva un fisico atletico e velocizzò la fuga facendo perno con la mano sul mancorrente. Di fatto saltò da una rampa all'altra, senza mai toccare i gradini. In uno di questi balzi felini si storse la caviglia rompendo un legamento, ma l'adrenalina la fece andare avanti e se ne accorse solo molto più tardi. Fu solo all'ultima dozzina di piani che cominciò a incontrare gente sulle scale, ormai l'ordine di evacuazione era stato diramato. Mettendosi in fila si rese conto che aveva lasciato il padre al telefono dicendogli "Non ti preoccupare, sono al sicuro nell'*altra torre*", ma il papà non sapeva di preciso in quale edificio lei lavorasse.

Tempo dopo, Tess avrebbe scoperto che il padre era convinto che lei lavorasse nell'altra Torre Gemella. Quel poveretto, ormai pensionato, avrebbe perso la voce a forza di urlare il nome della figlia nella cornetta, dopo aver visto in TV un aereo entrare dritto nella seconda delle Twin Towers. Tess non rispondeva più alle sue grida.

L'agonia dei genitori e di tutti gli amici e parenti sarebbe durata alcune ore, perché con la caduta delle torri la maggior parte delle telecomunicazioni con New York venne interrotta. Non sarebbe stato facile descrivere a parole cosa si prova nel vedere una figlia morire in diretta televisiva, in quel modo, a migliaia di chilometri di distanza. Ci avrebbe provato dopo qualche giorno, a mente fredda, quando un giornalista cortese gli avrebbe chiesto di farlo. E lui avrebbe acconsentito, per dovere di cronaca. Uscita dall'edificio si ritrovò nel mezzo di un vero campo di battaglia. Ancora una volta le venne in mente un film, la scena iniziale di *Salvate il soldato Ryan*, con la ricostruzione dello sbarco degli Alleati sulla spiaggia di Omaha nel D-Day. Proprio come Tom Hanks, Theresa Westlake si guardò intorno incredula tra macerie fumanti e corpi menomati che si susseguivano a perdita d'occhio. Ancora una volta però, nel suo caso non erano gli effetti speciali di un film, era tutto orrendamente vero.

Per sua fortuna, quei due giganti feriti avrebbero resistito per 102 minuti prima di crollare al suolo. Fossero caduti all'impatto, lei e tanti altri suoi colleghi non sarebbero sopravvissuti. Quando infatti cadde la più famosa delle due torri, quella con l'antenna, molti detriti precipitarono anche sulla facciata del grattacielo dove si trovava l'ufficio di Tess, sventrandola. La giovane ragazza avrebbe capito solo dopo che, in una rapida successione di scelte, forse casuali, si stava decidendo la sua sopravvivenza. Per esempio, quella di non rimanere in strada a guardare le *Twin Towers* bruciare dal basso, ma decidere di scappar via. Aveva visto già troppe persone morire. Chi rimase, invece, fu schiacciato dal crollo anche a distanze apparentemente sicure; basti pensare alla famosa immagine che ritrae un sopravvissuto completamente coperto di cenere a diversi isolati di distanza, tale fu la mole di detriti che venne giù tutta insieme. Tess scelse di non prendere la metropolitana da lì per allontanarsi, forse chi lo fece al momento del crollo delle torri restò schiacciato nella stazione. Decise, invece, di correre più veloce possibile verso nord. Lungo la strada vide panico e caos, che le ricordarono le sommosse di Los Angeles del 1992. La gente a New York si riversò nei negozi, non tanto per rubare quanto per cercare disperatamente un telefono funzionante.

Arrivò infine a Union Square, percorrendo circa quattro chilometri in una quindicina di minuti nonostante la caviglia compromessa, anestetizzata dalla paura. Ben lontana dal distretto finanziario di Manhattan, decise infine di prendere la metropolitana. Il treno arrivò quasi subito, le porte scorrevoli si aprirono davanti a lei e la prima persona che vide fu un uomo seduto con il volto sepolto tra le mani. Le aprì mentre lei entrò nel vagone, la faccia era una maschera di sangue.

A svariati chilometri di distanza dal World Trade Center, nel suo appartamento nell'Upper East Side, Theresa Westlake vide in televisione le Torri Gemelle arrendersi. Rimase seduta a casa tutto il giorno a guardare i telegiornali. La città che non dorme mai venne avvolta da un silenzio innaturale. I ponti e i tunnel furono chiusi, le linee telefoniche interrotte. L'isola di Manhattan venne isolata per la prima volta nella storia, nessuno poteva entrare, nessuno poteva uscire. La percezione di quell'isolamento senza precedenti fu quella di un supereroe che all'improvviso perde i suoi poteri e diviene vulnerabile, costretto a ritirarsi in solitudine. Il vento girò quella notte, cominciando a soffiare da sud. Si sentiva l'odore di metallo bruciato perfino nell'Upper East Side.

***

Dopo l'11 settembre, vista l'impraticabilità dell'edificio, la sua azienda si trasferì temporaneamente e Theresa Westlake riprese a lavorare come tutti. La vita andava avanti, ma per lei non sarebbe più stata la stessa. Le fu diagnosticata la sindrome da stress post-traumatico e trascorse l'anno successivo tra farmacie e lettini di psicanalisi. Sebbene gli attentati di New York e Washington fossero accaduti prima dell'avvento dei social media e l'esplosione delle *fake news*, le congetture dilagarono anche allora sui media tradizionali. Tess ne sentì di tutti i colori: dai complotti alle cospirazioni, fino alle leggende metropolitane. Avendo però vissuto in prima persona il dramma, rimase così infastidita da tutta quella disinformazione che decise di dedicare la sua vita professionale a rivelare informazioni: informazioni *vere*.

Rispose a un annuncio di lavoro di un piccolo giornale di Washington, DC allegando al CV un suo memoriale sull'11 settembre. Un flusso di coscienza scritto nel cuore della notte, dopo essersi svegliata di soprassalto a causa di un incubo ricorrente. Lo intitolò "*Il Fantasma Della Mia Libertà*", ed era lo stesso documento che il direttore Stevens stringeva tra le mani, al *The Public Eye*, avvolto nel silenzio dell'ufficio di Theresa Westlake.

- 4 -

Il detective William Blake aveva il grado di tenente e prestava servizio a La Plata, capoluogo della contea di Charles in Maryland. Fece ritorno in ufficio verso l'ora di pranzo, per dare uno sguardo al rapporto completato dal suo collega sul caso del suicidio. Nonostante le ricerche nel fiume, il corpo non era stato trovato e il caso ufficialmente era ancora considerato la vicenda di una persona dispersa.

Blake frugò sulla scrivania, ma anche dopo aver alzato tutti i vari fascicoli non trovò quello che gli interessava. Di riflesso prese a tamburellare con i polpastrelli sul piano di legno, prima di decidersi a varcare la soglia del suo ufficio per chiedere spiegazioni. Gli dissero che il file era stato portato direttamente al capitano della sezione investigativa anticrimine. «Il capitano Freeman voleva vederlo» disse Miller.

Blake annuì e si incamminò verso l'ufficio del capitano. Di tanto in tanto Freeman buttava un occhio su qualche caso prima di ripassarli a lui. Appena fuori della porta del capo, il corridoio si trasformò in un imbuto e Blake strusciò le spalle con un tizio enorme vestito di scuro. Si salutarono con un cenno del capo, quello del gigante era avvolto da un paio di occhiali a specchio. «Avanti» fece una voce cavernosa.

«Ciao Billy» lo salutò col suo timbro di voce solenne.

«Ciao Roger. Ma chi era quello? Sembrava l'attore del

remake di *Men in Black*» scherzò Blake puntando il dito verso fuori.

«Ah, quello lì... niente, stronzate governative. Quando non hanno di meglio da fare mandano qualcuno da Washington a rompere le palle. La solita burocrazia.»

«Fammi indovinare, si era scordato il neuralizzatore?»

Blake prese una penna e con fare ironico fece finta di puntarla verso gli occhi del capo, proprio come l'oggetto usato in Men in Black per cancellare la memoria.

Freeman sogghignò sotto i baffoni brizzolati.

«Posso fare qualcosa per te?» chiese infine il capitano.

«Miller dice che hai preso tu il file del Potomac Bridge.»

«Uh, il caso Marcus Whiterman.»

«Quindi non hanno ancora ritrovato il corpo?»

«Non ancora. Francamente, in quel punto del fiume e con quelle condizioni meteo non mi sorprenderebbe se il corpo fosse stato trascinato nella baia Chesapeake. A questo punto, abbiamo migliori chances di ritrovare il cadavere di Jimmy Hoffa!» Freeman sorrise di nuovo alla sua battuta.

«Hai trovato qualcosa di decisivo nelle indagini?»

Freeman si tolse gli occhiali per guardare Blake più da vicino.

«Decisivo?» ripeté Freeman in modo retorico. «Le videocamere mostrano quel povero bastardo lanciarsi da quaranta metri in un fiume in piena. Non è abbastanza "decisivo" per te?» Col capitano era così, si passava dallo scherzare al farlo innervosire in un batter d'occhio.

«Certo Roger, intendevo dire se sappiamo con certezza che fosse proprio Whiterman a guidare la macchina?»

«Le prove indiziarie ci sono tutte. Abbiamo cercato di rintracciarlo senza successo. Vive solo, nessun altro che guidasse quell'auto. Poi c'è una corrispondenza di immagini dai video, le sue impronte nella vettura, perfino una nota di addio nel tablet sul sedile. Stiamo solo aspettando i risultati del DNA per una conferma definitiva.»

«DNA...» chiese Blake stupito: «ma non era incensurato?»

«Whiterman era un pezzo grosso di un'azienda che ha appalti strategici e riservati col governo. L'FBI ha un database biometrico per questa gente per ragioni di sicurezza.»

«Ah i federali, ora capisco la visita di *Man in Black*» disse Blake, restituendo a Freeman un sorriso.

«Soprattutto, abbiamo un movente. Nell'iPad c'era la sua cartella medica. Stava già con un piede nella fossa, il poveretto. Un cancro terminale, gli rimaneva poco da vivere.»

«Capisco, voleva evitarsi una morte più dolorosa.»

«Fumava. Il cancro e le sigarette sono amici inseparabili. Ecco perché io fumo questa!» concluse con una risata, accendendosi la pipa con un fiammifero. Blake allora prese una sigaretta dal suo pacchetto e prima che trovasse l'accendino Freeman gli lanciò la sua scatoletta di cerini.

«Dovresti smettere di fumare quella merda. Fa male.»

Blake fece una risata a denti stretti. *Chissà se il vecchio bisonte pensa davvero che quella porcheria puzzolente faccia meno male delle sigarette.* Passò il polpastrello lungo la "J" della scritta Jazz, incuriosito da quel logo in cui la lettera "J" era raffigurata da un sassofono stilizzato.

«È un bel posto, ti ci devo portare un giorno... ma ridammi i miei fiammiferi, io non uso l'accendino!»

Il tenente sorrise rilanciandogli il pacchetto. Continuarono a chiacchierare, giusto il tempo di fumare, poi Freeman lo congedò chiedendogli di mantenere un profilo basso finché i federali non avessero preso una posizione.

Blake continuò a lavorare sul caso della rapina alla gioielleria, ma avvertiva un senso di sconforto e il pensiero gli ritornava sempre al suicidio. Verso le tre uscì a prendersi un caffè per schiarirsi le idee e, rientrando, decise di fermarsi al chiosco delle ciambelle intenzionato a tornare dal capitano e prenderlo per la gola.

Roger Freeman sfiorava i cento chili e, come da previsione, appena vide la scatola da sei varcare la soglia del suo ufficio ne divorò due al cioccolato. Blake decise di prendere il discorso alla larga e cominciarono a parlare delle rispettive famiglie. Quella del capitano era composta da una moglie e quattro figli, c'era un bel po' da raccontare. Blake ascoltò con pazienza finché non fu il suo turno. La sua situazione era molto diversa. Da alcuni anni ormai aveva divorziato dalla moglie che soffriva di problemi psichiatrici, poco prima che la poveretta morisse in modo tragico. Non era certo un argomento di conversazione. Non si era risposato ma aveva avuto un figlio dalla moglie, Francesco, anche se tutti lo chiamavano Franco. Blake, quindi, parlò del figlio mentre Freeman finiva la terza ciambella; il detective era ancora fermo alla prima. Ma il tenente sapeva che quei dolci erano un po' come la sabbia della clessidra. Finiti loro, anche l'incontro sarebbe terminato.

«Che ne dici se ci dividiamo le ultime due?»

«Roger, non trovi un po' strana quella storia del suicidio?»

«Non più di tante altre, perché? Che pensi?» Freeman farfugliò, pulendosi la glassa alla vaniglia dai suoi baffoni da sceriffo del far West.

«Non saprei, sembra quasi una cosa irrazionale per un profilo come quello di Whiterman.»

«Non mi sorprende affatto. Guardami, Billy, ho i capelli bianchi e ne ho viste di tutti i colori. Questa è l'America, ragazzo, è un Paese di matti! Sai che ci sono trentacinque mila casi di suicidio l'anno? È una delle prime dieci cause di morte!»

«Sì, certo, hai ragione ed era malato. Però continuo a pensare... perché venire fin qui in Maryland? Viveva nel centro di Washington ad almeno un'ora di macchina. Voglio dire, se proprio doveva essere un ponte il modo di farla finita, ce ne sono molti più vicini!»

«Non così alti però. Se mi volessi uccidere in quel modo, mi assicurerei che sia il più alto possibile. Sai quanta gente prova a farla finita e finisce storpia sulla sedia a rotelle?»

«Vero. Però sempre ragionando per assurdo, se fossimo

stati noi lo avremmo fatto in un modo discreto, mentre lui sembra aver orchestrato un colpo di scena, lasciando prove ovunque di questo gesto disperato.»

«E allora? Un sacco di suicidi sono pianificati in questo modo. Sanno che è la loro ultima scena e danno il meglio. Non mi stupirei se questo tizio, con tutti i soldi che aveva, fosse stato una primadonna.»

«Esatto, una primadonna che però ha scelto l'ultimo ponte sul Potomac prima che il fiume si riversi nella baia Chesapeake, quindi con un'alta probabilità di non essere più ritrovato, e lo ha fatto alle quattro di notte senza che lo potesse vedere nessuno. Non pensi sia strano, quasi un controsenso? Una primadonna che si è persa il gran finale!»

«Qual è il punto, Billy? Vuoi metterti a giocare a Cluedo con me? Chi diavolo sa perché, forse quel poveraccio aveva una fidanzata che abitava lì vicino e se l'è scopata un'ultima volta prima di saltare giù. O forse hai ragione, non voleva che nessuno ritrovasse il suo corpo perché sarebbe saltato fuori che aveva cicatrici sadomaso inflittegli da un trans di tredici anni di Bangkok. Che ne dici come insinuazioni? Perché potrei continuare tutto il giorno! La verità è che probabilmente non lo sapremo mai. Ci sono omicidi e stupri che non vengono risolti, questa è la vera tragedia. Non perderò certo il sonno dietro a questa storia. Quello che mi interessa è che tu la smetta di giocare con queste stronzate da corso di criminologia per principianti che ti hanno insegnato all'università. Questo è il mondo reale, Billy. Forse ripescheranno il corpo di questo Whiterman, forse no. Pace all'anima sua. Ma fossi in te mi focalizzerei sulla rapina alla gioielleria che ha spedito il proprietario al pronto soccorso. Quel criminale è ancora a piede libero!» Il capitano fece finalmente una pausa e deglutì l'ultimo pezzo di ciambella. «Dico sul serio, tenente» e puntò il dito in faccia a Blake. «Grazie dello snack. Se abbiamo finito, puoi andare» concluse lanciando la scatola vuota nel cestino.

Il pomeriggio filò via veloce. Blake si rimise a lavorare sulla rapina in gioielleria e fece qualche chiamata. Il capitano aveva ragione: il caso Whiterman era chiaro senza bisogno di perdersi nelle allusioni più disparate. C'erano cose più urgenti su cui focalizzarsi. Intorno alle 6:30pm il capitano era già andato via e la sua assistente personale si stava infilando la giacca, pronta ad andarsene, quando Blake si materializzò alla sua postazione.

«Ehi, Mary.»

«Ciao, Billy.»

«Bella borsetta e guarda che giacchetta. Sei proprio uno schianto, sai?»

«Grazie tesoro.» La ragazza ridacchiò. Era infatuata di lui e Blake lo sapeva benissimo.

«Scommetto che vai a fare un aperitivo con le amiche. Chissà a quanti ragazzi farai girare la testa!»

«Perché, sei geloso? Puoi venire se vuoi...»

«Magari» esclamò Blake, avvicinandosi e aggiustandole una ciocca di capelli intorno al collo. «Un'altra volta. Il tuo capo mi ha fatto una bella ramanzina prima, devo finire delle cose entro domani.»

«Oggi era nervoso, ha sgridato perfino me. Quindi è tutta colpa tua eh, bello?» L'unghia acrilica dipinta di viola e lunga quasi tre centimetri arrivò a sfiorargli il mento. «Devi farti perdonare davvero una di queste sere, sono io che poi me lo sorbisco tutto il giorno» disse Mary con un sorriso sornione.

«A proposito, prima ero nel suo ufficio e ho lasciato un fascicolo su cui vuole che mi porti avanti con urgenza. Pensi che potresti...» Blake indicò la porta dell'ufficio di Freeman.

«Mmm, lo sai che non vuole che entri nessuno quando è chiuso...»

«Il fatto è che se non avrò delle risposte per lui domani mattina, si arrabbierà moltissimo. Il che potrebbe essere un bel problema per tutti e due» Blake le sussurrò nell'orecchio, catturato dal dubbio se quella lama viola affilata come una katana che gli solleticava la carotide fosse un tentativo di sedurlo o una minaccia di morte.

«Ok, fai alla svelta e non toccare niente» disse guardandosi furtivamente intorno, «altrimenti mi uccide!»

«Grazie tesoro. Ci metto un secondo.»

Gli aprì la porta e lo fece entrare. A lui bastò uno sguardo. La cartellina era esattamente dove si ricordava, sulla scrivania. Sulla linguetta del fascicolo era scritto a penna, in inchiostro rosso: "*Whiterman, M.*"

Blake prese tutte le pagine del dossier e le sostituì con una pila di fogli più o meno equivalente presi dalla stampante. Poi mise i documenti in un'altra cartellina e uscì dall'ufficio.

«Trovato?» gli chiese lei neanche un minuto più tardi.

«Sì, eccola qui! Trenta secondi, te lo avevo detto.»

«Che caso è, a proposito?»

«Oh, una rapina in gioielleria, nulla di grosso.»

«Ne ho sentito parlare. Il mondo là fuori fa paura.»

«Ascolta bellezza, devo tornare al lavoro stasera ma per quell'aperitivo ci puoi contare. Promesso.»

«In bocca al lupo!» gli fece l'occhiolino. Non ci fu bisogno di dire che quel blitz nell'ufficio di Freeman doveva rimanere segreto.

Riesaminò il dossier Whiterman tutta la sera, ma sostanzialmente ricopiava tutto quello che Freeman gli aveva parafrasato poco prima. Si sentì uno sciocco. Aveva manipolato Mary mettendo a rischio anche la carriera di lei e per che cosa, un sospetto? Forse il vecchio grassone aveva ragione a fargli la ramanzina. Il suo approccio era ancora troppo accademico, il mondo reale era un'altra cosa. Prese il file e andò in macchina. Erano le 7:42 e si mise al cellulare.

«*Ciao papà*» rispose in italiano una voce giovane.

«Non sei preoccupato che tuo papà non sia ancora a casa? Magari qualche *delinquente*[3] gli ha sparato per strada.»

3. Nelle conversazioni in "Italenglish" tra padre e figlio, le parole in corsivo sono da intendersi come parole italiane usate all'interno di dialoghi in inglese.

«Sì, vabbè. *Sto morendo di fame*. Ordino una pizza, vieni?»

«Certo, arrivo. Hai abbastanza *soldi*?» chiese il papà.

«I Reynolds mi hanno dato quaranta bigliettoni per innaffiare *le piante*. Vanno via una settimana.»

«Ok signor riccone, affare fatto! Arrivo tra mezz'ora. *Prosciutto e doppia mozzarella* per me. A tra poco.» Blake arrotava le "R" e marcava le doppie "T", "P", e "Z" proprio come un italiano madrelingua.

«Ci vediamo a casa, Papà.»

La lingua parlata tra di loro dai due Blake era un ibrido tra inglese e italiano: lo chiamavano simpaticamente *Italenglish* ispirandosi a *Spanglish*, un film con Adam Sandler che guardavano e riguardavano, sbellicandosi ogni volta insieme sul divano.

Blake parcheggiò sotto casa e portò il fascicolo con sé. Doveva escogitare un piano per rimettere tutto a posto il giorno seguente senza che il vecchio se ne accorgesse.

Blake era più vicino ai quarant'anni che ai trenta. Si era arruolato nella polizia dopo un evento traumatico che avrebbe segnato e cambiato inderogabilmente il corso della sua vita. Prima dell'incidente aveva frequentato criminologia presso la Georgetown University, peraltro mantenendo una media brillante che gli avrebbe permesso, in teoria, di realizzare il suo sogno di accedere alla facoltà di legge e diventare assistente procuratore. Tutto stava andando secondo i piani quando Cupido scoccò la sua freccia e conobbe Angela, un'affascinante ragazza italiana. Da lì in poi, una serie di vicissitudini cambiò la sua vita. Angela rimase incinta e si sposarono in fretta e furia. Ma consumata dalla sua malattia, Angela morì alcuni anni dopo. Blake non si iscrisse più a giurisprudenza e si arruolò invece in polizia. Billy e Franco impararono l'italiano da Angela e gettarono così le basi per il loro *Italenglish*, l'idioma di famiglia fatto di frasi in inglese in cui veniva lanciata qua e là qualche parola in italiano.

Entrato in casa, Blake prese al volo un paio di fette di pizza dalla scatola e salì per le scale diretto verso la camera di Franco. Sapeva esattamente la scena che gli si sarebbe parata davanti. Il figlio era alla finestra, curvo su un telescopio. L'astronomia era la sua passione del momento, assieme al calcio.

«Ciao, *papà*!» salutò il ragazzo senza staccare gli occhi dalle lenti: «Vieni a vedere Polaris» gesticolò con la mano, «*la Stella Polare* brilla più forte che mai!»

Il vento e la pioggia dei giorni scorsi avevano pulito il cielo, la visibilità era eccellente. Le costellazioni erano disegni talmente nitidi da sembrare ricami cuciti a mano su una grande coperta nera, al centro della quale, la luna scintillante sembrava un grosso bottone di madreperla.

Francesco fece posto al papà alla lente, rivelando i suoi grandi occhi marroni. Erano quelli della mamma, come i capelli biondi e le lentiggini sul nasino all'insù.

«La vedo, e con lei il resto del *Grande Carro*.»

«*Piccolo Carro*» lo corresse Franco, sorridendo. «Polaris è la coda del *Piccolo Carro*. Per il *Grande Carro* devi guardare più su.» disse, puntando l'indice al cielo.

Blake lo sapeva bene, ovviamente. La Stella Polare e il *Grande Carro* sono nozioni di orientamento notturno basilari che gli erano state insegnate in accademia. Quello però che non sapeva erano le storie di mitologia di ciascuna costellazione, e nessuno le conosceva meglio di Franco. Adorava sentirgliele raccontare. Qualche sera prima gli aveva narrato di come Cassiopea era stata inserita nel cosmo a testa in giù come punizione divina per la sua vanità di sentirsi più bella delle Nereidi.

«Dunque, il *Grande Carro* e *Piccolo Carro* sono conosciuti anche come *Orsa Maggiore* e *Orsa Minore*» cominciò Franco, esprimendosi in *Italenglish*. «Giove tradì la moglie Giunone ed ebbe un *bambino* da un'altra donna. Giunone, furiosa del tradimento, tramutò sia la donna che il bambino in due orsi, sperando che i cacciatori li potessero uccidere. Giove, tuttavia, lo scoprì e per salvarli dai cacciatori li mise in cielo, precisamente al Polo Nord, in modo che potesse facilmente *sorvigl... sarvigl... survigl...*»

«Che stai provando a dire?»

«Come si dice quando qualcuno guarda qualcosa attraverso quelle videocamere» Franco provò a spiegarsi.

«Intendi i video di *sorveglianza*?» Il ragazzo annuì.

«La parola italiana che stai cercando di pronunciare è *sorvegliare*. È una parola difficile, bravo. Ora sì che mi hai stupito!»

Il padre lo guardò amorevolmente mentre la parola gli echeggiava nell'orecchio. Scese i gradini a due a due, tanta era la fretta di riaprire il dossier Whiterman sul tavolo dell'ingresso. Sfogliò alcune pagine, finché si fermò di colpo puntando il dito su un documento.

Ecco qua!

Se il caso era così ovvio, perché allora il capitano Freeman gli aveva mentito?

- 5 -

Un rumore metallico rivelò che il cilindro della serratura aveva girato per tre volte, poi la porta di ferro si aprì cigolando. I muri della stanza erano di mattoni rossi lasciati grezzi, senza intonaco, mentre il soffitto era di cemento. Anche il pavimento era una semplice colata di calcestruzzo senza mattonelle. La stanza, senza finestre, sembrava essere inghiottita dal buio. L'unica fonte di luce, una lampadina che penzolava dal soffitto, era controllata da un interruttore nel corridoio tenuto appositamente spento la maggior parte del tempo. Il design e l'estetica non erano stati certo una priorità per chi aveva progettato quel posto. L'ambiente era tanto squallido perché si trattava di una prigione. Al suo interno non si dovevano trovare né pace né confortevolezza, bensì dolore e disperazione.

Dentro, un uomo era seduto curvo in un angolo con il volto sepolto nelle ginocchia. Aveva una catena che lo cingeva al polso come quelle usate nel Diciottesimo secolo. In realtà la ferraglia era predisposta per la caviglia, ma era stata stretta con un bullone regolabile in modo da adattarsi al polso. La catena, ancorata sul muro opposto alla porta d'ingresso, era lunga poco più di due metri. La misura era stata calcolata per limitare i movimenti del carcerato e concedergli di svolgere appena le funzioni essenziali. Poteva raggiungere il cesso e il lavandino, posti uno di fronte all'altro ai lati della brandina. Il prigioniero era stato rapito e drogato, e solo il buio che lo circondava riusciva a nascondere i segni della sua brutale tortura.

L'ostaggio, abituato al buio pesto, fu accecato dalla flebile luce che penetrava dal corridoio. Gli occhi malconci distinsero appena una forma umana centrata nello stipite. Era una sagoma muscolosa, tuttavia il bagliore che filtrava attorno rivelò che non si trattava del solito guardiano: un uomo enorme, che riempiva il telaio della porta oscurando quasi completamente l'iridescenza del corridoio.

Quel bestione apparve poco dopo e si posizionò dietro alla prima sagoma. Il prigioniero, vedendo ora la luce oscurarsi, riconobbe la figura mostruosa del suo carceriere. Fece appena in tempo a riconoscere l'odore dozzinale della sua acqua di colonia che il gigante sferrò subito un calcio potente al tizio davanti a lui catapultandolo dentro la cella. Rotolò come la biglia in una pista di sabbia e si ritrovò in ginocchio, faccia a faccia con il detenuto. «Non dirglielo. Qualsiasi cosa succeda, non dirgli niente. Promettimelo, amico mio.»

Nonostante non potesse ancora vedere bene, l'uomo incatenato riconobbe nella supplica del nuovo ostaggio una voce familiare, ma il carceriere stroncò sul nascere la conversazione colpendoli entrambi in faccia.

«Non è un buon consiglio. Dimmi, dov'è?» minacciò l'aguzzino, ma la risposta fu uno sputo di sangue sullo scarpone. «Molto bene» disse il guardiano prendendo una pistola da sotto la giacca, puntandogliela dritta in fronte.

Il detenuto chiuse gli occhi senza mostrare alcun cenno di paura. Anzi, il suo volto fiero rifletteva coraggio e serenità. Viste le circostanze, la morte sarebbe stata un sollievo.

«Nah...» mormorò il gigante, muovendo la pistola e mirando al corpo dell'altra persona. «Sarebbe troppo facile così. Lui invece non mi serve a un cazzo. Ultima occasione, dimmi, dove si trova?»

Sapeva bene che quella torre umana era un tipo senza scrupoli, lo aveva provato sulla sua pelle, e adesso minacciava il suo amico. Non avrebbe esitato a sparare, ma l'uomo incatenato al muro custodiva un segreto che avrebbe rivoluzionato il mondo. Uno di quei segreti che poteva essere una benedizione per il genere umano oppure lo avrebbe portato alla distruzione, se fosse finito nelle mani sbagliate. E non vi erano dubbi che rivelare tale segreto a questo criminale farcito di steroidi avrebbe avuto conseguenze catastrofiche. Quindi i due ostaggi si scambiarono un ultimo sorriso rassegnato, la decisione era condivisa. L'altro tizio sapeva di morire, ma era tranquillo al pensiero che l'amico non avrebbe parlato neanche sotto tortura. Entrambi chiusero gli occhi, rassegnati al loro fato crudele.

«Hai perso, comunque vada a finire.» L'uomo, in ginocchio, ringhiò sottovoce, fissando la canna della pistola come se fosse un leone intento a esalare l'ultimo respiro.

«Vedremo» rispose il colosso.

Tre colpi di pistola carichi di un'eco spaventosa. Il prigioniero incatenato tremò agonizzante mentre il corpo dell'amico gli si afflosciò tra le braccia.

E gridò.

Gridò sfiatando tutta l'aria che aveva nei polmoni.

Chiese aiuto ma nessuno poteva sentirlo, sepolto com'era in quel dannato bunker. Il killer non si era neanche preoccupato di usare un silenziatore per attutire gli spari. L'uomo ferito si portò entrambe le mani al petto su due dei tre buchi causati dalle pallottole, ma il sangue scorreva rapido dal terzo foro. Ci provò anche l'amico a fermare quell'emorragia, ma fu tutto inutile: il tempo di un sussulto, e gli occhi sparirono dietro le palpebre. Il silenzio durò poco, poi il bestione afferrò quel corpo per le caviglie e fece per tirarlo a sé. Il carcerato balzò in avanti, per quanto gli fosse concesso dalla lunghezza della catena, e afferrò il gigante al collo con la mano sinistra. Con un po' di fortuna avrebbe potuto soffocarlo ma il guardiano non solo era mastodontico, era soprattutto un professionista addestrato e con un riflesso veloce eluse il tentativo di strangolamento, cavandosela con un paio di graffi superficiali sul collo.

«Ti ucciderò, te lo giuro» fu la promessa. Ma il colosso era già fuori dalla portata consentita dalla catena e trascinava il corpo della vittima nel corridoio. Vide la testa alzarsi sopra quelle spalle immense, la bocca si allargò quel tanto per sputar fuori la sua minaccia: «Non temere, tornerò!»

Sparì lasciando dietro di sé una striscia di sangue sul pavimento. Le nuove grida di aiuto del detenuto furono inutili. Non sapeva di essere in una fossa scavata nel terreno, completamente insonorizzata. Nessuno lo avrebbe mai sentito. Rinunciò, ormai esausto e senza voce.

L'omone se n'era andato da almeno un'ora quando all'improvviso si materializzò di nuovo nella cella. Una scarpa grande quanto una bistecchiera sigillò la porta di ferro nel telaio. E fu di nuovo buio. «Non pensavi che mi sarei dimenticato di te, vero?» La sua voce cavernosa sembrava perfino più cattiva nell'oscurità. Poi il guardiano accese una piccola torcia che puntò a caso sul pavimento. «Hai capito che non ho alcuna voglia di scherzare...»

Il sottile raggio di luce disegnò un arco nell'aria seguendo il movimento rotatorio del suo braccio intorno alla spalla. Il gigante si accarezzò il collo, illuminando i due graffi sanguinolenti inferti dalle unghie del prigioniero. «Dobbiamo fare qualcosa per quegli artigli affilati!»

Il fascio di luce solcò nuovamente le tenebre, esaltandosi nel riverbero prodotto dalla cromatura di un oggetto metallico. Un paio di tenaglie industriali.

11 settembre

XX

«Il sole è il passato, la terra è il presente, la luna è il futuro. Abbiamo avuto origine da una massa incandescente e ci trasformeremo in una massa ghiacciata.»

GEMELLI

Nikola Tesla, *Il Problema dell'Incremento dell'Energia Umana*, 1900

- 6 -

Quella mattina, come ogni anno, la capitale degli Stati Uniti d'America si risvegliò con un peso nel cuore, pronta a commemorare le vittime dell'11 settembre. Proprio come New York piangeva i morti di Ground Zero, Washington ricordava le 125 persone che morirono nel Pentagono quando il volo American Airlines 77 vi si schiantò contro, incenerendo all'istante anche i suoi 65 passeggeri.

Mary, che faceva a gara con i galli per chi si svegliasse prima al mattino, era solita arrivare molto presto in centrale.

«Oh tesoro, come sei gentile!» cinguettò la segretaria di Freeman alla vista di un muffin al mirtillo. Blake ci tenne a sottolineare che la colazione era solo una gentilezza e non un bieco tentativo di sostituire la promessa di uscire insieme. Sul fiume Potomac le ricerche del corpo di Whiterman ricominciarono all'alba e la zona di ricerca si era allargata fino alla baia Chesapeake. Un elicottero fece un paio di passaggi avanti e indietro, ma si sapeva che col passare del tempo le possibilità di recupero del poveretto diminuivano drasticamente. Con un po' di fortuna, il corpo si sarebbe potuto incagliare in qualche tronco sporgente o addirittura arenare su una delle due rive del fiume. Se invece la corrente impetuosa della tempesta lo avesse trasportato dritto nell'enorme baia, allora le possibilità di rinvenirlo sarebbero state scarse. A ogni modo, le forze di polizia stavano operando in modo discreto e il nome del disperso era ancora sconosciuto ai media. Quando Freeman arrivò con la consueta tazza di caffè, Blake lo salutò sull'uscio del suo ufficio.

«Ehi capo, mi dispiace per ieri. Non era mia intenzione farti venire i nervi. Volevo dirti che ho fatto dei progressi sulla rapina in gioielleria.»

Sventolò un fascicolo contrassegnato "*Gioielleria Goldberg*" mentre nell'altra mano teneva una bustina di arachidi ricoperte di cioccolato e ne offrì una manciata al capitano. Blake lanciò un'occhiata alla cartellina contenente il caso Whiterman sulla scrivania e, senza che il vecchio se ne accorgesse, ci piazzò sopra il fascicolo Goldberg. Freeman fece un tentativo di sembrare interessato alla notizia, mentre Blake si mise qualche nocciolina in bocca.

«Sembrerebbe che...» ma Blake si interruppe improvvisamente, cominciando a tossire.

«Tutto Ok, Billy?»

Il viso di Blake a un tratto si tinse di rosso. «Vuoi dell'acqua?» si prodigò Freeman, indicando il dispenser nell'angolo dell'ufficio.

Blake fece cenno di sì con il capo, tossendo ancora. Mentre Freeman si voltò per prendergli dell'acqua, Blake con un gesto fulmineo sostituì i contenuti delle due cartelline. Il capitano tornò alla scrivania con un bicchiere colmo d'acqua e Blake lo svuotò tutto di un fiato, il che sembrò schiarirgli la gola. Tossì un altro po' e fece un gesto con la mano a indicare che avrebbero ripreso la chiacchierata in un altro momento. Se ne andò continuando a schiarirsi la gola con la sua cartellina in mano.

«Ok. Vedi di non crepare, figliolo. Ci servi!»

Il tenente era riuscito nel suo intento. Si rinchiuse nel suo ufficio e la lancetta dei minuti fece un giro completo su se stessa. Nell'ultimo quarto d'ora era rimasto incollato accanto al telefono della scrivania, in attesa, scarabocchiando su un blocco di carta. Prese la cornetta e azzardò un'altra chiamata premendo il tasto che ricomponeva l'ultimo numero, ma nulla. Sentendo nuovamente scattare la segreteria telefonica, riagganciò frustrato. Guardò l'orologio con un gesto frenetico, lo aveva fatto appena cinque minuti prima. Prese allora il fascicolo sottobraccio, lasciando in piena vista sulla scrivania quello etichettato "*Gioielleria Goldberg*". Si era già infilato la giacca e aveva le chiavi dell'auto in mano, quando gli occhi gli caddero sul tasto della ricomposizione. Forse per deformazione professionale o forse per eccesso di cautela, alzò la cornetta e digitò un altro numero recuperato dalla rubrica del cellulare. «*Maythorn Junior High*. Come posso aiutarla?» annunciò una voce di donna.

«Mi scusi, ho sbagliato numero» si affrettò a dire Blake riattaccando. Finalmente varcò quella dannata soglia lasciando la porta accostata come al solito.

A mezzogiorno in punto, puntuale come il telegiornale, Freeman fece per andare a pranzo. Aveva trascorso la mattina tra riunioni telefoniche e, mentre sistemava alcuni nuovi appunti nel fascicolo "*Whiterman, M.*", lo aprì e vide che la prima pagina era al contrario. E non solo quella, lo erano anche tutte le altre. *Che strano…* pensò, scorrendo i fogli tra le dita e rigirandoli nel verso corretto. Aveva lavorato sul dossier appena il giorno prima e gli sembrava logico aver inserito i fogli nella cartellina nello stesso modo in cui meccanicamente aveva fatto migliaia di altre volte.

Il capiente stomaco del capitano emise un sonoro gorgoglìo mentre passava accanto all'ufficio di Blake. «Billy dov'è? È andato a pranzo presto?» chiese Freeman.

«Direi più una tarda colazione, capitano. È uscito tre ore fa. Ha detto qualcosa sul figlio, non ho ben capito.»

Il capitano entrò nel suo ufficio, incuriosito. Il detective si stava comportando in modo bizzarro negli ultimi giorni, con il suo incessante interesse verso il caso Whiterman. Sulla scrivania torreggiava il dossier della gioielleria Goldberg. Lo aprì e sfogliò alcune pagine senza troppo interesse prima di richiuderlo. Si guardò intorno, tutto sembrava normale, chissà cosa poteva essere successo per farlo allontanare d'urgenza; decise di chiamarlo per sincerarsi. Stava per uscire già col suo cellulare in mano quando anche a lui cadde l'occhio sul telefono della scrivania. Il richiamo del tasto ricomposizione lo attirò come il canto delle sirene di Ulisse. Il display mostrò un numero col prefisso 202, quello di Washington. Dopo un paio di squilli, una voce di donna rispose annunciando la scuola media Maythorn. Attaccò senza parlare. Sapeva che era la scuola del figlio, e il pensiero che fosse successo qualcosa a Franco fu automatico.

Riprese il cellulare: «Billy, come va? Sono passato nel tuo ufficio, ma mi hanno detto che sei uscito in fretta e furia, qualcosa riguardo Franco mi dicono. Tutto ok?»

«Ciao, Roger. Sì, scusami, sono venuto via di corsa. Franco ha avuto un problema a scuola. Mi è arrivato un messaggio che si era azzuffato con dei compagni e quando ho richiamato mi hanno detto che si era fatto male. Non smetteva di piangere, così sono andato a prenderlo.»

«Capisco. Nulla di grave spero.»

«Spero di no. Probabilmente si tratta solo di qualche livido, ma ha preso una botta forte a un braccio cadendo e voglio portarlo al pronto soccorso e farlo visitare per sicurezza.»

«Certo. Prenditi pure il resto della giornata e stai con lui. Fammi sapere come va e ci vediamo domani.»

«Roger, Roger[4]» scherzò lui.

I due si salutarono. Il tono di Freeman era assolutamente normale e Blake immaginò che il capitano non sospettasse di nulla. Sapeva benissimo che il capo era una vecchia volpe e non voleva si insospettisse con tutte quelle domande sul suicidio Whiterman. Di fatto, Blake voleva ritagliarsi del tempo per poter fare lui delle indagini. La notte prima per caso, il figlio gli aveva fatto notare un'incongruenza riguardo alla

4. Il nome "Roger" in inglese si usa anche per dire "ricevuto".

videosorveglianza e per qualche ragione il capitano aveva mentito. Le immagini ritraevano un parabrezza appannato, un finestrino abbassato solo quel tanto che basta a tirare fuori il denaro e pagare il pedaggio, poi alcune riprese da lontano di un tizio che usciva e si buttava giù. Ma non c'erano proprio immagini che ritraessero il volto del conducente. Sebbene ci fossero altre prove che indicassero che si trattasse proprio di Whiterman, perché mentire sulle immagini delle telecamere?

Freeman stava giusto uscendo dall'ufficio di Blake quando uno squillo lo fece voltare. Più per curiosità che altro, Freeman si trattenne sulla maniglia della porta porgendo l'orecchio, finché rispose la segreteria telefonica.

«Tenente Blake, buongiorno, sono Gerald Bates dal dipartimento di tecnologie forensi. Mi scuso per il ritardo, ho ricevuto i suoi messaggi questa mattina, purtroppo ero molto impegnato. Volevo solo confermarle che le ho inviato con urgenza un backup dell'hard drive del tablet relativo al caso Whiterman, come da lei richiesto. Dovrebbe riceverlo nel pomeriggio. Mi chiami per qualsiasi cosa, arrivederci.»

Freeman rimase aggrappato con la mano al pomello della porta, stringendolo così forte che le nocche delle dita gli diventarono bianche. Rientrò nell'ufficio di Blake e alzò la cornetta. La tenne in mano qualche secondo, poi riagganciò. Prese il fascicolo della gioielleria Goldberg sulla scrivania, era lo stesso che il tenente aveva con sé quella mattina quando si erano visti nel suo ufficio. Lo aprì: le pagine erano infilate nel verso contrario.

Billy è mancino!

Il capitano ripensò subito alle pagine del suo fascicolo Whiterman, anche quelle erano stranamente al contrario. Una coincidenza troppo improbabile. Freeman rivide l'immagine di Blake che lo aspettava fuori dal suo ufficio quella mattina, e tutto a un tratto gli sembrò un'imboscata. Allo stesso modo quello strozzarsi con le noccioline pareva un pretesto per distrarlo e farlo voltare per andare a prendergli dell'acqua.

Quel figlio di puttana ha sostituito le pagine! – *STUM* – Il classico rumore sordo di un cazzotto sul legno tuonò nel piccolo ambiente, poi Freeman si affrettò fuori. «Capitano, è già tornato dal pranzo?» domandò Mary sbalordita.

«Mary, per caso Blake è entrato nel mio ufficio prima che io arrivassi?»

La segretaria si portò la sua bizzarra manicure in bocca e cominciò a mordersi nervosamente le unghie acriliche.

«Ieri sera... prima di andare via. Ha detto che si era dimenticato un file nel suo ufficio e gli serviva con urgenza. È stato solo pochi secondi. Io...»

«Chiama il servizio di posta interna» la interruppe, perentorio. «Digli di reindirizzare tutta la posta di Blake direttamente a me. Lui non c'è oggi.»

Con la coda dell'occhio vide la ragazza accanirsi nervosamente con gli incisivi sulle finte unghie viola. «Certo capitano, chiamo subito» biascicò lei.

Freeman però aveva già chiuso la porta. Prese il cellulare e selezionò un numero tra le sue ultime chiamate, fissando preoccupato qualcosa a caso fuori dalla finestra. Una voce cavernosa rispose al secondo squillo.

«Sì.»

«Abbiamo un problema» esordì Freeman.

***

Blake aveva riagganciato la telefonata con Freeman con un sorriso sul volto, il capitano sembrava esser caduto nel tranello. La sua indagine personale era cominciata quella mattina proprio dalla scena del crimine. Nonostante entrambe le corsie fossero state riaperte, il traffico sul Potomac Bridge era intenso. Secondo le stime, circa sei milioni e mezzo di veicoli vi transitavano ogni anno, causando frequenti congestioni e ritardi. La Maryland Transportation Authority aveva condotto uno studio per modernizzare la struttura, ma il progetto del valore di circa un miliardo di dollari era senza fondi e quella struttura, inaugurata nel 1939 e usurata dal tempo, aveva giovato solo di saltuarie opere di manutenzione strettamente necessarie.

Come Blake ebbe modo di scoprire, il sistema di videosorveglianza non faceva eccezione. Il detective chiese nuovamente di accedere alle registrazioni. Dalle immagini sgranate riconobbe molte delle foto messe poi a verbale nel file Whiterman, eppure da nessuna di esse si poteva identificare il volto del conducente. Per carità, qualcuno si era buttato giù di sicuro e gli oltre quaranta metri nel vuoto non gli avevano sicuramente lasciato scampo, ma il problema era che il fiume non aveva restituito alcun corpo.

Blake aveva per le mani un caso di morte *in absentia*, un presunto decesso in cui una persona viene dichiarata morta in assenza dei suoi resti. Sapeva bene che negli Stati Uniti tale presunzione si stabilisce solo dopo che sia trascorso un lasso di tempo ragionevole; un arco di tempo solitamente di sette anni, a eccezione di alcuni Stati che lo hanno ridotto a cinque e un paio che lo hanno abbassato ulteriormente a quattro. Tuttavia, questa tempistica può cambiare di molto se la persona scomparsa è stata esposta a un "pericolo imminente". In questi casi, più grande è il pericolo, tanto più velocemente la persona viene dichiarata morta.

Verrà considerato alla stregua di uno schianto aereo, ragionò Blake, ricordando una regola che fu approvata proprio dopo l'11 settembre per far sì che si potessero emanare i certificati di morte con rapidità. Un salto di quarantuno metri dentro un fiume in piena rappresentava anch'esso un chiaro esempio di pericolo imminente, specie se accostato a una confessione di suicidio da parte di un malato terminale.

Il detective era alle prese con un sandwich alla carne e teneva già il volante con una sola mano, quando gli squillò il telefono. Aveva terminato l'indagine sul ponte e stava attraversando il Nord della Virginia per dirigersi verso la sua destinazione successiva.

«Ehi Carter, hai verificato quelle cose che ti ho chiesto?»

Blake prese degli appunti direttamente sulla carta unta del panino.

Bene, non è lontano da qui.

Il GPS dell'auto lo portò in un complesso residenziale con parco condominiale annesso a Clarendon in Virginia. Si ritrovò in mezzo a pittoreschi villini bifamiliari anni '30 sparpagliati nella vasta macchia di verde popolata di grandi arbusti e cespugli, il che offriva privacy e al tempo stesso dava la sensazione di appartenere a una comunità. Le unità abitative gemellari godevano ciascuna di un proprio garage, posizionato dal lato opposto all'ingresso principale. Blake aspettava ormai da venti minuti seduto sui gradini e stava per andarsene. Aveva provato a suonare il campanello senza successo e sapeva bene che, trovandosi in pieno orario diurno, le chances di trovare qualcuno a casa erano scarse. La ex moglie del dottor Whiterman con tutta probabilità era al lavoro, anche se quando aveva chiamato la redazione di *The Public Eye* gli era stato detto che non era in sede. Il rumore del meccanismo automatico del garage sul retro lo fece drizzare sulle gambe. Si apprestò intorno alla bifamiliare sapendo di avere il cinquanta per cento di possibilità che fosse la persona giusta. La serranda, nel frattempo, si era già quasi richiusa. «Theresa Whiterman!» gridò lui, avvalendosi di quel cinquanta percento di probabilità. La porta scorrevole, che stava ormai per toccare terra, cominciò a riaprirsi. A mano a mano che si arrotolava, apparve la sagoma di una figura femminile slanciata accanto al bagagliaio aperto di una Tesla S nera fiammante. L'immagine di quella donna formosa in tenuta atletica, con i capelli corvini che parevano fondersi con la carrozzeria dell'auto sportiva, gli sembrò il volantino pubblicitario di una concessionaria di macchine usate, di quelle in cui si tenta di tutto pur di vendere. Gli venne perfino in mente una di quelle vignette grottesche dove il padrone del cane somiglia alla bestia, però applicato alle macchine, e Blake non riuscì a trattenere un risolino beffardo. L'aspetto avvenente ma caricaturale della donna diede al detective l'impressione di avere a che fare con una sprovveduta. La giornalista indossava un grosso paio di occhiali da sole che le mascherava gran parte della faccia e teneva in mano un paio di buste della spesa.

«Posso aiutarla?» La voce piena della donna arrivò limpida alle sue orecchie.

«Buon pomeriggio signora, sto cercando Theresa Whiterman.»

«Non ancora per molto. Peraltro, anche prima mantenevo il cognome da nubile. E chi la cerca?»

«Mi chiamo William Blake. Posso disturbarla un attimo?»

«William Blake?!? Cos'è, uno scherzo? Pensavo fossi io qui la scrittrice famosa!» esclamò la giornalista con fare ironico. Blake rimase in silenzio, spiazzato da quella risposta diretta.

«E cosa la porta da queste parti, signor William Blake, si tratta dell'innocenza o dell'esperienza?»

Blake arricciò le labbra, nella vita tanta gente aveva scherzato sulla sua omonimia con il noto poeta inglese del Diciassettesimo secolo e ovviamente lui conosceva bene molti dei suoi scritti. Non si fece dunque trovare impreparato alla battuta della donna sul capolavoro *Songs of Innocence and Songs of Experience*.

«Si tratta del mio mestiere, sono un tenente di polizia» disse con tono autorevole, mostrando il badge da lontano. Così facendo pensò di stabilire il ruolo delle parti nella conversazione, ma per quanto si sforzò di tenere alto lo sguardo, lei si accorse di una fugace occhiata alle tette.

La Westlake indossava vestiti di materiale tecnico che le aderivano stretti al corpo, evidenziandone il fisico mozzafiato. In particolare, il seno generoso le spingeva insù l'orlo della maglietta, lasciando trasparire l'ombelico.

«Be', direi quantomeno che possiamo eliminare l'innocenza, tenente Blake!»

Le sue parole arrivarono dritte come un gancio al volto,

inequivocabili come la sentenza di un tribunale. La Westlake aveva sempre la risposta pronta e non usava mezzi termini. Si sfilò gli occhiali da sole abbassando la testa con fare volutamente teatrale, alla ricerca dello sguardo del poliziotto. Il tenente si sarebbe voluto sotterrare dalla vergogna.

«Ehm, bellissima... la macchina voglio dire! È... è una Tesla S, giusto? Che bolide!»

Puntò il dito, ma i capillari del viso tradirono il suo imbarazzo. Lei annuì, sorridendo.

«Puoi dirlo forte. Fa da zero a cento in due secondi e mezzo» disse accarezzando il bolide sul cofano. «Un regalo di compleanno di mio marito prima che ci separassimo!»

«Spero che l'occhio nero non sia un altro *regalo* da parte sua. Non sono venuto per una questione di violenza domestica...» Blake provò a cambiare discorso, aveva capito che la ragazza era una tipa tosta.

Adesso mi dirà la solita stronzata dell'aver sbattuto sul pensile della cucina per coprire quello stronzo...

«Tecnicamente ex marito, comunque no tenente, il suo intuito l'ha tradita ancora una volta» sancì lei, afferrando una borsa sportiva dal bagagliaio con il logo di una nota palestra di kickboxing. «Che poi è appena un graffio... dovresti vedere la faccia di quell'altro!»

Blake si rifugiò in un sorriso di circostanza.

«A che devo quindi il piacere della visita, tenente?» domandò muovendo qualche passo verso il detective: «Non mi pare di aver rotto le palle a qualche membro del congresso ultimamente con i miei articoli.»

Era solita scrivere pezzi forti, talvolta prendeva di punta qualche politico e occasionalmente si ritrovava querelata in tribunale.

«No *madame*, il motivo della mia visita è... le serve aiuto?»

La situazione suggerì a Blake di tentare l'arma della gentilezza. La donna si destreggiava negli spazi angusti con le mani impegnate su tanti colli. D'altronde, doveva cambiare strategia se voleva cavare un ragno dal buco. «No» rispose lei secca, «piuttosto mi sembra un po' fuori dalla sua giurisdizione, tenente del *Maryland*» sottolineò lanciando uno sguardo allusivo al distintivo.

«Può darsi» tergiversò Blake, la conversazione non si stava incanalando come aveva immaginato. «Ha detto ex marito? Non ero al corrente del divorzio. Agli atti risulta che il matrimonio sia ancora valido.»

«So bene cosa risulta agli atti. Lui non ha ancora firmato i documenti del divorzio e al momento siamo solo separati. Ma sono certa che lei non sia venuto fin qua dal Maryland per fare i complimenti alla macchina o discutere degli aspetti tecnici del mio matrimonio. Quindi, vuole dirmi perché è venuto a casa mia o vuole anche chiedermi qual è il mio fiore preferito?»

Se si fosse trattato di un incontro di pugilato, la giornalista avrebbe messo il tenente alle corde. Fece per andarsene girandosi di scatto, ma in quella torsione maldestra un lembo della busta che teneva in mano si agganciò allo spigolo dello sportello e si ruppe.

«Oh, merda! Ti pareva, proprio la bottiglia d'olio extra vergine d'oliva italiano da venticinque dollari!»

La boccetta di vetro s'infranse al suolo mentre barattoli di tutti i colori rotolarono ovunque. Blake sfruttò il pretesto per aiutarla a raccogliere la spesa e distendere i toni.

«Ero venuto per farle delle domande proprio su suo marito… mi perdoni, ex marito» si corresse subito, dopo aver afferrato una scatoletta di tonno sotto la ruota dell'auto.

Per la prima volta nella conversazione, Theresa Westlake rimase in silenzio senza controbattere. Blake sapeva che l'indagine su Whiterman si stava svolgendo con grande riserbo per via del legame della sua azienda a progetti governativi segreti e si comportò di conseguenza.

La Westlake confermò sostanzialmente quello che lui già sapeva, ovvero che viveva da solo a Dupont Circle. Dalla separazione, avvenuta circa un anno prima, i due avevano avuto solo contatti sporadici. Lo descrisse come una mente brillante, Ph.D in fisica, devoto al lavoro e co-fondatore dell'azienda presso cui lavorava. Sembrava ignara dell'accaduto e non proferì parola sulla malattia del marito, forse non ne era neanche a conoscenza. Disse solo che la polizia lo stava cercando per motivi urgenti e di fargli sapere se avesse avuto sue notizie lasciandole un biglietto da visita. Lei non nascose la preoccupazione e pregò di essere informata, dichiarandosi disponibile ad aiutare.

Blake sparì dietro la portiera della sua berlina, molto meno appariscente della Tesla, e inserì sul navigatore il posto di lavoro di Whiterman. Anche solo da un punto di vista puramente geografico, i misteriosi legami tra il fisico e il governo stavano già cominciando a emergere. ASTEC Labs, l'azienda di Whiterman, era ubicata a pochi minuti di distanza dal quartier generale della CIA.

- 7 -

Attraversando in macchina McLean, Blake ebbe modo di constatare come rispecchiasse una delle cittadine più ricche d'America. Intravide i centri commerciali Tysons Galleria e Tysons Center, con i loro negozi griffati e le eleganti dimore che ospitavano quella piccola comunità di cinquantamila anime benestanti, tra cui medici e avvocati, ma anche diplomatici, membri del congresso e alti funzionari pubblici, data la sua vicinanza a Washington. Non a caso questa località della Virginia accoglie anche alcune aziende che lavorano direttamente o indirettamente per il governo e, tra queste, la più famosa è senza dubbio la Central Intelligence Agency, nota anche con la metonimia di Langley, un distretto che appartiene al censimento di McLean.

Blake aveva già eseguito una veloce ricerca sull'azienda. ASTEC era l'acronimo di *Advanced System Technologies* e la sua assonanza con la civiltà azteca era lampante. Da qui l'idea del logo: un tronco di piramide ispirato alla famosa Chichen-Itza in Messico. In più, il logo aziendale aveva una lampadina posizionata sul vertice piatto della piramide a simboleggiare il progresso e la tecnologia. ASTEC Labs era, infatti, un'azienda che sviluppava brevetti high-tech sovvenzionati per lo più da generosi contratti governativi. La maggior parte di questi protocolli erano secretati.

Lo stesso quartier generale di ASTEC appariva come una moderna struttura a tronco di piramide di vetro e acciaio a tre piani, situata su un lotto di terreno recintato e il cui ingresso era protetto da vigilanza armata. Blake al suo arrivo fu scortato nella hall principale dove gli fu chiesto di attendere nella sfarzosa sala d'aspetto. Il muro principale mostrava fotografie del CEO, Mike Travis, co-fondatore di ASTEC Labs insieme a Marcus Whiterman. Nelle foto, Travis stringeva la mano a diversi personaggi illustri del governo americano, principalmente generali della US Army e US Air Force e ammiragli della US Navy. A mano a mano che ci si avvicinava verso il centro del muro le foto lo ritraevano con il segretario della difesa, il direttore dell'FBI e ovviamente il capo della CIA, situata a un tiro di schioppo. La foto al centro del muro, intenzionalmente più grande delle altre, ritraeva la stretta di mano tra Travis e il Presidente degli Stati Uniti d'America. Sul muro opposto, invece, Blake vide delle foto di Travis durante la sua carriera militare. Vi erano anche medaglie e onorificenze varie, inclusa la prestigiosa *Purple Heart*, assegnata per conto del Presidente ai militari uccisi o feriti nel prestar servizio per la patria. Nel caso di Travis, l'onorificenza assegnatagli gli lasciò in regalo una cicatrice di dieci centimetri che correva dal sopracciglio allo zigomo, proprio sopra l'occhio sinistro, rimasto semichiuso.

L'attenzione di Blake fu catturata da una grossa cornice che ospitava diverse foto poste intorno a una toppa che identificava la divisione della US Army presso cui Travis aveva prestato servizio. Il logo rappresentava l'iconica aquila calva, sotto la quale era scritta la parola "veterano", mentre sul bordo superiore si leggeva "*101st Airborne*". Tra le fotografie sbiadite dal tempo Blake riconobbe la versione giovane del CEO che si arrampicava su una corda, atterrava con un paracadute, impugnava un fucile d'assalto e sorrideva in gruppo.

Blake lesse la biografia di Michael Travis incisa su una placca di ottone. Si era congedato col grado di capitano dopo aver servito nella prestigiosa fanteria leggera d'élite della US Army denominata "la punta della lancia", a significarne l'importanza strategica nelle missioni. Quarto figlio di una famiglia modesta, si era differenziato dai fratelli che avevano seguito le orme del padre operaio conseguendo un dottorato in ingegneria elettronica alla Stanford University, proprio grazie a una borsa di studio della US Army. Travis aveva scambiato il costo esorbitante dell'istruzione universitaria con diversi anni di impeccabile servizio militare, che servirono a forgiarne il carattere. Aveva partecipato a diverse missioni, tra cui quella nei Balcani, la guerra nel golfo persico e, oltre alla *Purple Heart*, gli era stata anche attribuita la *Distinguished Service Cross*, la seconda più alta onorificenza militare dopo la medaglia d'onore. Travis intraprese l'attività imprenditoriale dopo il congedo, fondando ASTEC Labs. La sua prestigiosa carriera gli diede i contatti che, insieme all'indiscusso talento, gli permisero di accedere nella cerchia delle lobby più potenti di Washington e ottenere i primi contratti. Da allora l'azienda crebbe in modo esponenziale, grazie soprattutto al suo dipartimento di ricerca e sviluppo, che ottenne brevetti multimilionari. E alla base di questo successo c'era anche il lavoro sapiente del capo dell'R&D, partner e co-fondatore di ASTEC Labs, il dottor Marcus Whiterman: lo scopo della visita di Blake ad ASTEC.

***

Dopo circa venti minuti, l'attesa del detective venne interrotta dall'ingresso di una ragazza minuta con gli incisivi sporgenti. Il tailleur grigio topo che l'avvolgeva esplicitava la somiglianza.

«Tenente Blake, il dottor Travis può riceverla ora.»

Si affiancò loro una guardia della sicurezza che lo accompagnò in ascensore al terzo e ultimo piano. Passando tra le varie porte, una di queste era aperta e Blake vide la guardia girarsi e fare un saluto militare verso l'interno, portandosi la mano alla fronte. L'uomo seduto in quell'ufficio aveva la testa rasata che metteva in risalto il pizzetto color carbone. L'uomo fissò Blake impassibile per tutto il tempo che spaziò nel suo campo visivo e, sebbene il tenente accennò un saluto col capo, il gesto non fu ricambiato. Sulla targa della porta si leggeva:

Yosef Mahmid - Capo della Sicurezza

Alla fine del corridoio, in un'ampia anticamera presidiata da una scrivania, una donna con i capelli grigi legati in uno chignon e lo sguardo austero andò loro incontro.

«Tenente Blake, il dottor Travis la sta spettando» disse indicando il grosso portone di legno. Blake ringraziò ed entrò. Ad attenderlo, un uomo con indosso un gessato gli offrì una stretta di mano dalla quale traspariva tutto il suo vigore, nonostante l'età relativamente avanzata.

«Buon pomeriggio, tenente Blake. Sono Mike Travis. Prego, si sieda» lo esortò con un sorriso garbato mentre la porta si richiudeva automaticamente dietro di loro. Da vicino, Travis incuteva terrore. Non tanto per l'altezza di circa un metro e ottanta, ma per la sua stazza taurina. Sebbene avesse quasi sessant'anni ne dimostrava almeno cinque di meno. Avrebbero potuto essere anche dieci se non fosse stato per i capelli, molto più sale che pepe, a intonarsi col gessato.

«Dunque, questo bisogno urgente di vedermi, tenente... Di cosa si tratta?» chiese abbandonandosi sull'elegante poltrona.

«A dire il vero avevo chiesto del dottor Whiterman, ma alla reception mi hanno detto di incontrarmi con lei.»

«Sfortunatamente il dottor Whiterman non è in ufficio oggi. Sono stato via per motivi di lavoro e sono atterrato in città questa mattina. Mi hanno informato che Marcus sta male da un paio di giorni...»

Travis fece una pausa come per voler passare la parola a Blake, che però non disse nulla, quindi il CEO proseguì.

«Ho paura che debba trattarsi di una brutta influenza, o

qualcosa del genere, per non venire in ufficio per due giorni. Il mio socio è un vero stakanovista, come me d'altronde, almeno così dicono di noi» spiegò lui, fiero.

Blake fece un sorrisetto per compiacerlo.

«In effetti, mi ha ricordato che devo fare una chiamata al vecchio Marcus per vedere come sta. Sono stato così impegnato che non ho avuto ancora modo di sincerarmi della sua salute. Ma veniamo a noi Blake, cosa la porta qui?»

«A dire il vero, dottor Travis, temo che il dottor Whiterman sia scomparso. È il motivo per cui speravo di avere sue notizie qui ad ASTEC Labs.»

«Scomparso... cosa intende, non capisco?!» Travis rispose confuso. «È assurdo!» fece poi una smorfia e l'occhio sfigurato si chiuse quasi del tutto, unendo la cicatrice tra zigomo e sopracciglio.

«Lo stiamo cercando da ieri mattina ma non siamo riusciti a rintracciarlo da nessuna parte.»

«Sheila» Travis disse a voce alta, spingendo il pulsante dell'interfono sulla scrivania.

«Sì, dottor Travis» una voce di donna gracchiò dall'altoparlante. «Mettimi in contatto con Marcus Whiterman per favore. Prova tutti i numeri di telefono, anche quelli personali. Aspetto in linea, è urgente!» enfatizzò lui.

«Subito, signore.»

Il CEO spinse il bottone per togliere l'audio all'interfono e continuò la conversazione con Blake.

«Innanzitutto, su che base lo sta cercando la polizia, se posso chiederle, tenente?»

«Come dicevo, è da ieri che tentiamo di rintracciarlo...»

«Sì, ma perché? Qualcuno ha formalmente denunciato la sua scomparsa?» Blake restò in silenzio. Era prevedibile dove Travis volesse arrivare a parare.

«Laddove qualcuno ne abbia denunciato la scomparsa, cosa che a questo punto dubito, e in assenza di altre circostanze particolari, un solo giorno non è un periodo sufficientemente lungo affinché la polizia si attivi per delle ricerche formali. Sicuramente non spiega perché un detective del Maryland, addirittura un tenente, venga a cercare una persona in Virginia, dal momento che Marcus Whiterman è residente nel Distretto della Columbia. Non ho forse ragione, detective Blake?» Il poliziotto si fece sfuggire una smorfia, ma il CEO lo interruppe prima che potesse parlare.

«Non si scomodi a rispondermi adesso. La mia era solo una domanda retorica. Il semplice fatto che sia qui presuppone che lei abbia già tentato di contattare Marcus, e io lo conosco bene. Se si è dato malato, dovrebbe essere quantomeno a casa a letto o forse addirittura in ospedale, e se così fosse, lei lo avrebbe già trovato. Quindi, posso solo ipotizzare che ci siano delle circostanze particolari che la portano qui.»

L'analisi era impeccabile. Le argomentazioni di Travis erano lucide e sensate. Si trattava chiaramente di una persona brillante.

«Dottor Travis...» l'interfono riprese vita all'improvviso.

«Un momento» rispose lui, cliccando di nuovo il bottone che silenziava l'audio. «Se Sheila mi dirà che non è riuscita a parlarci, vorrei che lei smettesse una volta per tutte questa sceneggiata e mi dicesse piuttosto cosa sta succedendo realmente.» Travis spinse il pulsante fissando Blake di traverso. L'occhio sghembo gli conferiva un aspetto severo.

«Ho provato tutti i contatti del dottor Whiterman, ma purtroppo non sono riuscita a rintracciarlo. Ho lasciato il messaggio sulle varie segreterie di richiamarla al più presto.»

«Grazie, Sheila.» A quel punto, si limitò a fissare il tenente in silenzio. Il suo sguardo comunicava molto più di quanto qualsiasi parola avrebbe mai potuto fare. «Ha ragione dottor Travis, nessuno ha denunciato la scomparsa del suo collega. Alle prime luci dell'alba di ieri, è stata ritrovata la macchina di Whiterman abbandonata in un contesto particolare. Diciamo che la situazione lasciava intendere che il conducente fosse in condizioni di pericolo imminente.» Blake rispose reggendo lo sguardo di sfida. Sapeva che un tipo come Travis si sarebbe accorto subito di una bugia e aveva bisogno della sua fiducia. Decise quindi di dire il vero, omettendo però alcune informazioni.

«La prego di comprendere che quello che sto per dirle sono informazioni che la polizia non ha ancora divulgato. C'è un'indagine federale in corso, e a dire il vero sono alquanto sorpreso di essere il primo a raggiungerla con questa notizia.»

«Come le dicevo, sono appena rientrato dopo esser stato via due giorni per lavoro. Non ero disponibile e non ho ancora sentito molti messaggi.»

«Da quel che sappiamo, Whiterman non aveva una famiglia e viveva solo. Lei stesso lo descrive come un uomo dedito al lavoro. Speravo ci potesse aiutare nell'indagine rispondendo a qualche domanda» disse Blake.

«Certo, mi scusi. La notizia mi ha colto di sorpresa.» Travis si portò una mano alla tempia come a riordinare le idee mentre si versava un bicchier d'acqua. «Marcus si è lasciato con la moglie circa un anno fa. Non aveva un'altra relazione stabile, almeno non che io sappia. È un tipo solitario, la sua vita sociale consiste nel frequentare pochi amici ogni tanto, me compreso.» La voce del CEO era passata dall'essere autorevole a un tono pacato e preoccupato.

«Ma cosa intende per "pericolo imminente"? Pensa possa essere stato rapito o peggio...»

«È una possibilità» rispose rapido Blake, non volendo rivelare ancora il presunto suicidio.

«La scorsa settimana uno dei nostri migliori scienziati, il dottor Singh, è stato ucciso nel corso di una rapina in strada. Ora Marcus è disperso. È una situazione estremamente grave, tenente. Marcus è a capo del nostro R&D e, come tale, è il custode di un mucchio di protocolli confidenziali su cui lavoriamo. Sono certo che lei sia al corrente di cosa facciamo qui, questo è un problema di sicurezza nazionale.»

Travis spinse un altro bottone sulla scrivania e poco dopo si materializzò un uomo nella stanza senza preavviso.

«Yosef, questo è il detective Blake. Tenente, lui è Yosef Mahmid, il capo della sicurezza di ASTEC Labs.»

Blake salutò, ma ancora una volta Mahmid rimase impassibile. Era un tizio alto e magro con una carnagione leggermente olivastra. La sua maleducazione era ben caratterizzata da due penetranti occhi verdi che sembravano scrutarti fin dentro l'anima.

«Yosef, c'è la possibilità che Marcus sia stato rapito. Hanno ritrovato la sua automobile abbandonata» chiarì Travis. «A proposito, dove ha detto che è stata ritrovata?»

«In effetti, la macchina era del tutto fuori zona. Non posso dirle esattamente dove fosse, ma consideri che io presto servizio nella contea di Charles, nel Maryland, e il veicolo era nella mia giurisdizione. Purtroppo, le circostanze in cui è stata trovata l'auto destano serie preoccupazioni. Dicevamo che Whiterman si è dato malato. Può dirmi altro che possa aiutare le indagini?» Blake volle indirizzare il discorso sul tema della malattia, per capire se Travis sapesse del cancro al cervello. Travis però restò in silenzio a pensare e così Mahmid finalmente fece sentire la sua voce, forse ancor più sgradevole del suo atteggiamento.

«Perché state ancora indagando su un'auto abbandonata dopo oltre ventiquattro ore? C'era forse un cadavere nel bagagliaio?»

Nel tono squillante spiccava un accento ebraico, e ciò che veramente voleva far intendere con quelle parole era il palese malcontento per l'omessa informazione da parte del detective sul luogo del ritrovamento della vettura. Mahmid era fin troppo diretto, ma Blake scelse di mantenere toni amichevoli.

«Chiuderemo l'indagine a breve e vi terremo informati, signor Mahmid.»

«Grazie tenente, non mi viene in mente altro» dichiarò Travis.

«Quando è stata l'ultima volta che vi siete sentiti?»

«Un paio di giorni fa, abbiamo parlato di un progetto.»
«Che tipo di progetto?»
«Temo adesso sia il mio turno di celare informazioni. Si tratta di un protocollo top-secret per il governo.»
«Capisco. Posso vedere l'ufficio di Whiterman?»
Blake lesse il rifiuto nell'espressione con cui Mahmid guardò Travis. «Certamente. Mahmid e io le faremo strada, è proprio qui a fianco» acconsentì Travis.
L'ufficio di Whiterman era uno dei pochi uffici al terzo piano, assieme a quelli del resto dello staff esecutivo e a quello del capo della sicurezza, Yosef Mahmid. Entrando nell'ambiente spazioso, Blake non poté fare a meno di notare come la scrivania assomigliasse a un modello di esposizione in un negozio di arredamento.
«Mi piacerebbe essere così ordinato, neanche una carta in giro.» Blake era palesemente sarcastico, e il complimento in realtà sembrava mascherare un'accusa.
«Abbiamo un protocollo di sicurezza molto rigido. Nessuno può lasciare documenti in giro visto il nostro lavoro qui ad ASTEC, neanche il dottor Whiterman» tuonò Mahmid, col suo fastidioso rotacismo.
«Senza contare che Marcus, oltre a essere un membro del consiglio, è innanzitutto un fisico sperimentale, e come ogni scienziato il suo vero ufficio è il laboratorio. È lì che trascorre la maggior parte del tempo» aggiunse Travis, provando a stemperare i toni.
«Mi pare giusto» concordò Blake guardandosi intorno, era chiaro che non avrebbe trovato nulla di utile lassù.
«Immagino che trovandoci all'ultimo piano, i laboratori siano di sotto. È possibile dare un'occhiata?»
Mahmid era infastidito, i laboratori di ASTEC rappresentavano il fulcro delle attività aziendali e molti progetti erano protetti dal protocollo di riservatezza. Di sicuro Travis immaginò che proibirgli l'accesso avrebbe destato dei sospetti quindi, dopo uno sguardo silente con Mahmid, acconsentì di

nuovo. Le porte dell'ascensore si aprirono in un corridoio in muratura bianco, zeppo di telecamere. La scansione del badge in ascensore era solo la prima delle misure di sicurezza per accedere ai laboratori. Blake si ritrovò in un piano completamente interrato senza finestre e con tante porte tutte uguali, eccetto una. Erano di metallo, rinforzate, e con un lettore digitale posto vicino alla maniglia.

«In quale laboratorio lavora Whiterman?»

«I laboratori sono differenziati per funzionalità e, di conseguenza, le persone che vi accedono hanno credenziali individuali. Marcus, come capo dell'R&D, è una delle sole tre persone che hanno accesso a tutte le stanze quaggiù. Le altre due stanno camminando al suo fianco, tenente» esclamò Travis, mentre procedevano lungo il corridoio. Si fermarono circa a metà e Travis indicò una porta sulla destra.

«Qui sviluppiamo alcuni apparecchi elettronici.»

Il CEO azionò il lettore e la porta si aprì. I macchinari all'interno erano formidabili, dai bracci robotici ai microscopi elettronici. Uno strano oggetto era posizionato sul bancone vicino. I tecnici del laboratorio salutarono con discrezione i due vertici aziendali che accompagnavano lo sconosciuto. Era inusuale vedere persone non autorizzate in quella zona. Travis salutò con un cenno e prese lo strano oggetto in mano.

«Quello che sta per vedere è classificato al livello uno in base alla scala di sensibilità relativa al potenziale danno alla sicurezza nazionale degli Stati Uniti d'America. È stato da poco declassato da segreto a confidenziale, ovvero dal livello due al livello uno. Non devo certo ricordarle che le sto mostrando quest'aggeggio esclusivamente per via delle circostanze eccezionali riguardanti la scomparsa di Marcus. Confido nella sua massima discrezione.»

Blake lo rassicurò. L'oggetto era un display digitale di circa sei pollici e ritraeva delle immagini di una nitidezza eccezionale. Ciò che però lo distingueva dagli altri display che Blake aveva visto era il materiale dello schermo: sottilissimo, praticamente un foglio, si avvolgeva proprio come una pergamena. Non si trattava però di un antico papiro, ma di un tessuto ultramoderno a base di carbonio. Era talmente fine che Travis gli mostrò come si avvolgeva all'interno di un piccolo cilindro di alluminio.

«Sembra proprio la custodia di un buon sigaro cubano, non è vero?» scherzò il CEO. «Una delle sue caratteristiche principali è la portabilità. Una volta chiuso, si infila dentro una qualsiasi tasca.» Travis fece una dimostrazione pratica e Blake rimase sbalordito.

«È uno dei gingilli preferiti di Marcus. Lo chiamiamo RUST. È l'acronimo di *Roll-Up Screen Tablet*. Questo è il primo modello, attualmente in dotazione alle forze speciali militari. È particolarmente utile per le operazioni di terra, grazie al link satellitare in grado di identificare la posizione del RUST con altissima precisione. Dispone di una sofisticata tecnologia criptata e può caricare e scaricare dati sensibili di logistica e altre informazioni tattiche specifiche alla missione in corso, come per esempio mappe, in tempo reale. La struttura in alluminio rinforzato lo rende maneggevole e al tempo stesso molto robusto. Purtroppo, però, lo schermo è sensibile all'acqua, rendendolo quasi inutilizzabile alla US Navy per le sue operazioni marine. Stiamo infatti già lavorando a una versione impermeabile.»

Blake era mesmerizzato. Sembrava di essere in un film di fantascienza.

«Prego, da questa parte.» Travis mostrò altre meraviglie elettroniche rispondendo alle domande del detective, il cui stupore venne superato solo dalla curiosità suscitata nel vedere la grande porta rossa in fondo al corridoio. Giaceva solitaria, incastonata nella parete come una gemma, e sembrava osservare e dominare tutto e tutti. «Cosa c'è laggiù?» Blake indicò la porta da lontano.

«La porta rossa conduce alla *Volta*» disse Mahmid con la sua erre moscia.

«Posso vederla?»

«Sfortunatamente, *La Volta* è una zona classificata livello tre dal governo. Il livello top-secret, il più alto. Non c'è flessibilità per accedervi. È un'area off-limits per questioni di sicurezza nazionale. Da poliziotto, proteggendo anche lei la sicurezza dei cittadini, immaginò capirà.» Il tono di Travis evidenziava un forte nazionalismo misto a orgoglio militare. «Solo poche persone hanno attraversato quella porta. Solitamente, generali e ammiragli a cinque stelle. Perfino il Presidente in persona è venuto una volta.»

Blake fece finta di essere impressionato.

«O io o Marcus dobbiamo necessariamente essere presenti per garantire l'accesso nella *Volta*. Servono le nostre impronte digitali oltre ad altri protocolli di sicurezza. *La Volta* è costruita come una fortezza inespugnabile. Occorrerebbe una quantità massiccia di esplosivo per sfondarla e, anche in quel caso, si attiverebbero delle contromisure di sicurezza che la autodistruggerebbero assieme ai suoi contenuti.»

«Detective Blake» disse Travis di nuovo con tono severo, «è il motivo per cui la scomparsa di Marcus è gravissima. Adesso sono l'unica "chiave" per accedere alla *Volta*. Se succedesse qualcosa anche a me adesso…»

«Quel qualcosa deve prima passare sul mio cadavere, signore!» esclamò Mahmid, rassicurandolo.

«Lo so, Yosef. Lo so, amico mio.» Gli diede una pacca sulla schiena, ridendo. «Non vorrei essere il malcapitato a testare la tua pazienza. Bene detective, spero di aver risposto alle sue domande. Yosef e il suo staff cominceranno le loro indagini in parallelo. Se dovessero scoprire qualcosa di utile, la informeranno prontamente. La prego di fare altrettanto. Marcus non è solo un business partner e un tassello prezioso per l'azienda, è innanzitutto un mio carissimo amico. Questo è il mio numero privato, mi chiami quando vuole, a qualsiasi ora» concluse Travis, offrendogli un biglietto da visita.

«Ora mi scusi tenente, ma ho delle questioni urgenti a cui dedicarmi. Yosef la accompagnerà fuori.»

- 8 -

Theresa Westlake rientrò nel suo trilocale con il solo desiderio di prepararsi un centrifugato, abbandonarsi sul divano e staccare la spina, che poi era anche un po' una metafora di come lei vivesse questa giornata particolare, in cui sembrava che tutte le sue emozioni, gli stati d'animo e i pensieri finissero in un frullatore. Appena varcata la soglia però, fu investita da una puzza nauseante. Il suo standard di pulizia era un caso al limite della sindrome ossessivo-compulsiva e il cattivo odore emanato dal suo appartamento era in completo contrasto con le sue abitudini igieniche. Attribuì subito la causa del fetore alla spazzatura sparsa sul pavimento e il colpevole era proprio lì, seduto in mezzo alla cucina a leccarsi le zampe, fiero delle sue gesta. Una protesta felina per ricordare alla giornalista che si era dimenticata di riempirgli la ciotola di cibo. La centrifuga avrebbe dovuto aspettare, occorreva prima sistemare quel macello. Tess stava vivendo una giornata difficile e Groucho non poteva immaginare cosa le "frullasse" per la testa, tanto per rimanere in tema. Nel 2001 il destino le aveva riservato un palchetto d'onore con vista su quel palcoscenico di morte e, da quel giorno, l'11 settembre non sarebbe più stato un giorno come gli altri.

Tess si accarezzò la caviglia, da quando se la ruppe quel dannato giorno per mettersi in salvo, spesso le doleva con il maltempo. Quest'anno, il meteo e il calendario sembravano essersi coalizzati per farle uno scherzo beffardo. Da superstite aveva sviluppato un suo personale rituale per commemorare l'evento: ogni anno, in quel giorno, visitava un nuovo luogo sacro per recitare una preghiera e accendere due candele a simboleggiare le due torri. Non andava mai due volte a pregare nello stesso posto. Aveva anche capito che essere lontana dagli Stati Uniti l'11 settembre rendeva il dolore un po' meno acuto, quindi quasi ogni anno trovava il modo di viaggiare all'estero a cavallo di quei giorni. Era il suo modo per tenere lontana tutta quella sofferenza di cui si portava ancora le scorie nell'animo.

Lanciò un'occhiata al frigo cosparso di calamite, piccoli souvenir dei suoi viaggi, molti dei quali proprio per scappare all'estero l'11 settembre. I luoghi sacri che visitava in quella ricorrenza erano prevalentemente chiese, tuttavia a seconda di dove si trovasse nel mondo, potevano anche essere moschee, templi o santuari. Andò a cercare con lo sguardo alcuni dei suoi magneti preferiti, tra cui la basilica di San Pietro, la cattedrale di Notre Dame, l'abbazia di Westminster, la Moschea Blu e perfino il tempio Kyomizu-dera di Kyoto. Eppure, spesso i luoghi che sceglieva per rendere omaggio alle vittime di quell'atroce attentato non erano affatto famosi. Sapeva che, come in ogni grande guerra della storia, gli attacchi dell'11 settembre avevano portato due culture a scontrarsi principalmente per diverse ideologie religiose e sociali, ma era sua ferma convinzione che le religioni dovessero unire i popoli, non dividerli. Così, celebrando il suo rituale nel mondo senza far distinzione tra buddismo, induismo e culto mussulmano, Tess tentava di risolvere quel conflitto religioso a modo suo. Era un modo per cercare di lenire quel dolore che la tormentava da dentro.

Quest'anno, eccezionalmente, la Westlake era rimasta a Washington, si era lasciata da poco col fidanzato di turno e non aveva alcuna voglia di viaggiare. Era la seconda volta, dal

2001, che trascorreva l'11 settembre nella sua città. Prese in mano la calamita della Washington National Cathedral per ricordarsi meglio della volta precedente, diversi anni prima. La vicenda era legata a un altro dramma della sua vita: la malattia della madre. Quell'anno si recò a pregare nella famosa cattedrale situata lungo la Wisconsin Avenue assieme alla mamma, ormai ridotta a uno scheletro. Non voleva lasciarla sola e decise di non partire.

Quest'anno invece aveva scelto un altro monumento famoso della zona di Washington: *l'Arlington National Memorial Cemetery*, che ospita le salme dei vari conflitti nazionali sin dai tempi della guerra civile. In particolare, Tess aveva scelto di presenziare alla cerimonia che si era svolta nella sezione 64 di quell'immenso camposanto, dove furono sepolte molte vittime dell'attacco dell'11 settembre al Pentagono. Nel 2001 lei sopravvisse agli attacchi di New York, e ora voleva rendere omaggio di persona anche alle vittime che morirono a Washington. Aveva pensato perfino di scrivere un pezzo sul *The Public Eye*, ma questo era prima della litigata furibonda con il direttore Stevens che aveva portato alle sue dimissioni. L'articolo sul giornale era ormai fuori discussione, aveva però deciso di partecipare comunque a quella cerimonia, portandosi le sue due iconiche candele da accendere. Prese dalla tasca la nuova calamita dell'*Arlington National Memorial Cemetery* e la sistemò sul frigorifero, sfiorando con la mano un magnete simile. Ritraeva il secondo camposanto visitato nel corso degli anni come luogo sacro per il suo rituale. Era molto meno noto del cimitero di Arlington ed era situato a Nettuno, una piccola località sulle rive del Mediterraneo, vicino Roma. Tess era solita evitare le necropoli l'11 settembre, non perché non le piacessero, anzi, le considerava luoghi sereni e rilassanti, ma non le riteneva adatti a quella circostanza in cui aveva visto morire tante persone. Uomini e donne che si lanciavano dalle finestre delle Twin Towers bruciando vivi. I ricordi riprendevano vita in un attimo, e lei quel giorno preferiva circondarsi di gente viva. La calamita sfiorata da Tess ritraeva il *Sicily-Rome American Cemetery*, un'altra eccezione al suo rito poiché non si trattava di un posto a lei nuovo. Aveva visitato questo camposanto diverse volte negli anni della gioventù, quando era solita recarsi in Italia con i suoi genitori. Conosceva bene quel luogo e le sue ottomila lapidi bianche, in ricordo dei soldati statunitensi morti in Italia durante la Seconda guerra mondiale, poiché quel posto intercettava un'altra vicenda personale della sua vita. Il nonno di Theresa, che lei non conobbe, morì durante lo sbarco degli Alleati ad Anzio e fu tumulato in questo luogo di sepoltura. Ecco perché quando lei era piccola, in estate, il papà portava spesso la famiglia in vacanza in Italia. Era un'occasione per andare a visitare la tomba del nonno a Nettuno. Tess ci ritornò molti anni dopo da adulta, dopo che il cancro vinse la battaglia contro la madre. In quell'anno, in occasione dell'11 settembre, la giornalista accompagnò di nuovo il vecchio padre vedovo in Italia e insieme andarono a trovare la tomba del nonno a Nettuno, proprio come facevano quando lei era piccola.

***

«Grazie Groucho, ci mancava proprio la ciliegina sulla torta in questa giornata di merda!» esclamò guardando il gatto sul pavimento della cucina. La puzza era nauseabonda e la giornalista si stava sventolando con la posta che aveva appena ritirato dalla cassetta. Il suo amico a quattro zampe s'incamminò con aria stizzita, sembrava pensare "te lo sei meritato!" Seguì il gatto in camera e lo trovò seduto sulla coperta del letto con un atteggiamento di sfida. Avrebbe potuto urinare sulla coperta o forse farla a pezzi con gli artigli, quindi la giornalista optò per una tregua.

«Mi dispiace Groucho, è colpa mia.»

Tornò in cucina e gli preparò del cibo mentre controllava la posta, per lo più pubblicità e qualche bolletta. C'era però una busta imbottita che si differenziava dal resto, non solo per il formato, ma perché l'indirizzo del destinatario era scritto a mano e non prestampato. Sebbene non ci fosse il nome del mittente, la calligrafia le sembrò familiare. Non ebbe il tempo di fare mente locale che il *crack* di un guscio d'uovo sotto i piedi le ricordò di dover pulire il pavimento dall'immondizia rovesciata da Groucho. Poggiò la busta e pulì il disordine puzzolente mentre il gatto mangiava felice. Avevano fatto pace!

Più tardi riprese il plico in mano, era indirizzato a "Theresa Letizia Westlake" e di rado aveva visto il suo secondo nome stampato per intero sulla corrispondenza, al massimo compariva la "L" puntata. Aprì quella busta e fece rotolare il contenuto sul bancone della cucina. Ne fuoriuscì un oggetto cilindrico basso e tozzo, spesso alcuni centimetri. La parte rivolta verso l'alto era composta da uno strano materiale bluastro che non aveva mai visto prima. Lo toccò con la mano, era freddo. La vera sorpresa fu però quando lo girò sull'altro lato: la faccia opposta del cilindro conteneva una fotografia che ritraeva una spiaggia esotica di sabbia bianca, con delle lunghe palme verdi e un mare turchese.

Oh, porca puttana! La mandibola le si spalancò dallo stupore. Nella sabbia erano scavate le parole "*I love you*".

La riconobbe subito. La foto era stata scattata alle Barbados in occasione della sua luna di miele e la scritta l'aveva scavata il marito copiando l'immagine di una calamita di un negozio di souvenir che recitava: "*I love Barbados*". Si trattava di una delle spiagge più famose del posto e i due sposini avevano ritrovato il punto esatto in cui era stata scattata la foto ritratta nel souvenir. Lo sposo scrisse "you" invece di "Barbados", nella sabbia. Era stato uno dei gesti più romantici di una persona che di norma non si abbandonava ai sentimentalismi, e lei ne fece tesoro.

Cos'è questa storia, adesso?

Tess era pietrificata. Ripose lo strano oggetto sul bancone della cucina, le dita della mano le tremavano mentre leggeva il biglietto che accompagnava il cilindro. La calligrafia, adesso, era inconfondibile: si trattava di suo marito, Marcus Whiterman. Nell'ultimo anno aveva avuto sue notizie in modo sporadico, prima un detective era venuto a chiedere di lui, e adesso gli era stato recapitato questo pacco misterioso. Non poteva trattarsi di una coincidenza. Sul bigliettino era scritto:

"È stato difficile, tutto era così instabile. Giorno dopo giorno però le cose andavano meglio e adesso sono più di 300 Tesla. Finalmente, ho trovato il giusto equilibrio senza rischiare di implodere. Ti lascio questo ricordo, è la cosa più preziosa che ho, abbine cura e non preoccuparti di me. Andrà tutto bene!

Con amore, Marcus"

Il soprannome usato nel biglietto, *Tesla*, era un altro indizio inequivocabile dal momento che la chiamavano quasi tutti Tess. Solo un gruppo ristrettissimo di persone – si contava sulle dita di una mano – la chiamava *Tesla*.

Wow, più di 300 giorni, pensò. Ricordava perfettamente il giorno in cui se ne era andata di casa. Fece un rapido calcolo col calendario, erano trascorsi esattamente trecentoventisette giorni. Il senso del messaggio sembrava essere quello di una persona innamorata che, dopo un periodo difficile, aveva finalmente trovato il suo equilibrio e stava bene. Anche Tess, ovviamente, aveva fatto lo stesso percorso. Era il ciclo naturale della vita, in cui il tempo è l'unica medicina efficace.

Il loro matrimonio aveva funzionato finché non provarono ad avere un bambino. Dopo un anno di tentativi infruttuosi la loro vita sessuale si era ridotta a un appuntamento robotico che ruotava attorno al suo ciclo mestruale. Decisero di fare degli accertamenti e risultò che i suoi spermatozoi avevano una bassa motilità. Ricorsero alla fertilizzazione *in vitro* e Tess rimase incinta di due gemelli. Ebbe un aborto spontaneo dopo poche settimane e ne perse uno; fu un duro colpo, ma i coniugi trovarono nuova linfa focalizzandosi sul figlio che rimaneva. Tutto sembrò andare bene, ma il bimbo nacque morto. Fu la goccia che fece traboccare il vaso. Il tempo li allontanò sempre più, assorbiti dal proprio lavoro, e qualche tempo dopo lei se ne andò con un pretesto.

Fu assalita dallo sconforto, in modo inevitabile la mente la riportò alla sua relazione col marito e alla trafila della gravidanza. Le ecografie, le analisi, e infine gli aborti. Tess avvertì un capogiro. Le quattro mura della cucina cominciarono a oscillarle intorno mentre udiva il *bip* ritmico di un apparecchio elettronico aumentare progressivamente d'intensità. Era il suono di un'attrezzatura in sala parto e sembrava scandire le grida frenetiche del personale medico. Quel corpicino minuto passò di mano, tutti provarono a rianimarlo, inutilmente. Tess si portò le mani alle orecchie e spinse con tutta la forza che aveva, ma quei rumori ora le trafiggevano il cranio. Chiuse gli occhi e urlò disperata con tutto il fiato che aveva in gola e, solo allora, i suoni pian piano cessarono. Un'illusione, ma dannatamente reale.

Riaprì gli occhi con il respiro affannato e lanciò uno sguardo colmo di terrore alla ricerca di qualcosa sul bancone. Si aggrappò al flaconcino arancione nel modo in cui un naufrago afferra la cima di un salvagente nella tempesta. Sradicò il tappo salvavita coi denti, si rovesciò delle pillole colorate direttamente in gola e, via via, sentì il cuore rallentare fino a raggiungere un ritmo normale. A quel punto attaccò il biglietto al frigo con quello strano cilindro che, come immaginato dalla forma, risultò essere un magnete. Tess allora esaminò la vasta collezione di calamite che aveva sul frigo finché trovò l'altro souvenir delle Barbados. Li mise vicini, effettivamente sembravano due gemelli, come quelli che non ebbe mai. Ritraevano entrambi la famosa spiaggia di Bottom Bay, sebbene il magnete inviato da Marcus fosse più tozzo e pesante. Provò a prendere lo strano oggetto, ma nell'afferrarlo azionò un piccolo bottone sul lato e il magnete s'illuminò di una luce

LED blu. Sembrava uno di quegli oggetti dozzinali che si comprano nei negozi da 99 centesimi. Marcus aveva una mente brillante ma un gusto discutibile.

Che orrore!

Fece per spegnere il bottoncino, ma ritrasse la mano d'istinto. «Ahia!» Il magnete era gelido; un'ustione da freddo. Si portò il dito in bocca mentre il display del cellulare sul bancone si accese per indicare la chiamata di Gordon Stevens: era la terza volta che chiamava e non gli aveva ancora risposto. Decise di farlo ora, sentiva un disperato bisogno di parlare con qualcuno. Il direttore l'avvolse con parole gentili, e le confidò di aver discusso animosamente con i vertici di Heaven Media.

«So che non mi crederai, ne hai tutto il diritto, ma se torni giuro che sarà diverso!»

In effetti, anche solo il suo articolo di dimissioni aveva fatto registrare un picco delle vendite: Gordon sapeva che Tess era fondamentale per *The Public Eye*.

«Grazie Gordon, ci penserò su qualche giorno. Ti richiamo io.»

***

Erano circa le sette e Blake stava tornando a casa. Abitare a Washington per lui significava trascorrere circa un paio d'ore al giorno in macchina, il percorso tra casa e la sua centrale di polizia in Maryland, più il tempo che doveva stare al volante per svolgere le funzioni di servizio. Il traffico intenso poteva allungare sensibilmente queste tempistiche, sempre che non decidesse di azionare i lampeggianti e farsi strada sfruttando i vantaggi del mestiere. Si accese una Marlboro dietro al volante mentre attraversava il confine della Virginia, un percorso inusuale per lui. Aveva seguito la GW parkway fino al ponte Francis Scott Key, per entrare nella zona Nord-Ovest di Washington dal quartiere di Georgetown. Forse non era stata la scelta più veloce, ma era molto affezionato a quella vista dal ponte sul Potomac da cui si poteva scorgere Healy Hall, l'edificio più importante della Georgetown University, la sua *alma mater*. In questo periodo dell'anno, le due Torri Gemelle dello storico palazzo sembravano galleggiare magicamente sopra il fogliame rossiccio delle querce. Il tenente svoltò sulla Whitehurst Freeway per evitare il traffico di Georgetown e andò sempre dritto, attraversando anche la George Washington University, finché prese la Florida Avenue fino alla Connecticut, appena sotto Dupont Circle. Da lì, casa sua a Mount Pleasant non era molto lontano, ma il motivo per cui aveva fatto quella strada era un altro; Whiterman abitava lì vicino. Si ritrovò davanti a uno sfarzoso villino nella zona di Kalorama, forse il quartiere più prestigioso della capitale USA. Provò il campanello, ma nessuno rispose. Per levarsi ogni scrupolo tentò nuovamente sia il cellulare che il telefono di casa, ma non ebbe fortuna. Solo allora decise di varcare il cancello del giardinetto perimetrale e sbirciare dalle finestre. Se avesse notato qualche segno di effrazione o tracce di una possibile colluttazione avrebbe avuto il pretesto per entrare, ma da fuori sembrava tutto in ordine e così non gli restò altro da fare che tornare a casa.

La sua dimora, sebbene molto più modesta di quella di Whiterman, era comunque una gradevole villetta a schiera situata proprio di fronte al Piney Branch Park, un'area verde al confine sud del ben più grande e famoso polmone verde della capitale, il Rock Creek Park. L'acquisto della casa a Mount Pleasant era risultato un investimento fenomenale, essendosi triplicata di valore in una dozzina di anni. Con la moglie Angela, avevano acquistato la casa appena sposati grazie a un generoso aiuto dei genitori benestanti. Agli inizi degli anni 2000 il quartiere aveva beneficiato di un processo di riqualificazione della zona e, sebbene Blake avesse preso in considerazione l'idea di cambiare casa una volta entrato in polizia nella contea di Charles nel Maryland, decise poi di non farlo per evitare il trauma del cambio di scuola e amici al figlio Franco. Il povero ragazzo aveva già dovuto fare i conti con la tragica scomparsa della madre. La scelta coraggiosa fu premiata, la casa continuò ad apprezzarsi in valore e ben presto Blake si ritrovò a possedere una piccola fortuna, qualcosa che avrebbe lasciato un domani a Franco.

Perfetto! pensò, mentre scartava un pacco lasciato dal corriere sulla soglia di casa. Gli bastò guardare l'etichetta del mittente per capire cosa contenesse. Proveniva dal dipartimento di tecnologie forensi: la copia del disco rigido dell'iPad di Whiterman. Franco sembrava uno zombie, catatonico davanti alla TV con il joystick della console in mano. Non rispose ai diversi tentativi di richiamo del padre, così il tenente si fece largo tra un arcipelago di vestiti e zolle di fango, fino a raggiungere il divano. «Giuro, Francesco, che se non pulisci questo casino ti puoi scordare il *telescopio* per una settimana!» rimproverò severo il papà.

Il ragazzino sapeva di essere nei guai. Era così ogni volta che il padre lo chiamava con il suo nome di battesimo.

***

Quella sera Franco stava osservando al telescopio Castore e Polluce, le due stelle speculari nella costellazione dei Gemelli. Il ragazzo non sapeva di essere a sua volta osservato da qualcuno attraverso delle lenti molto più sofisticate delle sue. Un tizio lo stava infatti inquadrando con un visore notturno. L'immagine del ragazzo appariva nel classico sfondo verde dei raggi infrarossi e nel bordo del campo visivo si leggevano diversi dati, quali la distanza del bersaglio, l'orientamento e la temperatura. Si trattava di un equipaggiamento militare e la persona che lo stava usando era nascosto al buio nella folta vegetazione del Piney Branch Park, proprio di fronte alla casa dei Blake.

Franco si era appena allontanato dal telescopio per andare

in bagno quando il tizio misterioso nel bosco estrasse una piccola antenna direzionale e la collegò al suo dispositivo portatile.

Sul piccolo schermo, la scritta “ricerca rete” precedette un celere susseguirsi di comandi azionati da dita che sfioravano il sottile display in carbonio. “Casa Blake”, “Password”… campi dapprima vuoti si riempivano progressivamente con pallini verdi, fino alla comparsa della fatidica domanda: “Upload Filo d’Arianna? Sì/No”. Il polpastrello toccò di nuovo lo schermo, e una barra orizzontale prese a indicare il rapido aumento di una percentuale: *10... 20... 30%.*

Sotto, la scritta “Upload in corso” confermava l’installazione del malware nel cellulare di Franco. Nella mitologia greca, Arianna era la figlia di Minosse, re di Creta, ed è nota soprattutto per il suo ruolo nel combattimento di Teseo contro il Minotauro nel labirinto. Diede infatti un gomitolo al prode eroe al fine di tracciare con il filo il percorso da seguire per ritrovare l’uscita dal labirinto una volta sconfitta la bestia. Prendendo spunto da questa storia, il *Filo di Arianna* identificava questo sofisticato malware per hackerare dispositivi mobili.

«Dammi il telefono, Francesco. E fila a pulire il pavimento da quel macello che hai lasciato» ordinò il padre, arrabbiato. L’uomo nel parco ascoltava la conversazione mentre Franco consegnava mesto il cellulare al papà, borbottando con il capo chino. Blake s’incamminò per le scale e stava per spegnere il dispositivo, ignaro che la barra di trasferimento del malware era ancora in corso quando un messaggio in entrata marcato “Molly” lo fece esitare sul tasto dello spegnimento. Una serie di emoticon tra cui cuori, labbra, e faccine che mandavano baci, anticipavano il breve testo:

“Sei così dolce a dedicarmi le stelle...”

Il tenente sorrise, Franco stava crescendo. Spense lo smartphone e lo mise nel cassetto del suo comodino accanto al letto, ma era troppo tardi. Il dispositivo dell’uomo nel bosco aveva già mostrato la scritta: "Download Completato".

La cabina doccia nel bagno di Blake si opacizzò per effetto del vapore. I suoi vestiti, adagiati sulla sedia, coprivano il cellulare del detective che brillò per un attimo. Una piccola freccia nell'angolo indicava un download in corso e in meno di un minuto il malware fu installato anche lì. Il display del tizio nel bosco ora mostrava l'esatta posizione dei due telefoni su una mappa ma la localizzazione era solo una delle tante funzioni del sofisticato programma di hackeraggio.

Perfetto!

Sinceratosi della cosa, richiuse lo strano schermo del tablet arrotolandolo in un piccolo cilindro di alluminio e lo mise in tasca. Si sfiorò l'orecchio di silicone e attivò una connessione sicura.

«I pacchi sono stati recapitati.»

«Bene» fu l'unica parola pronunciata da una voce metallica dall'altra parte, prima di riagganciare.

- 9 -

Il cilindro della serratura risuonò le solite tre volte prima che la pesante anta metallica si aprisse cigolando. L'enorme carceriere si materializzò ancora una volta sotto la cornice della porta, proiettando quell'ombra leviatana sul pavimento per effetto del neon. Il buio nascondeva la cella, e le cose al suo interno riapparvero come fossero animali impauriti sbucati all'improvviso dalle loro tane. Il prigioniero se ne stava sdraiato sul lettino. La luce, seppur fioca, lo accecò come se stesse fissando dritto verso il sole. Era molto tardi ma l'ostaggio ormai aveva perso il senso del tempo, trattenuto perennemente nelle tenebre. Il giorno e la notte si erano fusi in un unico e interminabile spazio nero, scandito soltanto dal suono ritmico del suo respiro.

Si alzò per sedersi sul materasso da quattro soldi, sempre confinato al polso dalla ferraglia che lo teneva ancorato al muro dietro di lui.

«Puoi risparmiarti la messa in scena, ormai ho capito. Mi avevi quasi convinto sai, l'idea era buona. Crearti un alibi, sembrare perfino un martire, invece stanotte ho fatto un sogno rivelatore. Eri legato a un palo e ricoperto di frecce che ti trafiggevano il corpo come San Sebastiano. Mi sono svegliato di soprassalto, confuso da questo incubo, eppure la mente è un meccanismo prodigioso e in realtà mi stava aiutando a rielaborare questa strana analogia tra le tue ferite e quelle del santo. Ho visualizzato le varie rappresentazioni di San Sebastiano viste in giro per il mondo, soprattutto quelle di Andrea Mantegna al Louvre e a Venezia: a ogni freccia corrispondeva sempre una ferita sanguinante, nessuna eccezione, perché anche i martiri sanguinano da tutte le ferite. Tu invece, amico mio, sanguinavi solo da due dei tre fori di pistola. Dunque ho realizzato che non sei affatto un martire, ma solo un codardo impostore che indossava delle sacche di sangue sotto a un giubbotto antiproiettili. Per tua sfortuna, quello stupido scimmione che ti accompagna ha mancato una delle sacche mentre ti sparava a salve. Sei patetico!»

Il prigioniero parlò a voce alta, riferendosi a qualcuno che immaginava essere ben più distante del colosso alla porta. Sul pavimento c'erano ancora due strisce di sangue di quando il bestione aveva trascinato via il corpo del suo amico. Si sentì un applauso provenire dal corridoio.

«Bravo, monsieur *Poirot*!» Una persona entrò accendendo finalmente la squallida lampadina nel soffitto. Il prigioniero si portò l'unica mano libera al volto per coprirsi gli occhi da quel bagliore improvviso. Due dita erano innaturalmente corte, cauterizzate alle falangi. «Anche io mi sono accorto dell'errore, sai, vecchio mio. Ho provato a coprire il foro con una mano sperando non te ne accorgessi nel trambusto, ma gente come noi è troppo sveglia per non notare i dettagli. Gente come noi non si inganna facilmente, ecco perché ho usato proiettili veri. Mi sono quasi rotto una costola pur di non offendere la tua intelligenza e sparare a salve» disse l'uomo, toccandosi il costato dolorante.

«Una costola rotta?!? Guarda che mi ha fatto questo primate alla mano, brutto stronzo!» L'ostaggio alzò il dito medio della mano brutalizzata e il gigante rispose salutando, un gesto irriverente in cui mosse bene tutte e cinque le dita della sua mano enorme.

«Ieri ti ho spuntato un po' le due dita che mi hanno graffiato il collo, ma forse hai bisogno di un'altra lezione. Sembri far confusione tra scimmie e primati mostrandomi il dito medio. La vera differenza delle scimmie antropomorfe, si sa, è il pollice opponibile! Forse è il caso che ti tagli anche quello, così impari la lezione.» La montagna umana rise, roteando l'enorme pollice come minaccia.

«Basta torture! Mi dispiace Marcus, me ne ero già andato quando Dragan ha deciso di mutilarti, non lo avrei permesso, credimi. Però devi deciderti a parlare! Sei tu che hai cancellato tutti i file del progetto dai server, non è vero?»

«Puoi scommetterci, per salvare il mondo da un'infida spia» disse sdegnato a mezza bocca.

L'altro uomo sogghignò. «Sono stupito. Continui a recitare la parte, nonostante tutto. Vi hanno addestrato veramente bene quei fottuti russi! Confessa, hai ucciso anche Singh e ora il prototipo è tutto ciò che resta di questa scoperta straordinaria. Dov'è, Marcus? Facciamola finita.»

«Mike, sei un bugiardo figlio di puttana e se questo bestione non avesse la testa infilata su per il culo e agisse come un vero agente speciale forse farebbe a pezzi la tua di mano, invece che la mia.»

«Come osi, insolente, sono un veterano e un patriota. Pagherai anche per questo! Sei fortunato, non abbiamo ancora localizzato il prototipo che hai rubato, ma presto lo troveremo e avrai quel che ti meriti, miserabile spia!»

Mike Travis spense la luce e uscì dalla cella insieme a Dragan Markovic, che sbatté la porta dietro di lui.

Marcus Whiterman fu di nuovo inghiottito dal buio.

12 settembre

XXX

«Quando le stelle lanciavano a terra le loro lance
e inondarono il cielo con le loro lacrime
egli sorrise nel vedere il suo lavoro?
Fu colui che creò l'agnello a inventare anche te?

Tigre! Tigre! Ardente e Luminosa,
nella foresta della notte,
Quale immortale mano o occhio
poté forgiare alla tua spaventosa simmetria?»

LA TIGRE E L'AGNELLO

William Blake, *Songs of Innocence and Experience*, 1789

- 10 -

Il sole splendeva alto quella mattina e tentava di asciugare un po' dell'acqua che era venuta giù dal cielo negli ultimi giorni. Il Potomac non aveva ancora restituito il corpo della vittima e le ricerche ormai si erano focalizzate per lo più nella baia di Chesapeake. Quando Blake aprì la porta del suo ufficio, accostata come al solito, Freeman era seduto nella sedia di fronte alla scrivania e sfogliava il giornale con una tazza di caffè fumante in mano.

«Buongiorno, Billy» esordì con la sua voce cavernosa.

«Ciao, Roger» rispose, provando a mantenere la calma. Sebbene non fosse la prima volta che il detective si ritrovasse inaspettatamente il capitano nel suo ufficio, ora sembrava difficile potesse trattarsi di una mera coincidenza. Le immagini del giorno prima gli sfilarono rapidamente davanti come delle diapositive. L'intrusione nell'ufficio del capitano dopo aver manipolato la sua segretaria, il furto del dossier Whiterman, la richiesta della copia dell'hard-disk del tablet e così via. Pensava di essersi mosso con astuzia, senza lasciare tracce, ma da detective sapeva bene che tante cose potevano essere andate storte senza che lui se ne fosse reso conto.

«Come sta Franco? Niente di serio, spero» iniziò Freeman.

«Oh, solo qualche livido. La lastra ha dato esito negativo.» Blake chiuse la porta e cominciò la sua routine cercando di camuffare l'ansia. Prima si levò la giacca e l'appese sull'attaccapanni, poi fece la stessa cosa con la fondina. Si svuotò le tasche e mise gli oggetti in un piattino sulla scrivania, compresa la chiave della macchina, attaccata a un coltellino svizzero che gli aveva spesso risolto piccoli imprevisti.

«Bene Billy, dobbiamo prenderci cura della famiglia» riprese Freeman, chiudendo il giornale di scatto e posando la tazza.

Blake approvò con un cenno del capo sebbene non capisse dove il capitano volesse andare a parare con quell'affermazione.

«Specie con il nostro lavoro, dobbiamo sempre proteggerla e assicurarci che non gli accada nulla di male.»

«Certo...» Blake non sapeva proprio che altro dire.

«Perché vedi Billy, questo è ciò che facciamo qui. Prendiamo ordini e li eseguiamo per assicurare la giusta protezione al prossimo. Il momento in cui smettiamo di farlo, è caos. E sai cosa accade nel caos?» Freeman fece una breve pausa alla sua domanda retorica. Prese la cartellina etichettata "Gioielleria Goldberg" e la sbatté sulla scrivania. «Le persone si fanno male!» sentenziò il capitano con tono perentorio. A Blake sembrò come se il collo della camicia si fosse a un tratto ristretto di un paio di taglie.

«Ieri mi pareva tu avessi detto che c'erano dei progressi con questo caso. Francamente riguardando i tuoi appunti non ne vedo molti, forse perché negli ultimi giorni hai avuto qualcos'altro per la testa a distrarti. Ti consiglio vivamente di dedicarti con tutte le tue energie a *questo* caso, d'ora in poi. Sono stato chiaro, detective?»

Freeman spinse l'indice sulla cartellina Goldberg alzandosi dalla sedia, e forse sarebbe rimasto in quella posizione evocativa più a lungo se il cellulare non avesse preso a squillare: «Ok, sto arrivando.»

Blake restò in silenzio e seguì con gli occhi Freeman che si avvicinava alla porta.

«Vieni nel mio ufficio tra un'ora. Adesso c'è un federale che mi aspetta. Dobbiamo parlare» concluse il capitano.

Il tenente rimase seduto alcuni minuti, cercando di riorganizzare i pensieri. Era impreparato all'improvviso confronto col capitano. Gli sembrò che le sue parole fossero ambigue, specie il punto in cui blaterava sul caos e il farsi male. Ebbe l'impressione che Freeman l'avesse minacciato, ma il capo se n'era andato prima di poter chiarire bene il concetto. Erano d'accordo che si sarebbero rivisti dopo un'ora ed era chiaro che a quel punto Blake lo avrebbe dovuto affrontare a viso aperto. Cosa stava realmente accadendo con il caso Whiterman, e perché Freeman aveva mentito su alcune prove? Blake era intenzionato a chiarirlo. Tra un'ora.

***

Il tempo sembrava non passare mai. Blake stava giocherellando con il coltellino svizzero facendolo roteare con l'anello portachiavi intorno al dito indice. Aveva trascorso gli ultimi quarantacinque minuti a pianificare il discorso che avrebbe fatto a Freeman. Un confronto aperto, senza sotterfugi. Andò a recuperare il cellulare nella giacca sull'attaccapanni, il confronto con Freeman glielo aveva fatto dimenticare. C'erano due chiamate perse di Theresa Westlake, non riuscendo a parlarci, la giornalista gli aveva inviato un messaggio cinque minuti prima:

"Sto venendo in centrale, sarò lì tra un'ora.
È urgente"

Rispose Ok, nel frattempo avrebbe finito l'incontro con Freeman.

All'improvviso, due leggere esplosioni detonarono nella stazione di polizia. Il rumore era simile a quello di piccoli petardi e, per riflesso, Blake strinse il coltellino nel pugno della mano. Echeggiarono una serie di voci che si sovrapposero l'una con l'altra. Non si distinguevano bene le parole, ma il detective percepì delle grida di dolore a cui seguirono delle parolacce. Scattò in piedi confuso su cosa potesse esser successo fuori dal suo ufficio, ma prima che potesse fare altro sentì un tonfo contro la porta della sua stanza. Lanciò uno sguardo alla fondina sull'attaccapanni e fece per andarla a prendere, ma la porta si spalancò con violenza. Due corpi avvinghiati fecero irruzione. Un aggressore teneva l'agente Carter per il collo e lo cingeva alla vita con l'atro braccio, trascinandolo. Il poliziotto era privo di sensi, un fiotto scarlatto gli scorreva dal mento. Con una delle mani lo minacciava puntandogli alla tempia ciò che a prima vista sembrava una chiavetta USB, forse un coltellino.

«Carter, tutto bene? Brian, mi senti?» incalzò Blake.

«Ho paura che non possa più parlare, amico. Però possiamo farlo io e te. Fammi prima chiudere questa porta del cazzo così possiamo fare due chiacchiere in santa pace.» Sbatté l'anta metallica e la chiuse con il fermo.

«Ah, vorresti la tua pistola, non è vero *tenente* Blake? Era scritto così sulla targa fuori...» La voce sgraziata del criminale evidenziò lo sguardo del detective rivolto verso la fondina sull'attaccapanni. Per dissuaderlo ulteriormente, spinse ancora più forte quel piccolo aggeggio contro la fronte dell'agente Carter.

«Ora metti le mani sulla scrivania, succhiacazzi. Ti consiglio di non farmelo ripetere.»

Il tenente obbedì e il malvivente si avvicinò, cosicché Blake poté vedere meglio il piccolo oggetto che minacciava il collega. *Cazzo, è un micro-revolver*! Non ne aveva mai visto uno così piccolo prima. Sembrava più un accendino che una pistola, ma a giudicare dalla ferita inferta al collega non si trattava di uno scherzo.

Di fabbricazione svizzera e bandita ufficialmente dal mercato USA, si trattava di una replica miniaturizzata della Colt. Conosciuta con il nome di C1ST e lunga poco più di due pollici, l'arma detiene il record della pistola più piccola del mondo e, sebbene sembri un giocattolo, è capace di sparare proiettili calibro 4.53 a una velocità di quasi cinquecento chilometri orari. Diversamente dalle pistole normali, occorre una certa dimestichezza affinché l'arma risulti letale, ma con sei proiettili nel cilindro chi la maneggiava aveva varie possibilità di causare seri danni alla propria vittima. Ciò che più la distingueva dalle altre pistole, però, era senza dubbio la sua capacità di essere occultata: in questo non era seconda a nessuno. Forse non poteva sfuggire ai più moderni metal detector, ma sicuramente una volta infilata dentro le mutande la micro-pistola poteva eludere la tipica perquisizione condotta durante un arresto. E infatti la C1ST rimase nascosta sotto i corposi genitali del criminale di colore. «Questa la prendo io, amico» disse il malvivente, estraendo la Beretta di Blake dalla fondina. Ora il tenente si ritrovò puntata contro una canna a lui ben più familiare, la sua 9mm.

«Ho avuto una giornata di merda quindi vedi di non farmi incazzare, detective, altrimenti giuro che al tuo amico qui gli faccio un buco tra le orecchie che ci puoi vedere da parte a parte.» Il balordo sorrise, consapevole di avere il coltello dalla parte del manico. Blake, immobile con entrambe le mani sul piano della scrivania, fissava il vistoso incisivo d'oro.

«Blake, va tutto bene lì dentro? Come sta Carter?»

Una voce potente filtrò dall'esterno di quella porta saldamente bloccata. «Dì a quei fottuti sbirri di restare fuori o vi faccio secchi tutti e due!»

«Stiamo bene. Restate tutti calmi là fuori!» ordinò il tenente.

«E tu, frocetto, tutto ok?» La canaglia girò la testa per rivolgersi ironicamente al poliziotto esanime. «Oh, com'è, adesso non parli più? Non fai più il gradasso strillando e toccandomi l'uccello come quando mi hai ammanettato, brutto frocio del cazzo!» Gli tirò due calci, ma la vittima non si mosse. «Si direbbe che la mia amichetta svizzera qui ti abbia fatto passare quell'aria da sbruffone.» Rise di nuovo mostrando l'orrendo dente d'oro, Carter era pallido e striminzito come un lenzuolo d'ospedale.

«Ascoltami, hai me, lui non ti serve. Lascialo andare, ha bisogno di un dottore. Poi io e te possiamo parlare quanto vuoi.»

«Stai zitto, maiale!»

«Guardati intorno, non fare cazzate. Sei in una stazione di polizia, sei circondato. Io però posso aiutarti...»

«Oh, ma io ho già tutto quello di cui ho bisogno proprio qui, tenente Blake. Bella foto!» Il bandito puntò l'arma verso un ritratto di lui con il figlio.

«Come si chiama questo bel ragazzo?»

«Non sono affari tuoi. Lascialo fuori da questa storia.»

«Ah, ecco. Non ti piace quando qualcuno infila il naso negli affari degli altri, tu invece i cazzi tuoi proprio non te li sai fare vero, tenente?»

«Ascolta, fa che qualcuno lo aiuti prima che sia troppo tardi e vedrò che non ti rifilino l'ergastolo, che ne dici?»

«Billy, che succede? Parlami, amico.» Un nugolo di poliziotti si era accalcato dietro la porta di ferro, ciascuno con una pistola in pugno.

«Zitti o li ammazzo! Mi avete sentito, branco di finocchi? Li faccio secchi, giuro su Dio!»

«Stiamo chiacchierando, tra poco usciamo. Tranquilli, ragazzi.» Blake provò a calmarli e prendersi del tempo.

«Chiudiamo le fottute tendine, non voglio un buco in fronte. L'ho visto nei film, voi maiali sparate con i cecchini.» Preso dalla paranoia, il criminale si acquattò nello spigolo del muro e abbassò le veneziane.

«Nessuno ti sparerà, non ci sono gli SWAT appostati là fuori, ok? Andrà tutto bene, rilassati.»

«Ho un'idea, tenente. Facciamo che mollo qui questa checca sanguinante mentre tu porti Jay Jay a fare un giretto in macchina, che ne dici?»

«Ok, si può fare JJ, è così che ti chiami?»

«Tu mi devi chiamare "doppia J", stronzo, è una forma di rispetto. E devi anche dire ai tuoi fidanzatini là fuori di fare i bravi, altrimenti faccio una strage, chiaro?»

Brian Carter, che fino a quel momento sembrava privo di sensi, aprì gli occhi sapendo che il suo aggressore, posizionato dietro di lui, non poteva accorgersene. I due poliziotti si scambiarono un rapido sguardo. Quello di Carter era intenso, l'agente sembrava improvvisamente rivitalizzato. Blake gli lesse le labbra che si mossero in modo silente:

"*Sei pronto*?"

«Ok, sono pronto. Quando vuoi» disse il tenente, gli occhi fissi su Carter, rivolgendosi però al delinquente.

Carter fece l'occhiolino, aveva capito il messaggio.

Blake disse poi che le chiavi dell'auto erano nella tasca della giacca e fece cenno con il dito della mano destra verso l'attaccapanni.

«Valla a prendere, lentamente, senza fare scherzi.»

L'aggressore puntò verso la giacca con la 9mm e Carter gli afferrò il polso con entrambe le mani sbattendolo contro lo spigolo della scrivania, concentrando le ultime forze. Il criminale, impreparato, non oppose alcuna resistenza e l'impatto violento e doloroso gli fece volare via la semiautomatica lasciandolo armato della sola mini-pistola.

Blake seguì la parabola della 9mm che volava dall'altra parte della stanza mentre Carter gli teneva la mano ferma contro la scrivania, accanto al palmo sinistro del tenente che era rimasto tutto il tempo poggiato sul ripiano di quercia. La lama a scatto del coltellino rosso si aprì nel movimento rotatorio del braccio intorno alla spalla, attraversando il metacarpo di Jay Jay da parte a parte, conficcandosi nel legno. «Anche io ho il mio piccolo gadget svizzero, stronzo!» ruggì Blake. Il grido di dolore fu però coperto da un altro di quei rumori che ricordava vagamente i fuochi d'artificio. Il proiettile d'acciaio, sebbene della dimensione di un piccolo fagiolo, esplodendo a bruciapelo penetrò l'orecchio dell'agente Carter uccidendolo sul colpo.

«NOOO» gridò Blake.

Tutto il resto accadde in un batter d'occhio.

Il detective afferrò la sua tazza di caffè e la tirò in faccia al malvivente. Era quasi vuota ma fu sufficiente a distrarre il tizio che sparò una quarta volta, mancando il bersaglio. Blake si guardò intorno per organizzare un nuovo attacco. Sapeva bene che, come ogni revolver, anche la C1ST portava fino a sei colpi nel cilindro e verosimilmente ne rimanevano altri due. Mentre il farabutto si apprestava a riprendere la mira per fare di nuovo fuoco, Blake afferrò la lampada articolata sulla scrivania e lo colpì con violenza alla testa, approfittando del fatto che JJ aveva una mano inchiodata al tavolo e non poteva né scansarsi né proteggersi. Il colpo violento gli fece perdere l'equilibrio e lo costrinse a inginocchiarsi. Non cadde all'indietro solo perché la lama del coltello lo teneva saldamente fermo alla scrivania. Un altro colpo esplose dalla mini-pistola verso il soffitto, il quinto. Il detective sferrò un'altra mazzata, questa volta alla mano e lo disarmò. Se un attimo prima il criminale aveva due pistole, ora non ne aveva più neanche una e con una mano inchiodata, il controllo della situazione era decisamente cambiato.

«Billy, Brian, che succede lì dentro? Rispondete. Dai forza, aiutatemi a buttare giù questa cazzo di porta!» tuonò il sergente Miller.

Blake udì il frastuono delle spallate, ma la pesante porta di metallo antincendio resistette. Con un salto passò dall'altro lato della scrivania, ora teneva il collo dell'aggressore stretto nella morsa della lampada articolata. Vide la mano libera di Jay Jay allungarsi verso le pistole, ma erano troppo lontane. Poi la stessa mano gli passò davanti al naso e andò ad afferrare il coltellino svizzero. Il viso del criminale era già cianotico e i suoi movimenti scoordinati dall'anossia, tuttavia sebbene il piano in quercia della scrivania offrisse una grossa resistenza, il balordo stava riuscendo a poco a poco a sfilare la lama. L'esito della lotta adesso era incerto, una situazione di stallo apparente che però durò solo un attimo perché improvvisamente la lama venne via tutta insieme. Blake non lo vide neanche, aveva chiuso gli occhi sforzandosi di dare un'ultima, potente stretta allo snodo metallico. Liberata finalmente la mano, i due rotolarono sul pavimento. Il malvivente perse il coltello, ma si ritrovò la 9mm del tenente in mano e nella stanza echeggiarono due colpi. Blake spalancò gli occhi senza respirare, ritrovandosi davanti un sorriso che sembrava incorniciare quel detestabile incisivo d'oro. Pensò che fosse arrivata la fine, e così fu.

Gli spari avevano coperto il rumore dell'osso del collo di JJ mentre si spezzava in due. La frattura alla spina dorsale lo aveva ucciso sul colpo, lasciandolo con quell'espressione amena assunta non appena aveva impugnato la pistola.

Non fu lui però a sparare, i due colpi provenivano dalla pistola di Miller: il sergente aveva mirato alla serratura della porta mandandola in pezzi, prima di fare irruzione nell'ufficio con una mezza dozzina di agenti armati.

«Billy, stai bene?»

Solo allora Blake capì cosa fosse successo. Sorpreso di essere ancora vivo, vide il volto familiare di Andrew Miller.

- 11 -

Quando Theresa Westlake arrivò alla stazione di polizia di La Plata, capì immediatamente che era successo qualcosa di grave. La sede dello sceriffo della contea di Charles era situata in un'area circondata da alberi, con un grosso parcheggio dinnanzi all'edificio. In circostanze normali solo alcune volanti avrebbero occupato quello spazio, mentre ora ce n'erano oltre una dozzina, molte delle quali con i lampeggianti accesi e posizionate in modo da ostruire l'ingresso alla centrale. Tra i veicoli spiccavano anche due ambulanze. Il lotto di terreno era stato circoscritto con il nastro giallo e nero riservato alle indagini, e diversi agenti si erano appostati lungo il perimetro per evitare che qualcuno lo varcasse. All'entrata, un cartello improvvisato con un pezzo di cartone e scritto col pennarello nero avvertiva che la stazione era temporaneamente chiusa al pubblico. Una folla di curiosi si stava ammassando nei pressi dell'ingresso nel modo in cui una colonia di formiche aggredisce una mollica di pane.

Tess aveva guidato con la radio accesa, ma era troppo presto affinché i media avessero già contezza dell'accaduto. I primi reporter stavano arrivando sulla zona proprio insieme a lei. Aveva provato a contattare l'ex marito svariate volte dal giorno prima, senza successo. ASTEC Labs l'aveva informata che Whiterman si era dato malato da un paio di giorni e lei era perfino andata a cercarlo a casa sua a Dupont Circle, ma di Marcus non c'era traccia. Dopo una notte passata in agitazione, preda di incubi atroci che riprendevano vita andando a pescare tra i suoi ricordi più angoscianti, il mattino seguente Tess aveva deciso di contattare il tenente Blake, sapendo che anche lui stava cercando il marito.

Arrivata alla stazione di La Plata capì subito che le sorprese non erano finite. La scena era grottesca, considerando che a essere circoscritta con il nastro della scientifica era la centrale stessa. Usò il tesserino del *The Public Eye* per farsi largo nella folla e pian piano riuscì a muoversi lungo il perimetro, andandosi a posizionare proprio davanti all'ingresso. Chiese alla persona accanto cosa fosse successo: si vociferava di una sparatoria all'interno del commissariato. Una signora, un paio di file dietro, disse che si trovava dentro la stazione a formulare una denuncia quando sentì degli spari. Fu mandata fuori alla svelta, come tutti i civili all'interno dell'edificio. A un tratto l'entrata principale si aprì e una truppa di paramedici, contornata da agenti in stato di agitazione, spinse in fretta e furia due barelle verso le ambulanze. Nonostante gli accorgimenti e i numerosi poliziotti a far da barriera per ostruire la visuale, Tess dalla sua posizione privilegiata vide le due lettighe. Su ciascuna era posizionata una sacca per cadaveri. Sapeva bene cosa volesse dire. Le ambulanze non erano dirette al pronto soccorso, andavano all'obitorio.

«Oh, merda!» esclamò, mentre i furgoni partirono a sirene spiegate. La catena di eventi delle ultime ore non poteva far pensare a delle semplici coincidenze e temette seriamente che Blake potesse essere in una delle due sacche dentro alle ambulanze. Provò a chiamarlo al cellulare, ma lui non rispose. Fu assalita dall'ansia e avvertì un giramento di testa. Le sembrò di udire delle grida di aiuto lontane, si guardò intorno senza però riuscire a capire da dove provenissero. Sentiva l'agitazione salire dentro di sé, avvertiva un inspiegabile senso di calore che le fece imperlare la fronte. Infine, vide il tenente Blake uscire dal palazzo in mezzo ad altri agenti. Sembrava turbato, ma semplicemente averlo visto vivo le permise di tirare un sospiro di sollievo e sia le grida sia la sensazione di calore scomparvero. Un piccolo plotone di poliziotti si diresse verso il camioncino di un network televisivo, presto ne sarebbero arrivati molti altri. Il tenente invece si muoveva nella direzione opposta. A un tratto, le frecce della macchina di Blake lampeggiarono attirando a sé un nugolo di persone, *in primis* dei giornalisti che ci piombarono sopra come falchi. Scaltro nei suoi abiti civili, il detective ne approfittò per mescolarsi tra la gente. Il diversivo però non sfuggì a Tess, che lo approcciò alle spalle.

«Tenente Blake, da questa parte» gli sussurrò all'orecchio, afferrandolo con garbo per il braccio. D'istinto lui si scrollò la mano di dosso, poi si girò e riconobbe il volto della Westlake.

«Per favore mi segua, ho veramente bisogno di parlare con lei. La mia automobile è proprio là» disse, puntando il dito verso la Tesla S.

Blake ci pensò un istante e annuì. Poco dopo, il silenzioso motore elettrico li trasse in salvo da tutto quel baccano. «Grazie a Dio è vivo! Sono arrivata giusto in tempo per vedere le lettighe con le sacche per cadaveri. Ho temuto ci fosse lei in una delle due!»

«C'è mancato poco, in effetti...» farfugliò lui.

«Che è successo, sta bene?»

Blake la scrutò in silenzio, pervaso da mille sensazioni. Non sapeva se fidarsi di quella donna che conosceva appena, dopotutto era una giornalista.

«Sono felice non fosse lei su una di quelle barelle!»

Nel dirlo, poggiò inavvertitamente una mano sulla gamba del detective. Lui la guardò, era bella nella sua naturalezza, con una manicure aggraziata e senza quelle bizzarre unghie finte che andavano così di moda. La mano restò sulla coscia alcuni istanti, poi la ritrasse.

«C'è stata una sparatoria dentro la stazione» esordì Blake,

dopo aver riorganizzato i pensieri. Sapeva bene che il fatto sarebbe stato presto di dominio pubblico e non era rischioso rivelarlo alla giornalista.

«Troppe cose strane stanno accadendo tutte insieme non trova, detective? Io non credo alle coincidenze...»

«Fermiamoci un attimo, dovrebbe essere tranquillo qui» Blake indicò un parcheggio con un piccolo centro commerciale. Avevano guidato per alcuni isolati e il tenente pensò di essersi allontanato abbastanza da orecchie indiscrete.

Si sbagliava.

Entrarono in un diner, scelsero un tavolino appartato, e si ritrovarono a parlare di fronte a due piatti classici della cucina: uova col bacon da una parte e pancake con patatine fritte dall'altra. Il tutto accompagnato da due bicchieri colmi di spremuta d'arancia e due tazze di caffè fumante. Blake ripercorse gli eventi, sapeva che lei lavorava al *The Eye* e chiarì subito che la conversazione era strettamente confidenziale. Lei lo rassicurò spegnendo il cellulare davanti ai suoi occhi.

Quando i colleghi di Blake fecero irruzione nella sua stanza era già tutto finito. Tre uomini giacevano al suolo, due dei quali erano morti. La dinamica era chiara, peraltro i testimoni erano tutti agenti di polizia. Un criminale di colore era stato arrestato per strada e portava con sé un'arma nascosta, talmente piccola che era sfuggita alla perquisizione. In qualche modo ancora da appurare, mentre il balordo veniva schedato, si era riuscito a liberare dalle manette, aveva afferrato la pistoletta e aveva fatto fuoco due volte contro l'agente Carter. Poi aveva preso l'agente ferito in ostaggio e, usandolo come scudo, lo aveva trascinato nell'ufficio di Blake. Sebbene in forze alla sezione omicidi da diversi anni, Blake era evidentemente turbato. Aveva già sparato ad alcuni criminali in passato, ma era la prima volta che uccideva una persona a mani nude. E ciò che più di tutto lo sconvolgeva era che una delle vittime fosse un giovane collega, un marito e padre devoto.

Dopo la deposizione, Blake fu congedato per qualche giorno così da avere la possibilità di riprendersi un po'. Tutto era relativo, e adesso sia il caso Whiterman che qualunque altra cosa avesse dovuto chiarire con il capitano Freeman potevano aspettare. Stava per andarsene a casa quando fu approcciato dalla Westlake. Gli fece comodo il passaggio per andar via dalla folla e ora si ritrovava qui con lei.

«Santo cielo!» esclamò Tess alla fine del racconto. «Sono contenta per lei, ovviamente mi dispiace molto per il suo collega» disse, stringendogli la mano come gesto di sostegno.

«Grazie, signora Westlake.»

«La prego, mi chiami Tess» rispose con un sorriso garbato.

«Bene, Tess. Io sono Billy» continuò lui, offrendole la mano come se si stessero presentando per la prima volta.

«È il tuo turno. Che cosa ti ha portato fin qui a La Plata?»

Blake sorseggiò il caffè. Preso un sorso di succo d'arancia, Tess raccontò la storia del bizzarro plico ricevuto dal marito. Il fatto era già strano di per sé ma la tempistica lo rendeva ancora più singolare, considerando che il detective l'aveva appena informata che il marito era irreperibile. Neanche lei era riuscita a rintracciarlo, Marcus Whiterman sembrava sparito nel nulla e Tess aveva deciso di confrontarsi con Blake di persona.

Fu il turno di Blake di tenerle la mano come segno di conforto. Sapeva di non essere stato onesto con lei il giorno prima e adesso avrebbe dovuto rimediare, dicendole cosa era realmente accaduto sul Potomac Bridge. Sebbene avesse comunicato cattive notizie alle persone innumerevoli volte, faceva parte del mestiere, ora avvertiva un nodo in gola. Andò in bagno per prendere tempo.

Tornato al tavolo, vide Tess che maneggiava il cellulare. Aveva approfittato della pausa per controllare i messaggi e il display indicava una chiamata persa da uno dei suoi più cari amici.

«Chiama Jeff Roma» ordinò all'assistente virtuale dello smartphone mentre Blake si accomodava sulla sedia.

«Ciao Jeff. Hai sentito il mio messaggio?»

«TESLA!» Una voce la salutò talmente forte che la sentì perfino Blake. «Sì, tesoro, ti chiamavo proprio per questo. Che succede?» Tess aveva lasciato un messaggio in segreteria a un caro amico che aveva in comune col marito, spiegandogli che Marcus sembrava sparito nel nulla.

«Con Marcus ci siamo sentiti di rado negli ultimi mesi e questa storia della busta è molto strana, non trovi?» disse la giornalista.

«Sono d'accordo. Cosa conteneva?» chiese l'amico.

«C'era un bigliettino che accompagnava una foto ricordo del nostro viaggio di nozze alle Barbados.»

«Mmm, e che diceva il biglietto?»

«Ha scritto che era stato male dopo la separazione, ma che col tempo le cose erano migliorate. Aveva trovato un suo equilibrio e diceva che non mi sarei dovuta preoccupare di lui. Ha firmato "con amore"...» Sulle ultime parole le tremò la voce e tradì le sue emozioni.

«Ti amava ancora. Lo sai, vero Tesla?»

Lei si morse il labbro superiore e restò in silenzio.

«Nient'altro, oltre alla foto, che ci permetta di capire cosa stia succedendo?»

«No, nulla di particolare, giusto un souvenir con la foto di una spiaggia alle Barbados. Ho portato il biglietto, volevo farlo leggere alla polizia. Sono certa non sia un caso che proprio ieri un detective sia venuto a bussarmi alla porta chiedendo di lui.»

«Capisco. Non dovresti parlare troppo con la polizia, però. Non ancora, e non senza di me comunque. Cerchiamo prima di capire cosa sia successo a Marcus, la polizia potrebbe usare quello che dici contro di te. Io non ho sue notizie da oltre una settimana. Facciamo così, per ora mandami il testo del biglietto e non appena ho aggiornamenti ti chiamo.»

«Certo. Grazie, Jeff. Scusami, adesso ti devo lasciare, ciao.»

Jeffrey Roma era un ottimo avvocato, con Marcus si erano

conosciuti al college. Whiterman aveva preso una laurea in Fisica mentre Roma aveva studiato criminologia, sapendo di volersi poi iscrivere alla facoltà di Legge. Si erano conosciuti a un corso e divennero subito buoni amici.

«Nessuna notizia del tuo ex-marito, suppongo» azzardò Blake, sorseggiando del caffè.

«No. Stavo parlando con un amico in comune con Marcus, speravo avesse sue notizie.» La forchetta esitò sopra al piatto, indecisa se inforcare il pancake o le patatine. «Jeff è un avvocato, mi aiuta quando mi metto nei pasticci con i miei articoli. Sai com'è, ci sono alcuni pezzi grossi che mi hanno inserito nella loro lista nera.»

«Stai per dirmi che hai ucciso qualcuno anche tu?» ironizzò lui.

«Potrei sorprenderti, detective» ammiccò Tess sorridendo. «Quando pesti i piedi a certi politici o certi grossi industriali le querele spuntano fuori come funghi. Come ti ho detto ieri, non sei il primo sbirro che mi viene a suonare il campanello!»

Blake si sforzò di sorridere. Aveva captato alcuni frammenti della conversazione al telefono con Jeff riguardo al testo del biglietto e sembrava proprio che il marito le avesse mandato un ultimo ed estremo saluto. Tutto tornava con la storia del suicidio che adesso doveva raccontarle.

«Tess, hai detto che posso chiamarti Tess, giusto? O forse è Tesla?» chiese Blake, alludendo a ciò che aveva sentito.

«La maggior parte delle persone mi chiama Tess. Mio marito e pochi altri, tra cui Jeff, mi chiamano Tesla. È una contrazione che accorpa anche il mio secondo nome, Letizia.»

«Oh, ok. Ora capisco perché guidi una Tesla...»

«Bell'indovinello, vero? Marcus me la comprò per il mio compleanno due anni fa.»

«Mica male. Io per la mia festa ho ricevuto due biglietti per il cinema. Un film della Marvel...» I due risero.

«Comunque, è meglio se mi chiami Tess...»

«Certo, Tess. Scusa se te lo chiedo, sei certa che quel biglietto fosse scritto proprio da tuo marito?»

«Senza ombra di dubbio. Ho riconosciuto la sua grafia.»

«Posso vederlo?»

La giornalista rovistò all'interno della borsa: «Mi dispiace, ero convinta di averlo preso, ma nella fretta devo essermelo dimenticato a casa.»

«Capisco. Ascolta Tess, devo dirti qualcosa anche io.»

Si levò il sorrisetto dalle labbra divenendo d'un tratto molto serio. «Ti ho detto che Whiterman è scomparso da un paio di giorni, ma c'è dell'altro...» confessò, fissandola negli occhi. «La sua macchina è stata trovata abbandonata.»

«Cosa? Che vuol dire "abbandonata"?»

«La sua Porsche è stata rinvenuta proprio al centro del ponte Potomac l'altro ieri. Vuota.»

Tess strinse la mano in un pugno. Non c'era stato un gran risalto mediatico al fatto, ma per via delle incessanti ricerche nel fiume Potomac e nella baia Chesapeake, alcuni media avevano speculato su un possibile caso di suicidio. Da giornalista, lei se lo ricordava bene.

«Cosa intendi con "al centro del ponte Potomac"?»

«L'auto era proprio a metà, dove il ponte è più alto. Tra le cose rinvenute nella macchina abbiamo trovato il suo tablet. È stato lasciato appositamente sul sedile per essere trovato, così lo abbiamo controllato alla ricerca di indizi.»

«E...» aggiunse lei svelta, per evitare che perdesse tempo.

«Tra i documenti abbiamo trovato la sua cartella medica» fece un'altra pausa per vedere se lei avesse qualcosa da dire, ma rimase in silenzio.

«Tuo marito era malato. Ne eri al corrente?»

«Che... che vuol dire malato... quanto malato?» chiese lei con aria tesa.

«Molto malato, purtroppo. Aveva una forma aggressiva di cancro al cervello» disse cercando di prenderle la mano ma lei la ritirò a sé, portandosela alla bocca.

«Mi dispiace, Tess. Gli rimaneva poco tempo. Ha lasciato

un messaggio di addio digitato sull'iPad. Solo poche parole. La videosorveglianza del ponte ha ripreso le immagini. Si vede un uomo sul ciglio del parapetto...»

«Stai zitto!» lo interruppe lei bruscamente.

«Mi dispiace...»

«Ho detto che devi stare zitto!» Tess si voltò piangendo, e si apprestò verso il bagno sbattendo la porta dietro di sé. Blake la seguì, sentiva i singhiozzi da dietro l'anta di legno. Tess prese il flaconcino arancione dalla borsa e con la mano tremolante fece per versarsi delle pillole sulla mano. Alcune caddero nel gabinetto. «La squadra dei sommozzatori lo sta cercando da due giorni, ma non è stato rinvenuto alcun corpo. Per ora è solo considerato disperso» sussurrò lui da dietro la porta.

«Vuoi dire che forse è ancora vivo? Che possibilità ci sono?» chiese singhiozzando, ma sapeva già la risposta.

«È difficile a dirsi. Sinceramente non molte, il ponte è molto alto e le condizioni meteo erano estreme. Ma stiamo vagliando tutte le possibilità. La polizia sta ancora cercando. La speranza c'è sempre, Tess, fino alla fine.»

Il detective sapeva che le chances erano vicine allo zero a questo punto. La malattia terminale e il messaggio di addio costituivano già un movente valido, confermato ora dal messaggio strappalacrime inviato alla moglie. Poco dopo la donna uscì dal bagno, le guance striate dal mascara.

«C'è ancora speranza, Tess. Sebbene sarebbe saggio prepararsi anche al peggio» disse lui, fissandola negli occhi. Aprì le spalle per offrirle un abbraccio, ma lei lo rifiutò.

«Perché non me lo hai detto ieri?»

«Il caso non è stato assegnato a me. Stavo conducendo un'indagine per conto mio, ecco perché non potevo dirti tutta la storia. Non sarei dovuto nemmeno venire a parlarti.»

«Oh, Marcus!» si guardò nel riflesso dello specchio e tentò di pulirsi le strisce scure dalle guance, ma non fece che peggiorare la situazione. Aveva sbaffi di mascara e rossetto ovunque.

«Perché stavi facendo un'indagine parallela?» chiese lei, provando di nuovo a sciacquarsi la faccia nel lavandino.

«Tess, sono un tenente nella sezione omicidi. Di solito un caso come questo non dovrebbe mai eccedere il mio livello, eppure il capitano lo ha voluto gestire direttamente e sono intervenuti perfino i federali.»

«Che cosa vuoi dire con questo?» piagnucolò lei.

«Ho parlato con il capitano Freeman un paio di volte di questo caso, e in ogni circostanza mi è parso evasivo. Mi sono insospettito, ho guardato il dossier di persona e ho fatto delle ricerche per conto mio. Ho scoperto che il capitano mi ha mentito su alcuni dettagli. Non so perché lo abbia fatto, ma ero intenzionato a scoprirlo.»

«Che vuoi dire, su cosa ha mentito?» domandò Tess, riemergendo dal flusso d'acqua sotto al rubinetto.

«Ha mentito su delle prove. Poi, quando ha scoperto che avevo iniziato un'indagine per conto mio, me lo sono ritrovato nell'ufficio stamattina. Era incazzato nero, questo lo capisco. Ma ha detto anche delle cose strane. Sembrava quasi mi stesse minacciando. È stato poco prima che quel criminale mi piombasse nell'ufficio...»

La vide sussultare per il singhiozzo e l'abbracciò tentando di rincuorarla, ma lei gli inumidì la spalla con le lacrime. La donna emanava un profumo buonissimo e per un attimo il cuore di Blake parve battere all'impazzata, come non accadeva da tempo, o forse era solo confuso perché proprio in quel momento il suo cellulare prese a vibrare nel taschino della giacca...

- 12 -

«Ciao Billy!» Blake riconobbe subito la voce del sergente Miller. Braccio destro di Blake e anche lui un detective, Miller si faceva apprezzare dal suo capo per le indubbie qualità. I due colleghi di tanto in tanto si ritrovavano fuori dalla centrale per una birra, meglio ancora se davanti a uno schermo durante una partita dei Nats. «Come va boss, tutto ok?»

«Tiro avanti, grazie, amico. Avete informato la famiglia di Carter? Sono certo che tra poco i media riveleranno il suo nome. Non vorrei che lo sentissero in TV o peggio, si ritrovassero i giornalisti fuori in giardino...»

«Lo sceriffo è andato a casa sua insieme a Freeman.»

«Bene. Grazie della chiamata, Andy.» Blake stava per riagganciare.

«Aspetta, c'è qualcosa che volevo dirti. Riguarda Carter...»

«Cosa?» chiese Blake incuriosito.

«Ero vicino a lui quando ha portato in custodia quel Jamal Jones. Erano alla scrivania di Brian e lui lo stava schedando sul computer. Jones era ammanettato alla sedia, l'ho visto bene. Stavo tornando alla mia scrivania e lì per lì non ci ho fatto caso, però quel figlio di puttana si guardava in giro come se stesse cercando qualcosa.»

«Continua...» lo incalzò Blake.

«Tanta gente si guarda intorno quando viene arrestata, ma

lui era diverso. Mi è parso che quando ha visto la targa sulla porta del tuo ufficio abbia smesso di cercare, come se avesse trovato quel che voleva.»

«Pensi stesse cercando me? Non avevo mai visto quel tizio prima, mi ricorderei se lo avessi arrestato. Forse si tratta di una vendetta indiretta, magari ho mandato in galera qualcuno della sua famiglia. Che avete scoperto su di lui?»

«Jamal Jones era uno spacciatore con diversi precedenti. Lo conoscevano nell'ambiente come "JJ" o "doppia Jay", ma non era questo il motivo per cui ti ho chiamato, Billy.»

«Vieni al punto Andy, sono impegnato...»

«Appena finite le scartoffie, Carter stava per portarlo in cella. Avevo visto benissimo le sue mani ammanettate allo schienale, come abbiamo fatto mille altre volte, Billy. Ma appena Carter ha girato intorno alla sedia per farlo alzare, Jones lo ha aggredito, prendendolo alla sprovvista. Si era liberato le mani in qualche modo. Ecco perché quel bastardo è riuscito a spararagli a bruciapelo sul collo.»

«Come ha fatto a levarsi le manette? Dev'essere riuscito a sfilare le chiavi a Carter quando lo ha arrestato. Poi mentre era distratto a schedarlo se n'è approfittato, se le è levate e l'ha aggredito» Ipotizzò Blake.

«È quello che ho pensato inizialmente anch'io» disse Miller, «però Carter le chiavi delle manette ce le aveva ancora nei pantaloni quando sono arrivati i paramedici. Quel Jay Jay non può averle usate per liberarsi.»

Blake rimase in silenzio per un momento. La notizia era inquietante. «Forse è entrato in contatto con qualche altro agente durante l'arresto. Avete controllato bene tutti?»

«A nessuno di noi mancano le chiavi, Billy.»

Il tenente era sempre più confuso. Scosse la testa cercando di riorganizzare i pensieri. «Non mi starai dicendo che quel coglione col dente d'oro ha forzato la serratura delle manette con le mani legate dietro la schiena come se fosse Houdini, vero? Questa non è Hollywood, Andrew. Le manette di servizio non si aprono con una forcina per capelli come nei film di merda!»

«Appunto Billy! Quello stronzo aveva una chiave delle nostre manette di servizio nascosta nei jeans! Non l'abbiamo trovata subito perché è talmente piccola che l'aveva infilata in una doppia cucitura delle tasche posteriori.»

Rimasero in silenzio entrambi, poi Miller finalmente arrivò al punto della sua lunga premessa.

«Billy, credo che quel criminale sia entrato in centrale già con una chiave nascosta nell'orlo della tasca dei pantaloni. Una chiave originale del dipartimento. Il suo arresto era una messinscena. Voleva introdursi nell'edificio sapendo di potersi liberare e poter prendere il micro-revolver. E c'è dell'altro...»

«Ti ascolto» lo esortò Blake.

«Come dicevo prima, mi era sembrato che Jones si guardasse intorno in modo strano finché non ha visto il tuo ufficio. Voglio dire, se io fossi stato arrestato e riuscissi in qualche modo a liberarmi delle manette, cosa farei? Ho un ostaggio, una pistola e so che l'uscita è...»

«A sinistra!» lo anticipò Blake interrompendolo. «L'uscita era alla sua sinistra, mentre il mio ufficio era alla sua destra in fondo al corridoio. Si è infilato in un vicolo cieco. Doppia J non era un semplice fuggitivo con un ostaggio, era venuto espressamente a cercare me.»

***

Billy e Tess tornarono al tavolo. Nonostante le tante salviettine struccanti, lei aveva ancora gli occhi di un panda, ma era bellissima anche così. Deglutì un bicchiere d'acqua tutto d'un fiato, come se con ogni sorso assorbisse meglio la notizia devastante sul marito che le era esplosa in faccia con l'impeto di una bomba atomica.

«Povero Marcus. Non sapevo nulla della sua malattia. Forse voleva dirmi addio con quella lettera, anche se di tutti i modi per andarsene, non capisco perché buttarsi giù da un ponte.

Nientedimeno poi che il Potomac Bridge!»

Il tenente non rispose, aveva fatto la stessa osservazione al capitano Freeman. Se ne stava invece seduto in disparte a fissare il pavimento, ancora con il cellulare in mano. Cercava di ricordare le parole di Jamal Jones.

Tess dovette chiamarlo due volte tanto era assorto nei suoi pensieri. Si ricordò che vedendo la foto del figlio, il criminale gli aveva detto che se non voleva che qualcuno infilasse il naso nelle sue cose, doveva imparare a farsi gli affari suoi. Adesso gli sembrò tutto più chiaro. Non solo era ovvio che quel criminale fosse andato lì apposta per lui, ma ora anche le parole ambigue che gli aveva detto prima Freeman riguardo la sicurezza della propria famiglia sembravano trovare un loro preciso contesto. Erano delle minacce. Blake immaginò la scena di Jamal Jones che recuperava la chiave dai pantaloni e si apriva le manette. Chi gli aveva dato la chiave? C'era una talpa nella stazione di polizia. Poteva forse trattarsi di Freeman? Il capitano aveva avuto una carriera impeccabile nelle forze dell'ordine e lo stesso Blake avrebbe messo la mano sul fuoco sulla sua integrità, almeno fino agli ultimi due giorni, quando il vecchio aveva cominciato a comportarsi in modo strano. Tutto in concomitanza con quel maledetto caso di suicidio.

«Franco!» esclamò all'improvviso il detective. Il figlio era il legame tra le minacce di Freeman e quelle di Jamal Jones.

«Tess, devo andare. Temo che mio figlio possa essere in pericolo.»

«Che vuoi dire?» chiese lei confusa.

«Non ho tempo per spiegare.» Afferrò il telefono, ma la chiamata andò direttamente in segreteria.

Rispondi, cazzo... Riprovò, nulla.

Contestualmente visualizzò l'immagine di lui la sera prima che, per punire il figlio, gli requisiva il cellulare e lo chiudeva nel cassetto del comodino. Imprecò. Se si fosse sbrigato, forse sarebbe riuscito ad arrivare alla scuola di Franco prima che finisse gli allenamenti di calcio. Di certo avrebbe fatto in tempo con la sua macchina, sfrecciando nel traffico a sirene spiegate. Però ora la sua vettura era probabilmente avvolta da una folla di curiosi e di giornalisti nel parcheggio della centrale di polizia.

«Vuoi che ti accompagni?» si offrì la giornalista.

«No, potrebbe essere pericoloso. Ti chiamo appena posso.» Prese lo smartphone e cliccò sull'applicazione di Uber. Un istante dopo era già fuori dalla porta.

Tess infilò la mano nella borsa e pescò il biglietto scritto a mano dal marito. Aveva seguito il consiglio del suo amico avvocato e limitato le informazioni condivise con la polizia. Digitò un messaggio sul suo smartphone con l'esatto testo del post-it e lo inviò a Jeff Roma.

***

Dall'altro lato del parcheggio, in una caffetteria, un uomo sorseggiava da un bicchiere, lo sguardo fisso oltre la finestra. Un colpetto di polpastrello, e in automatico fu connesso a una linea sicura. Le frequenze utilizzate erano particolari e cambiavano di continuo, rimbalzando avanti e indietro tra molteplici ripetitori. Era impossibile rintracciarla.

«Sì» disse l'interlocutore in modo molto sintetico.

«Ho un aggiornamento riguardo alla sparatoria nella centrale di La Plata» sussurrò.

«Bene, perché i notiziari non hanno ancora rivelato i nomi delle due vittime. Doppia Jay ha portato a termine la sua missione?» La voce dall'altra parte della linea era robotica, chiaramente alterata da un sintetizzatore vocale.

«No, Jay Jay è una delle due vittime, l'altra è l'agente che lo ha arrestato, si chiamava Brian Carter.»

L'altra voce restò un attimo in silenzio a elaborare la cattiva notizia.

«C'è un altro problema. Ho appena intercettato una telefonata tra Blake e un altro poliziotto, il sergente Miller. Sanno della chiave delle manette di Jones e hanno capito che c'è una talpa nella centrale di polizia, potremmo essere compromessi. Quanto a Freeman...»

«Sai che non possiamo permettercelo. La situazione va contenuta a ogni costo» ordinò la voce metallica, interrompendolo.

«Sì, signore! Ho anche delle buone notizie, però...» ribatté l'uomo bevendo un sorso di caffè.

«Sentiamo.»

«Blake era con la Westlake. Lei è venuta qui a La Plata e li ho visti andarsene via in auto insieme dalla centrale. Li ho seguiti, sono entrati in un ristorante e ho intercettato pezzi della loro conversazione grazie al *Filo di Arianna* che si è replicato sullo smartphone della Westlake.»

Anche il *Filo di Arianna* era un prodotto sviluppato da ASTEC Labs e, una volta installato in uno smartphone, si replicava anche attraverso l'invio di un semplice messaggio e permetteva poi di hackerare il dispositivo prendendone il controllo. Il tizio nella caffetteria aveva così attivato i microfoni dei loro telefoni trasformandoli in cimici.

«Sembra che la Westlake abbia ricevuto un pacco da Whiterman. Non sono riuscito a sentire l'intera conversazione, stava piangendo, comunque Blake le ha raccontato del suicidio. Poi la donna ha chiamato un suo amico, Jeff Roma, un avvocato. Ha detto anche a lui del pacco ricevuto da Whiterman...»

«Ok. Dimmi di questo pacco!» chiese la voce metallica.

«Conteneva la foto di una spiaggia alle Barbados. Era attaccata a un souvenir ed era accompagnata da un messaggio scritto a mano da Whiterman su un bigliettino. Sembrava volerla rassicurare che tutto sarebbe andato bene. A dire il vero, viste le circostanze, potrebbe dare proprio l'impressione di essere un biglietto di addio e avvalorare la tesi del suicidio dal Nice bridge.»

Una smorfia apparve sul volto del suo interlocutore. *Bene, ci siamo*!

Per tutta la durata della conversazione l'uomo nel bar stava monitorando due pallini colorati, lampeggianti e sovrapposti, sulla mappa digitale di un RUST. Tutte le lucine erano riflesse sugli occhiali a specchio del tizio quando a un tratto il pallino rappresentato da Blake si mosse rapido verso il circoletto blu che indicava la posizione del RUST. Il tizio nella caffetteria scattò in piedi, temendo di essere stato scoperto, ma vide una macchina passargli davanti. Nel sedile posteriore scorse la sagoma del detective. «Blake si sta muovendo, ha preso un Uber. I due si sono separati.»

«Seguilo, i piani sono cambiati. Ora ti dico le nuove istruzioni. Con un po' di fortuna, presto avremo quello che stiamo cercando e potremo porre fine a tutto questo.»

«Cosa facciamo con il sergente Miller e questo avvocato Roma? Sono diventati anche loro un problema da risolvere?»

«Non per adesso. Con Freeman abbiamo sbagliato, però ricordati che dobbiamo limitare i danni collaterali allo stretto necessario. Ci stiamo battendo per uno scopo nobile, altrimenti saremmo dei criminali qualunque.»

«Ho capito» disse il tizio aprendo la porta a vetri della caffetteria, con le chiavi dell'auto già in mano. Era un uomo alto, molto alto.

- 13 -

Il Maythorn era un prestigioso istituto misto, con classi dall'asilo alle medie. Lo storico campus si trovava a Woodley Park, vicino allo Zoo, e un gruppo di teenager stava giocando a calcio nel campo privato della scuola.

Il tredicenne Francesco Blake ricevette palla sulla trequarti dalla mezz'ala sinistra, fece finta di passarla a un compagno e scattò dall'altra parte, scartando un difensore avversario che rimase piantato sui piedi. Tagliò poi verso il centro, entrò nell'area di rigore e puntò verso la porta. Il portiere gli si fece incontro con le braccia spalancate per chiudergli lo specchio, ma dopo un'altra finta l'estremo difensore andò per terra, sicuro di avere la palla tra le mani. Si guardò tra le braccia, erano vuote. Come un prestigiatore, Franco gli aveva fatto sparire il pallone tra le gambe. A quel punto lo dribblò e si ritrovò quasi sulla linea di fondo campo, ormai l'angolo di tiro era quasi impossibile. Un difensore si apprestò sulla linea di porta a fare le veci del portiere mentre altri due avversari marcavano stretti l'altra punta in squadra con Franco posizionata vicino al dischetto del rigore. Il piccolo Blake allora colpì il pallone da sotto e con un tiro a effetto la sfera disegnò una parabola in aria, andandosi a depositare sotto all'incrocio dei pali. L'allenatore batté le mani incredulo mentre Franco veniva celebrato dai compagni di squadra.

«Bel gol, bravo Franco!»

Fischiò la fine della partita e tutti si congratularono dandogli il cinque. «Ok ragazzi, per oggi abbiamo finito» disse il mister a centrocampo, a chiusura dell'allenamento.

Franco era di un livello superiore rispetto agli altri compagni, veloce e con un gran controllo di palla; indubbiamente la stella della squadra. Un talento promettente, al punto che la scuola gli riconobbe una borsa di studio pur di averlo. Il Maythorn era un istituto prestigioso e prevedeva una retta scolastica molto cara, al di fuori delle possibilità economiche del detective. Franco si sfilò i parastinchi e riordinò le sue cose prima di dirigersi verso la bicicletta legata a un palo. Stava per avviarsi verso casa quando una voce familiare lo salutò, battendo le mani.

«Gran gol, Franco. Un tiro magnifico!»

Il percorso di circa tre chilometri che lo conduceva a casa attraversava lo zoo, e Franco adorava il giardino zoologico proprio come ogni bambino di Washington. Una vera fortuna la sua, poterlo attraversare quotidianamente per andare e tornare da scuola. Del resto, lo zoo di Washington prevede l'accesso gratuito e Franco ne approfittava spesso per farsi un giro. Conosceva tutti i padiglioni del parco a memoria e il suo preferito era senza dubbio quello dedicato ai grandi felini.

«Salve, capitano Freeman. È qui con mio papà?» chiese il ragazzo, guardandosi intorno.

«A dire il vero tuo papà oggi si è dovuto assentare presto dalla centrale. Ero venuto proprio perché speravo di trovarlo qui. Ho provato anche a casa, ma non c'era.»

«Non viene mai agli allenamenti. Solo a qualche partita ufficiale, quando riesce. Lavora molto.»

Franco si era incamminato spingendo la bici a passo d'uomo e Freeman gli stava accanto. «Vedo che sei in gran forma! Con tutti quei dribbling è un miracolo che non ti prendano a calci!» scherzò il capitano.

«In partita ne prendo tanti di calcioni, ma non negli allenamenti. Il mister non vuole che si facciano contrasti duri tra di noi, altrimenti ci manda in tribuna in punizione.»

«Meglio così ragazzo, credimi. Non vuoi certo che tuo papà riceva una chiamata improvvisa e ti debba portare al pronto soccorso! Non è vero?» Era palese che Franco stesse bene e certo non sembrava fosse stato al pronto soccorso il giorno prima come aveva detto il padre.

«Ascolta, Franco. Che ne dici se mettessimo la bici nel bagagliaio e ti dessi un passaggio a casa? Sembra che tu abbia fatto già abbastanza esercizio per oggi. D'altronde, come dicevo prima, devo vedermi con tuo papà e tanto vale che lo aspettiamo insieme, lì a casa da voi.»

«Veramente papà non vuole che accetti passaggi in macchina...»

«Be', tuo papà è un poliziotto e ha a che fare con un sacco di brutti ceffi ogni giorno. In generale direi che ha ragione lui, però dai, ti sembro forse un tizio qualsiasi? Mi conosci, lavoro con tuo padre, con me sei al sicuro!» Il capitano sorrise e il ragazzo fece sì con la testa.

«Ok, perché no? Sono stanco.»

***

Blake arrivò al Maythorn intorno all'una e la maggior parte dei ragazzi se n'era già andata. Un paio di loro però stavano ancora scherzando nel parcheggio mentre le rispettive madri chiacchieravano tra loro. Blake riconobbe Jimmy, uno degli amici più stretti di Franco e salutò le due mamme che si fecero di nascosto l'occhiolino. Il tenente William Blake era bello e single ed era un argomento di conversazione ricorrente tra le madri civettuole, trascurate e indifferenti ai propri mariti. Blake chiese a Jimmy dove fosse Franco e il ragazzo gli disse che lo aveva visto incamminarsi con la bici mentre parlava con un signore. Non era però uno degli altri papà, non lo aveva mai visto prima. Allora Blake chiese a Jimmy di descriverlo.

«Un uomo di colore. Stazza grossa, capelli brizzolati. Si sono salutati come se si conoscessero. Franco lo ha chiamato capitano...» La madre di Jimmy si intromise nella conversazione.

«Freeman!» completò Blake.

«Sì ecco, Freeman! Li ho sentiti parlare. Sono andati via un quarto d'ora fa. Sembravano conoscersi, in effetti.»

«Grazie, Serena. Sì, è il mio capo. Posso chiederti uno strappo? Ho lasciato la macchina in ufficio e sono a piedi. Se non è un disturbo ovviamente, vedo che stavate per andare via anche voi. Abito qui vicino, a Mount Pleasant.»

Intravide le due mamme scambiarsi un'occhiata complice e l'altra, senza farsi vedere, fece segno a Serena col pollice all'insù. «Ehm, certo Billy, nessun problema. Stavamo giusto per andarcene. Jimmy, vieni è ora di andare» fece lei.

Durante il tragitto la mamma lo bombardò di domande, alle quali però Blake rispondeva appena a monosillabe. Serena stava chiaramente flirtando, ma lui non faceva altro che pensare a Freeman. Forse era vero che il capitano prima lo stesse minacciando nel suo ufficio, e ora che la bomba era esplosa era venuto a prendersi il figlio.

«Gira qui a destra» ordinò con ansia a un semaforo rosso.

«Il cartello dice di non girare col rosso, detective. Poi mi deve fare una multa per essere stata cattiva...» fece lei con aria sorniona. Blake intanto aveva provato a chiamare Freeman al cellulare, senza successo.

«Gira e basta. Per piacere...» la esortò a voce alta.

Lei lo guardò con un'espressione di disappunto, e lo accontentò.

Il detective arrivò alcuni minuti più tardi, salutò Jimmy e la madre saltando fuori dall'auto come una molla. L'auto di Freeman era parcheggiata nel viottolo e Blake entrò nel garage dove vide la bici del figlio. D'istinto si portò la mano verso la fondina, non ce l'aveva. La pistola, essendo stata maneggiata da Jamal Jones, era rimasta in centrale con il materiale probatorio e Blake, una volta finita la deposizione e ottenuto il congedo temporaneo, si era allontanato dalla centrale in fretta e furia senza prenderne un'altra.

Dannazione!

Afferrò una mazza da baseball dal pavimento e aprì la porta che conduceva alla cucina. Sentì delle voci provenire dal salotto e tirò un sospiro di sollievo, almeno Franco stava bene. Entrato nel salone vide suo figlio che stava mostrando al capitano un album di fotografie.

«No Franco, non ho mai conosciuto tua madre. È morta prima che incontrassi tuo papà. Era bellissima» disse Freeman.

«Ciao Papà. Il capitano Freeman mi ha dato un passaggio» disse il ragazzo, salutando dal divano.

«Franco, tutto bene?» chiese Blake, tenendo d'occhio il capitano con circospezione.

«Ciao, Billy!» Freeman salutò con garbo dalla sua seduta.

«Che ci fai qui?» chiese Blake, senza giri di parole.

«Ti stavo cercando. Non trovandoti da nessuna parte sono passato a scuola di Franco. Così, già che c'ero, gli ho dato uno strappo. Avevamo un discorso in sospeso noi due, ricordi?»

«Potevi chiamarmi al telefono.»

«Avevo bisogno di parlarti di persona, è una faccenda complicata.»

«*Giochiamo* a baseball, papà?» chiese Franco in *Italenglish*, con l'innocenza di un ragazzo che vede la mazza da baseball in mano al padre. I due colleghi si stavano scrutando l'un l'altro. Poi, Freeman mosse con disinvoltura l'estremità della giacca mostrando la fondina e si mise la mano destra sulla coscia, vicino alla pistola.

«Forse più tardi, Franco. Devo parlare di alcune cose con papà. Billy, poggia la mazza e mettiti seduto, per favore.»

Blake sentì i battiti del cuore accelerare. Non era certo delle intenzioni di Freeman, ma temeva per il figlio. Mise giù la mazza e si sedette sulla poltrona di fronte al divano. Ora

Freeman si stava tamburellando la gamba con i polpastrelli, proprio vicino alla pistola. Aveva sia una mano lesta che una mira precisa e da quella distanza lo avrebbe potuto impallinare in un batter d'occhio, se lo avesse voluto.

«Ho bisogno di fumare» disse Blake, abbassando lo sguardo su un pacchetto di Marlboro in cima ad alcuni libri sul tavolino che li separava. Si accese la sigaretta e ne offrì una a Freeman, che però rimase a giocherellare con i polpastrelli sul quadricipite vicino alla pistola, come i pistoleri dei film western prima di un duello.

«Sai bene che fumo solo la pipa» esclamò lui, con la sua voce cavernosa.

«Un'altra *sigaretta, papà*? Ti fa male!» lo rimproverò Franco.

«Ci esercitiamo con l'italiano a casa da quando è mancata la madre» chiarì Blake, per giustificare l'uso di quelle parole italiane infilate in mezzo alle frasi in inglese.

«Con il tuo comportamento scellerato te e lei rischiate di ricongiungervi prima del previsto. Ho provato ad avvertirti, Billy, ma tu proprio non riuscivi a fare a meno di ficcare il naso in questa storia. Non sai che casino hai combinato!»

Freeman entrò nel cuore della questione senza mezzi termini e a Blake sembrò che la situazione stesse precipitando rapidamente.

«Francesco, perché non vai in cucina e *scappi*... una Coca per te e un paio di birre per me e il capitano. La *falce* è sopra il pensile a forma di trapezio» Blake curvò il dito a uncino come il classico apribottiglie, Franco sembrava confuso. Aprì la bocca, ma fu interrotto dal padre prima di poter parlare. «Dai, su! Sbrigati, Francesco. Il capitano Freeman e io abbiamo sete!»

L'adolescente si affrettò in cucina ripensando alla "falce" nominata dal padre in italiano. Forse in senso lato un apribottiglie somiglia a una piccola falce, ma certo non è il termine corretto per l'utensile. Eppure, il padre conosceva bene l'italiano e non poteva essersi sbagliato. Senza contare che l'apribottiglie lo tenevano nel cassetto delle posate non nel pensile, e nessuno scaffale era a forma di trapezio!

Franco aprì il cassetto e il cavatappi era proprio lì dove doveva essere, vicino ai mestoli. Capì allora che il padre stava provando a dirgli qualcosa senza che Freeman capisse, sfruttando il loro gergo. Aprì il frigo, prese due birre e una lattina di Coca e le poggiò sul bancone. Ripensandoci, il papà aveva usato un'altra parola italiana sbagliata in quella frase. Aveva detto "*scappa*" invece di "*stappa*". Le due parole differiscono di una sola lettera e possono sembrare simili a chi non conosce l'italiano, ma hanno significati ben diversi. Il padre non voleva che lui aprisse le bevande, voleva che scappasse, per di più lo aveva anche chiamato Francesco invece di Franco e il figlio sapeva bene che il padre usava il suo nome di battesimo solo quando era molto serio. Fu in quell'istante che si precipitò in garage, saltò in sella alla bici e se ne andò via veloce senza meta, ripensando alle parole del padre mentre le bevande sul bancone della cucina trasudavano umidità.

- 14 -

La Tesla si inabissò silenziosa nel garage di casa come un sottomarino. Durante tutto il tragitto, la giornalista aveva continuato a piangere per le sorti del marito. Avvertiva un senso di torpore avvolgerla come una coperta di piombo, era stanca e spossata. Una volta in casa si mosse senza badare troppo alle cose che la circondavano, avrebbe solo voluto infilarsi a letto e dormire. Groucho la venne a salutare, questa volta di buon umore, inarcando la schiena e strusciandosi sulle caviglie. La giornalista accese la TV sul primo notiziario che trovò, una banda rossa scorreva sul fondo dello schermo annunciando una notizia straordinaria: "Sparatoria nella centrale di polizia di La Plata, Maryland."

Sebbene fosse ormai ufficiale che due persone erano rimaste uccise, un agente di polizia e un criminale, le dinamiche dell'incidente erano ancora sotto esame e solo il nome del malvivente era stato diramato. Una foto segnaletica di Jamal Jones venne mostrata in TV descrivendolo come un pregiudicato con diversi precedenti penali. Una reporter inquadrata a mezzobusto interloquiva in diretta con lo studio televisivo. Alle sue spalle il dipartimento della contea di Charles appariva ancora sigillato, con un nutrito gruppo di agenti a formare una barriera nei pressi dell'ingresso.

«Rimanete collegati, seguiranno degli aggiornamenti»

annunciò il conduttore, prima di mandare la pubblicità.

Tess si trascinò a fatica in cucina per prendere da bere. Richiudendo il frigo, si accorse che qualcosa non quadrava nella sua collezione di magneti. C'erano quasi tutti, mancava però quello del suo viaggio di nozze alle Barbados. Eppure, era certa di averlo lasciato proprio lì sul frigo, lo aveva maneggiato il giorno prima per paragonarlo a quello pressoché identico che le aveva inviato il marito. Cominciò a guardarsi in giro per casa con circospezione e, all'improvviso, quel senso di torpore depressivo svanì per lasciar spazio a sensazioni opposte. La malattia per cui si era curata dopo l'11 settembre alternava fasi di ipoattivazione psicologica a fasi di iperattivazione. Tess venne assalita dall'ansia, un senso di agitazione che le spezzava perfino il respiro. Ispezionò casa con attenzione, non vi erano segni di irruzione forzata e apparentemente non mancava nulla. Tuttavia, l'intruso aveva fatto due errori. Per prima cosa Tess trovò il chiavistello della porta anteriore non inserito, mentre lei lo teneva sempre chiuso. Si era trattato di un lavoretto veloce, evidentemente il ladro sapeva bene cosa volesse e dove trovarlo, ma uscendo non si era curato di questo dettaglio.

Il secondo errore, ben più grave, fu quello di confondere i magneti. A questo punto era chiaro che il ladro avesse agito su commissione, ma non sapendo che in casa ce ne fossero due quasi identici, aveva preso la calamita con la foto delle Barbados sbagliata. Un souvenir da quattro soldi, comprato in un negozio per turisti, e non lo strano oggetto inviatole dal marito. Tess rovistò nella gabbietta del gatto e sotto la sabbia ritrovò il magnete di Marcus, proprio dove l'aveva nascosto prima di uscire. A nessuno sarebbe mai venuto in mente di cercarlo sotto gli escrementi di Groucho.

Quella mattina, Tess si era preparata un caffè dopo aver trascorso una nottataccia, agitata per la questione del marito. Nel fare colazione rivide i due magneti sul frigo uno accanto all'altro, proprio come li aveva lasciati la sera prima. Ispezionando meglio quello inviato di Whiterman, scoprì che aveva una forza straordinaria. La potenza del campo magnetico era tale che Tess non riuscì a staccare quello strano cilindro che sembrava saldato alla parete metallica dell'elettrodomestico. Quando tentò di tirarlo a sé con tutta la sua forza, quasi le cadde il frigorifero addosso. Non era chiaramente un semplice souvenir, doveva trattarsi di un oggetto speciale legato in qualche modo a quelle strane coincidenze che si stavano manifestando. Alla fine, Tess decise di andare alla stazione di polizia per parlare con Blake di persona. Non era certa se si potesse fidare del detective e decise di portarsi dietro solo il biglietto del marito e di nascondere quello strano oggetto. Ora, però, la giornalista non sapeva più cosa fare. Nelle poche ore in cui si era assentata, qualcuno era entrato in casa sua. Presto si sarebbero accorti dell'errore e sarebbero tornati. Non sapeva più neanche di chi si potesse fidare in questa storia sempre più ingarbugliata. Ragionando per esclusione, l'unica cosa certa era che l'intruso non poteva essere Blake visto che era stata con lui fino a poco tempo prima. In effetti, anche il detective era stato invischiato in questa vicenda e il poveretto ci aveva quasi rimesso la pelle. La loro sopravvivenza adesso sembrava legata da un filo comune. Era sconvolta, e avvertì l'incipit di un attacco di panico. Aveva un bisogno disperato di potersi fidare di qualcuno. Non poteva più permettersi perdere tempo: doveva chiamare Blake e raccontargli tutto. Prese il telefono, il display mostrava una chiamata persa: Jeffrey Roma.

Forse Jeff ha scoperto qualcosa...

***

«Finalmente siamo soli, Billy!»

Blake diede una lunga boccata che fece brillare la sigaretta rosso fuoco. Ne aveva fumata più di metà senza mai ciccare e la pila di cenere accumulata stava per cadere.

«Non volevo che Franco sentisse...» continuò Freeman.

«Ahia!» esclamò il detective appena la cenere incandescente gli cadde sulle dita. Allungò la mano verso il posacenere sul tavolino, un gesto che parve spontaneo, ma non tanto casuale per Blake.

Il posacenere di bronzo massiccio aveva la forma di una canoa indiana e misurava all'incirca come una banana. Era appartenuto al padre di Billy, un fumatore di sigari che lo teneva nella sua casa al mare in Virginia. Eppure, l'oggetto aveva una storia segreta che li legava e una sera Blake lo sottrasse di nascosto dalla residenza estiva del padre per tenerlo con sé. Era una faccenda complicata, una storia di morte, e quel portacenere era l'arma del delitto.

Afferrato il pesante oggetto, Blake saltò in avanti sopra al tavolino, verso Freeman. Era l'unica chance di coglierlo impreparato. Con la mano libera afferrò il capitano per il polso, impedendogli di prendere la pistola, con il ginocchio invece lo colpì sulle palle. Freeman istintivamente si piegò in avanti, portando l'altra mano a protezione dei testicoli e scoprendo così la nuca dal colletto, proprio sotto agli occhi di Blake che sferrò un colpo micidiale alla base del cranio. Il capitano dopo un gemito si accasciò al suolo come un sacco floscio. Un fiotto vermiglio scorreva copioso sul tappeto. Blake si alzò in piedi guardingo, pronto a colpire di nuovo se ce ne fosse stato il bisogno. Toccò Freeman con un piede, ma il vecchio giaceva immobile sul pavimento. L'adrenalina ormai scorreva a fiumi nelle sue vene, nel giro di poche ore era stato costretto al secondo combattimento a mani nude per salvarsi la pelle. Poggiò il posacenere consapevole che era la seconda volta che usava quella canoa di bronzo come arma per salvargli la vita.

«Franco» urlò, ma non ci fu risposta. In cucina le bevande che gli aveva chiesto erano allineate sul bancone e la loro condensa sgocciolava fino alle mattonelle del pavimento. La porta del garage era spalancata e la bici di Franco non c'era più. Il figlio doveva aver capito almeno la parte del messaggio in cui lo esortava a fuggire, ma Blake gli aveva dato anche un indizio su dove ricongiungersi sapendo che Franco non aveva il cellulare e non lo poteva contattare. Il detective non sapeva chi avrebbe prevalso nella lotta contro Freeman, quindi si rivolse al figlio in modo criptico. Se l'avesse spuntata il capitano, Franco sarebbe diventato un testimone scomodo. La speranza di Blake era che Freeman non sapesse dove cercarlo.

Blake salì per le scale e andò in camera da letto, aprì il cassetto del comodino e riprese il cellulare del figlio. Prese poi una scatola di stivali posta in alto su una mensola nel guardaroba. Nella punta di una scarpa c'era un rotolo di contanti, oltre ottocento dollari che teneva per le emergenze; nell'altro stivale nascondeva una Glock 26, un modello di pistola compatta molto comune, la sua arma di scorta. Infine, prese il suo laptop e la pennetta con la copia dell'hard-disk del tablet di Whiterman e li mise in una borsa. Infilati i soldi in tasca, scese di nuovo in salotto con l'arma in mano, Freeman era ancora immobile nella stessa posizione. Spinse con il polpastrello sulla carotide e avvertì il battito. Leggero ma regolare. Il vecchio aveva la pellaccia dura, si sarebbe ripreso da un momento all'altro. La ferita non era mortale, se la sarebbe cavata con un gran mal di testa. Vide la fondina di Freeman, ma decise che era meglio lasciargli la pistola. Dopotutto aveva aggredito un capitano di polizia e la sua situazione si sarebbe potuta aggravare ulteriormente. Anzi, pensò che essendo in congedo, se lo avessero fermato armato sarebbero stati guai seri. Mise quindi la Glock nella borsa del portatile e andò in garage. La sua macchina era rimasta nel parcheggio della centrale a La Plata, ma la sua Vespa 300 rossa fiammante era lì. Non proprio una Ferrari, sebbene il colore la ricordasse, ma era comunque un legame alla cultura italiana che ormai aveva nel sangue. Si fermò alla casa dei vicini, i Reynolds. Franco gli aveva detto che erano andati in vacanza per la settimana e che l'abitazione era vuota. Arrivato vicino alla porta d'ingresso, nascose la borsa sul prato sotto al loro portico di legno.

Il piano di emergenza era pronto. Se Blake fosse stato preso o se casa sua fosse stata perquisita, non avrebbero trovato ciò che forse sarebbe servito in futuro per risolvere il caso. Tutto ciò di cui aveva bisogno sul dossier Whiterman era in quella borsa. Risalì in sella e partì a tutto gas, sperando che Franco avesse decifrato il resto del suo messaggio e avesse capito dove aspettarlo.

Tess rimase a fissare il display. Jeff Roma era uno dei suoi più cari amici, se non il migliore in assoluto. Si fidava di lui ciecamente, eppure la situazione era sempre più intricata. E se anche lui fosse stato coinvolto in questa girandola che ruotava attorno al suo ex marito? Marcus e Jeff erano amici fraterni, ma a questo punto tutto era possibile e lei cominciava a diffidare anche della propria ombra. C'era solo un modo per scoprirlo. Prese coraggio e lo richiamò.

«Eccoti, finalmente!» l'amico rispose al primo squillo.

«Ciao Jeff, ho visto la chiamata persa...»

«Sì, volevo dirti che ho ragionato sul testo scritto da Marcus che mi hai mandato. Dunque, Tesla...»

«Dimmi...» lo interruppe subito lei sentendo i muscoli irrigidirsi. Ci siamo!

«No, non intendevo te. Stavo pensando ad alta voce... è proprio questo il punto. Ascolta...» disse leggendo il testo del messaggio. «È stato difficile, tutto era così instabile. Giorno dopo giorno però le cose andavano meglio, e adesso sono più di trecento Tesla. Finalmente ho trovato il giusto equilibrio senza rischiare di implodere. Ti lascio questo ricordo, è la cosa più preziosa che ho, abbine cura e non preoccuparti di me. Andrà tutto bene! Con amore, Marcus.»

Lei rimase in silenzio, conosceva il testo a memoria ormai.

«Non ci ho pensato subito, ma poi mi sono ricordato che tempo fa Marcus mi disse che stava lavorando sui campi magnetici. Sai com'è fatto lui, è molto riservato sul lavoro e non mi ha detto granché. Ma ora penso che questo suo messaggio abbia un doppio significato.»

«Doppio significato?» gli fece eco lei.

«OK, mi spiego meglio. Sono al PC su Google, senti questo. Tesla, indicata anche con la lettera T, è l'unità di misura del sistema internazionale per l'induzione magnetica. L'unità fu stabilita in onore di Nikola Tesla, un fisico serbo-americano, brillante inventore e vivace futurista. Creò diversi brevetti ed è considerato il padre fondatore del motore a corrente alternata indotta, acquisito in licenza dalla Westinghouse...»

«Aspetta un secondo, che stai dicendo Jeff? Non ti seguo» lo interruppe Tess, confusa da quella valanga di informazioni rovesciatale addosso per telefono in modo didascalico.

«Scusa, hai ragione. Ecco la parte interessante. Il più potente magnete al mondo fabbricato nei laboratori di Los Alamos National, in New Mexico, ha prodotto circa cento Tesla. È il più potente campo magnetico non auto-distruttivo mai creato. I ricercatori nel mondo in realtà sono stati capaci anche di triplicare questa soglia di potenza, ma si è trattato sempre di un traguardo effimero. Questi super magneti, infatti, si sono disintegrati quasi istantaneamente, distrutti dalla propria forza. Vedi quindi, Tesla... ehm, facciamo che ti chiamo Theresa, per non confonderci. Penso che quello che Marcus volesse veramente dire nel suo messaggio era che lui è riuscito a sviluppare un magnete da oltre trecento Tesla. Un magnete inizialmente instabile, come gli altri super magneti al mondo descritti su Wikipedia, ma che poi nel tempo è riuscito a trovare un modo per dargli equilibrio e renderlo stabile, evitando che si autodistruggesse come gli altri.»

Tess ascoltò incredula, quello che aveva detto Jeff aveva perfettamente senso. Quello del marito era sì un messaggio di addio, ma al tempo stesso anche una spiegazione a quello strano magnete che le aveva inviato.

«Theresa, credo che Marcus abbia creato il magnete di gran lunga più potente al mondo, ma soprattutto si tratta di un campo elettromagnetico stabile, che non implode dopo un singolo impulso. Mi chiedo ora se questa scoperta non abbia a che fare con la sua misteriosa sparizione.»

Tess si morse il labbro. Sapeva che Marcus era un malato terminale ufficialmente ancora dato per disperso, ma molto probabilmente morto suicida. Jeff invece non lo sapeva e lei non aveva intenzione di dirglielo adesso, non aveva tempo di spiegargli tutto, doveva parlare con Blake e raccontargli dell'intrusione in casa sua.

«Grazie, Jeff. Questa cosa è molto utile» disse lei.

«Cosa hai intenzione di fare?»

«Conosco bene ASTEC Labs e le persone che ci lavorano. Marcus è una persona brillante e l'ho amato follemente. Ma non potevo tollerare ciò che mio marito contribuiva ad alimentare: avidità, guerra, fame, distruzione e morte. Gli chiesi di scegliere a cosa volesse rimanere sposato: se a me o al suo lavoro. Mi rispose che gente come lui non può dare le dimissioni con due settimane di preavviso. Certo, avevamo anche altri problemi e tu lo sai, ma quella fu la goccia che fece traboccare il vaso. Due ore dopo feci le valigie e me ne andai.»

«Mi dispiace, so come la pensi. Posso fare qualcosa?»

«Grazie, Jeff. Hai già fatto molto. Vado di corsa adesso, ma mi faccio viva presto, promesso.»

***

L'immagine sfocata di una piccola sfera dorata, all'incirca delle dimensioni di una pallina da ping-pong, gli fluttuava davanti al naso. Il petto gli sembrò battere all'impazzata, appena il tempo di portarsi la mano al cuore, poi smise. Tutto sembrava estraneo a ciò a cui era abituato. La sua visuale era insolitamente bassa e capovolta di novanta gradi. Chiuse e riaprì gli occhi due o tre volte, stordito. Più che mal di testa, gli sembrava di avere un'ascia conficcata nel cranio.

Allungò il braccio verso la pallina dorata, l'afferrò e se la portò sotto il naso. La vista era ancora compromessa, ma l'olfatto no: odorava di cioccolata! Strappò la carta argentata con i denti e morse la sfera che nascondeva una nocciola avvolta in un cremoso cioccolato al latte. Gli zuccheri gli diedero subito un aiuto notevole e anche la vista si ripristinò gradualmente. Capì che era sdraiato con una guancia a terra e stava fissando il pavimento sotto al divano. Nella lotta con Blake si era rovesciata una ciotola di cioccolatini e uno era rotolato sotto al sofà, poco distante dalla sua testa sanguinante. Roger Freeman, a poco a poco, si mise a sedere sul parquet. La testa gli faceva male come se fosse stato investito da un treno merci. Si guardò intorno, il posacenere di bronzo era lì per terra, ancora sporco di rosso. Si portò la mano alla nuca e vide sangue sulle dita, lo stesso che aveva macchiato anche il tappeto. Gli ritornò tutto in mente: la conversazione col tenente, l'assalto, perfino la breve lotta, poi però tutto divenne nero, come se qualcuno avesse spento la luce. Barcollò qualche passo verso il bagno, nell'armadietto dei medicinali c'era giusto un kit da pronto soccorso che faceva al caso suo. Stabilizzata la ferita, inghiottì un paio di antidolorifici e fece un giro per la casa con la pistola in pugno, ma non c'era nessuno. Uscì allora fuori, avviandosi verso la macchina e il petto gli riprese a rantolare come quando era sdraiato per terra. Prima era troppo confuso per capire che fosse il cellulare a vibrare. Il display indicava "sconosciuto", ma sapeva benissimo chi fosse.

«Che succede? Vedo il segnale di Blake ancora in movimento» fece una voce.

«È fuggito» disse Freeman. «Lo stavo aspettando con il figlio a casa sua, però mi ha preso alla sprovvista. Mi ha colpito alla testa e sono svenuto, mi sono risvegliato solo adesso e loro non ci sono più.»

«I due Blake si stanno dirigendo verso sud sulla Beach Drive. Si sono appena fermati nei pressi dell'ingresso dello zoo. Seguili a quell'entrata, io arrivo dalla porta principale sulla Connecticut Avenue, così li avremo in trappola!»

***

Francesco Blake era seduto sulla barriera di cemento che

formava un grosso ovale, prestando molta attenzione a non cadere giù. Stava giocherellando con l'apribottiglie o "la piccola falce", come l'aveva definita il padre. Franco non ci era arrivato subito, stava pedalando all'impazzata senza meta quando gli venne l'illuminazione. Con la parola *falce* in astronomia si indica un noto gruppo di stelle che, unite a un altro gruppo di corpi celesti a forma di trapezio, costituiscono una famosa costellazione: il trapezio ne costituisce il corpo, mentre la falce corrisponde alla testa. Il papà di Franco nel suo monito era stato preciso dicendogli che "*la falce è sopra al pensile a forma di trapezio!*" A quel punto Franco non ebbe più dubbi, il papà si riferiva alla costellazione del Leone!

Franco si ricordò di quando lui e il padre avevano osservato al telescopio quella particolare costellazione alcuni mesi prima e avevano parlato delle stelle che la costituivano. È un evento astronomico abbastanza noto quello della comparsa della costellazione del Leone nell'emisfero nord del pianeta, poiché indica il sopraggiungere della primavera. A Franco apparve chiaro che l'indizio del padre fosse un appuntamento per ricongiungersi. Dopotutto, il padiglione dei felini era il preferito di Franco e il padre lo sapeva bene.

Il tenente arrivò al padiglione e si guardò subito intorno, sperando che il figlio avesse decifrato il messaggio e fosse lì ad aspettarlo. C'era una miriade di gente, soprattutto ragazzi, assembrati ovunque. La sezione consisteva in un terreno montuoso circondato da un perimetro di cemento ovale di circa duecentocinquanta metri e suddiviso in due aree più o meno equivalenti. Una era dedicata ai leoni, l'altra alle tigri. Non vedendo Franco di fronte a lui, Blake si fece largo tra la folla e scelse a caso di muoversi in senso antiorario lungo l'ovale, le probabilità erano cinquanta e cinquanta. Scelse male e si ritrovò tra le tigri, ma a quel punto non aveva senso tornare indietro quindi continuò il giro in quella direzione.

Solitamente è il panda l'attrazione clou del bioparco di Washington, quella per cui la gente si aggrega in file enormi pur di scorgerlo sgranocchiare un ciuffo di bambù. Tuttavia, in quel particolare periodo il richiamo principale dello zoo era diventato una coppia di cuccioli di tigri appena nati. Era il motivo per cui il padiglione dei grandi felini pullulava di gente e stava rallentando il passo di Blake.

Il capitano Freeman, dopo aver lasciato la macchina su Beach Drive, si apprestò nello zoo dall'entrata di servizio. Il cellulare fece un altro rantolo, singolo questa volta. Si trattava di un messaggio proveniente dal solito numero anonimo ed era composto da tre sole parole: "Padiglione Grandi Felini."

Il reparto dedicato a questa famiglia di mammiferi si trovava nella sezione est dello zoo, non lontano dall'ingresso su Beach Drive. Freeman arrivò trafelato nello stesso punto dell'ovale dov'era arrivato poco prima Blake, ma dinanzi alla stessa scelta, destra o sinistra, il capitano si mosse in senso orario arrivando subito nell'area dei leoni. Fu così che quel piccolo margine di vantaggio che Blake aveva su Freeman svanì per effetto di una semplice casualità.

Un'altra persona era riuscita a colmare il divario che lo separava dal detective. L'uomo con gli occhiali a specchio era appena entrato dall'ingresso principale del giardino zoologico mostrando un tesserino militare delle forze speciali al guardiano del cancello, che alzò la sbarra e lo fece entrare con l'automobile. Un'eccezione concessa per quel particolare tesserino, visto che normalmente l'accesso è consentito solo ai pedoni e alle bici. Lui però aveva già azionato i lampeggianti nascosti sotto al cofano e si stava facendo largo tra la gente a colpi di sirena. Arrivò quanto più vicino possibile all'area dei grandi felini, poi decise di continuare l'inseguimento a piedi. Sceso dal mezzo, si rivelò essere un uomo enorme.

***

Dragan Markovic non era un semplice agente speciale in forza all'FBI o alla CIA, faceva parte di un'unità particolare dell'esercito americano che gli conferiva le credenziali governative di agente speciale. Uscito dall'auto con il suo RUST in mano, localizzò Blake sulla mappa e indossò un paio di guanti da chirurgo prima di avviarsi spedito. Vide Blake che camminava verso di lui consapevole di avere un grosso vantaggio rispetto al detective. Blake non conosceva né il suo volto, né le sue intenzioni ed era distratto dalla ricerca del figlio.

Finalmente il tenente scorse Franco tra la gente, se ne stava col mento appoggiato sulla ringhiera di ferro sopra al muretto in cemento armato che delimitava la fossa dei leoni. Il detective, inconsapevole di essere seguito, chiamò il ragazzo a voce alta. Il figlio si voltò, ma lo fece anche Freeman che veniva dalla direzione opposta. Mentre il ragazzo si dirigeva verso il papà per abbracciarlo, Freeman notò Markovic dietro le spalle di Blake a una decina di metri di distanza. Il gigante si apprestava verso di loro. A quel punto, il capitano e l'agente speciale si fissarono negli occhi.

«Billy, fermati!» urlò Freeman.

Blake riconobbe all'istante quella voce e, di riflesso, strinse forte la mano del figlio: bisognava scappare. Scivolarono tra la gente nella direzione opposta, verso le tigri, dove la folla era accalcata per vedere i cuccioli mentre venivano allattati dalla madre.

Markovic, consapevole che la sua stazza lo avrebbe reso facilmente visibile, si chinò facendo finta di allacciarsi le scarpe in modo che fossero i Blake ad avvicinarsi a lui. Al momento giusto, si alzò in piedi: torreggiava almeno un palmo sopra quasi ogni testa. L'urlo di Freeman esortava tutti a sdraiarsi, Blake vide la Beretta del capitano a qualche metro di distanza, puntava dritta su di loro. Si voltò di scatto avvolgendo Franco per proteggerlo, del tutto inconsapevole del gigante accanto a lui. L'agente speciale con un movimento repentino lo abbracciò a sua volta da dietro, posizionandosi con le braccia proprio sotto le ascelle di Blake. Per un attimo Markovic, Blake e Franco furono aggrovigliati tra loro, sembravano i pezzi di una matrioska.

Due colpi di pistola esplosero tra la folla, uno dietro l'altro. Blake non prestò neanche troppa attenzione alla creatura possente dietro di lui, era bloccato a fissare Freeman in stato catatonico. Il capitano gli puntava l'arma contro e Blake chiuse gli occhi stringendo stretto a sé Franco. Percepì che fosse arrivata la sua fine, e gli frullarono mille cose per la testa tutte insieme. Tra queste mise a fuoco l'immagine della moglie, stava per raggiungerla proprio come aveva minacciato Freeman, ma chi si sarebbe occupato di Franco? D'altronde il capitano stava per consumare la sua vendetta, e forse era giusto così. Eppure Blake si sbagliava, si sbagliava di grosso.

- 15 -

1 gennaio, 2000

Le acque tranquille del fiume Sava scorrevano verso valle, trasportando con esse uno stormo di anatre impigrite dal gelo. L'affluente del Danubio si diramava dal ben più famoso corso d'acqua, poco più di un chilometro a monte rispetto alla posizione di un uomo solitario che fumava appoggiato alla ringhiera del fiume.

Dragan Markovic era una giovane recluta in forza alla milizia serba. Stringeva tra le labbra una sigaretta da quattro soldi e ciccava la cenere direttamente nella Sava. Le sue acque ne erano piene, l'intera città di Belgrado era circondata di cenere e macerie. La Jugoslavia aveva cessato di esistere come nazione già da alcuni anni, frammentata in diversi Stati dalle forze contrastanti dei socialisti da un lato e dei separatisti etnici dall'altra. La NATO aveva bombardato Belgrado incessantemente nel 1999, dopo che le trattative diplomatiche con Slobodan Milosevic per far cessare le sue operazioni di pulizia etnica erano fallite.

Era la notte di Capodanno. Non un Capodanno qualsiasi: era la fine del millennio e ne stava cominciando uno nuovo. La popolazione mondiale si divideva tra gli ottimisti, volti a festeggiare l'anno 2000 tra le varie piazze del mondo, e i pessimisti, che si attendevano gli effetti devastanti del famigerato baco Y2K, l'errore informatico che avrebbe paralizzato le tecnologie del pianeta rispedendo la civiltà nel medioevo.

Non ci fu nulla di simile. A eccezione di qualche piccolo intoppo, il terrore mediatico del "*millenium bug*" che circolava da mesi si rivelò una bufala.

Dragan Markovic se ne stava in disparte con le sue sigarette da morto di fame, a fissare la Sava. Non aveva nulla da celebrare. La sua intera famiglia, inclusa la sorella piccola, era morta sotto i bombardamenti di Belgrado condotti dall'aviazione statunitense. I genitori erano degli immigrati dell'ex Unione Sovietica. Il cognome Markov era molto comune in Russia, significa "figlio di Marco" e sta a indicare un lontano avo che diede il nome all'intera stirpe. In serbo si dice Markovic, ha lo stesso significato, semplicemente bisogna aggiungere il suffisso "ic". Dragan lo scelse per mantenere le sue radici. Crebbe imparando sia il russo sia il serbo, ma nessuna delle due lingue lo aiutò a salvare la sua famiglia.

Prese il portafoglio dalla tasca della giacca ed estrasse una foto sbiadita dal tempo. Lui, così alto e grosso, era posizionato dietro ai due genitori che abbracciavano la sorellina piccola in prima fila. Sentì qualche timido botto di fuochi d'artificio. Il Capodanno del 2000 veniva celebrato in modo sfarzoso in quasi tutto il mondo, ma non lì. Belgrado era triste, ferita, con tanti dei suoi edifici rasi al suolo. Dragan fece allora un giuramento, fumando davanti alla Sava.

L'America aveva ucciso la sua famiglia e per questo, un giorno, gli Stati Uniti avrebbero pagato caro.

- 16 -

Dragan Markovic non era solo alto, aveva un fisico possente. Aveva passato i quarant'anni e portava i capelli corti come al tempo del servizio militare in Serbia. Erano un po' meno scuri, si vedeva qualche ciuffo brizzolato qua e là e l'attaccatura era arretrata un paio di centimetri, il che faceva sembrare il naso ancora più grosso di quel che fosse. Tra le sue numerose abilità, Markovic era esperto in tecniche di combattimento e spionaggio. Non a caso aveva colto l'attimo esatto in cui azionare il suo piano allo zoo di Washington.

Blake riaprì gli occhi un istante dopo i due spari, il capitano Freeman era ancora ad alcuni passi di distanza e brandiva la sua arma. C'era però una seconda pistola fumante che spuntava sotto alla sua spalla e mirava dritto alla tempia del figlio. Blake, di riflesso, strinse il braccio portandoselo al corpo e si ritrovò la pistola nell'ascella. Senza fare alcuna resistenza, Markovic aveva lasciato l'arma ed era indietreggiato di un passo alzando le mani.

«Calma amico, sono un agente federale. Ti stava per sparare» sussurrò il colosso. Il gigante adesso era sotto il tiro della propria pistola, finita in mano al tenente. Blake era confuso. Questo bestione gli aveva appena salvato la vita, eppure gli era parso che subito dopo avesse puntato l'arma contro Franco. Non ebbe il tempo di ragionare prima di essere travolto con la veemenza di un autocarro. Il capitano Freeman, con la sua stazza robusta, si schiantò contro la schiena del detective trascinandolo con sé nella sua corsa scoordinata. Sanguinava dal petto e si aggrappò a Blake per non cadere. L'inerzia di quel vecchio bisonte scaraventò i due corpi avvinghiati contro la balaustra della fossa delle tigri. Blake riuscì ad aggrapparsi alla ringhiera, nel farlo però dovette rinunciare alla pistola che cadde di sotto. Freeman era ancora lì, attaccato a lui, in bilico sul parapetto con una smorfia di dolore a deformargli il volto.

«Mi dispiace, Billy» disse, sputando sangue dalla bocca.

«Guarda nel...» provò a dire qualcosa, ma le parole gli si strozzarono in gola, soffocate dal suo stesso sangue.

Blake, disorientato, si liberò del peso del capitano e si rimise in piedi lasciando Freeman aggrappato alla balaustra. Si guardò intorno alla ricerca del figlio, la gente intorno a lui era come impazzita, correva in tutte le direzioni urlando a squarciagola.

«È stato lui a sparare, l'ho visto con la pistola in mano!» urlò un teenager brufoloso mentre scappava, puntando il dito verso Blake.

No, non sono stato io! pensò lui tra sé e sé, ancora frastornato. Poi vide Franco rannicchiato con la schiena appoggiata contro il muretto di cemento. Aveva le mani alle orecchie e gli occhi chiusi, mentre il suo misterioso salvatore si era allontanato e stava parlando a una trentina di metri di distanza con una guardia grassoccia di mezza età. Markovic gli mostrò il tesserino e indossò una giacca a vento che portava legata alla vita. Sull'indumento era scritto grande in giallo "US ARMY" nel mezzo della schiena. Sotto, un sigillo circolare rappresentava una chiave d'oro incrociata ai due lati da un fulmine e una torcia, entrambi bianchi. I tre oggetti erano su uno sfondo circolare blu con il bordino giallo.

Markovic faceva parte di un'unità speciale di controspionaggio della US Army volta a condurre attività di identificazione e neutralizzazione dell'intelligence nemica, di organizzazioni con scopi terroristici e di eventuali minacce alla stessa

US Army e al dipartimento della difesa degli Stati Uniti d'America. A seconda delle funzioni, ad alcuni elementi di questo gruppo speciale viene conferito il titolo di *Counter Intelligence Special Agent* (CISA) e lo status di personale addetto alle forze dell'ordine federale.

Non potendo udire la conversazione tra Markovic e la guardia dello zoo, Blake si limitò a giudicare la loro gestualità. La guardia prese la pistola in mano e annuì all'agente federale, voltandosi verso Blake. Lui dovette prendere una decisione alla svelta, così fece alzare il figlio tra le grida di altri visitatori che puntavano il dito nella sua direzione e in tono fermo disse: «Franco, dobbiamo andar via alla svelta!»

Nel correre diede uno sguardo alla recinzione dove aveva lasciato Freeman, ma vide solo una striscia di sangue sulla ringhiera di metallo. Markovic invece approfittò del caos per rimettersi in macchina e si apprestò a uscire dallo zoo mostrando nuovamente le sue credenziali di CISA.

Una volta sulla Connecticut Avenue indossò quella strana protesi di silicone a forma di orecchio e ripristinò una connessione criptata con il suo misterioso interlocutore.

«Missione compiuta. Il bersaglio è stato eliminato e sembrerà come se sia stato stato Blake a ucciderlo.»

Non si potevano più fidare del capitano Freeman, aveva cominciato a mostrare segni di pentimento e al tempo stesso Blake era divenuto un ostacolo pericoloso. Questa operazione mirava a cogliere due piccioni con una fava. Markovic e il suo interlocutore avevano una missione critica da svolgere nella quale Freeman e Blake erano diventati un danno collaterale tollerabile.

«È stato un lavoro pulito, tra poco lo sentirai sui notiziari. Troveranno le impronte di Blake sull'arma che ha sparato a Freeman. Ho coinvolto la sicurezza dello zoo dicendo che l'ho visto sparare, ma anche diversi visitatori urlavano e indicavano convinti anche loro che fosse stato lui a fare fuoco. C'era gente che riprendeva con i telefonini, così su due piedi direi che è fottuto!»

«Ottimo lavoro Dragan, abbiamo quasi finito. Ascolta attentamente, ecco cosa devi fare adesso...»

***

«Salta su!» ordinò Blake al figlio, accendendo il motore della sua Vespa. Il cancello sud-est dello zoo su Harvard Street e Beach Drive era poco distante, e per due tipi atletici come i Blake fu semplice raggiungerlo di corsa prima che il parco venisse chiuso. Lo scooter si muoveva con agilità nel traffico. Sotto il ponte Taft sentirono le sirene delle auto della polizia sfrecciare verso nord sopra le loro teste sulla Connecticut Avenue.

Mentre guidava, Blake si chiese come avesse fatto Freeman a capire che l'appuntamento col figlio fosse al padiglione dei grandi felini. Di certo non poteva aver decifrato l'indovinello astronomico, l'unica possibilità era che stessero tracciando i suoi movimenti, probabilmente tramite il cellulare. Si fermò in una stradina appartata e gettò sia il telefono suo che quello di Franco in un cestino. Grazie alla versatilità dello scooter erano riusciti a percorrere vie secondarie e in pochi minuti raggiunsero l'unica meta vicina e sicura che venne loro in mente. Si trattava di una libreria indipendente con caffetteria annessa, situata sulla Connecticut Avenue nei pressi di Dupont Circle, un negozio storico e iconico a Washington. Al suo interno, Alice Campbell stava camminando con una pila di libri tra le mani per rimetterli negli scaffali. Molti clienti erano soliti sfogliare i volumi mentre consumavano i prodotti della caffetteria per poi andarsene senza acquistare i libri. Infatti, i proventi della caffetteria erano ormai di gran lunga superiori a quelli della libreria e costituivano il vero business dell'esercizio commerciale.

Alice riconobbe subito i volti delle due persone che entrarono trafelate nel negozio. Billy e Alice si erano frequentati per un po' dopo che lui era rimasto vedovo, dopodiché decisero che era meglio se fossero rimasti solo amici. Lei era una delle poche persone di cui Blake si fidava ciecamente, lui le prese la pila di libri dalle mani e la poggiò su un tavolo. Con l'amica sottobraccio, sussurrò che doveva parlarle di una cosa urgente. I due si appartarono, lasciando il ragazzo a sfogliare con mani ancora tremanti, i volumi nella sezione di astronomia. La ragazza aveva già capito che si trattava di una cosa seria vedendo il colletto della camicia insanguinata.

Si sedettero a un tavolino e lui le fece un riassunto veloce della situazione, ci sarebbe voluto troppo tempo a raccontarle tutto quello che gli era capitato negli ultimi due giorni. Nel frattempo, tra i clienti della libreria si stava già spargendo la notizia dell'incidente accaduto allo zoo, a pochi chilometri di distanza. Le persone nel negozio smisero di leggere i libri e s'incollarono ciascuno al proprio cellulare alla ricerca di notizie. Finalmente una cameriera sintonizzò la TV della caffetteria sul canale delle news, erano trascorsi meno di quindici minuti dall'incidente ma già si sapeva quasi tutto. A differenza di quanto era accaduto nella centrale di polizia nel Maryland, la sparatoria allo zoo era avvenuta all'aperto, in una zona affollata. E se nel primo caso la polizia era riuscita a contenere l'evento dai media, in quest'ultima circostanza la scena era stata filmata da una decina di smartphone. Alcuni di questi video erano già online sui social media e furono acquisiti immediatamente dai network d'informazione televisiva. Sul canale sintonizzato nella TV della libreria, il reporter di un noto broadcaster avvertì che le scene che stavano per andare in onda non erano adatte a un pubblico sensibile. Una breve sequenza d'immagini sfuocate mostrava i resti di un corpo umano nella fossa delle tigri, prima che venisse coperto da un telo. Il giornalista spiegò che l'istinto materno della tigre che svezzava i cuccioli si era sentito minacciato dall'intrusione improvvisa di un umano nella loro tana. Dopo esser stata colpita da due spari, la vittima era caduta nel fossato e così facendo aveva risvegliato l'istinto feroce della belva tenuta in cattività. Prima che gli addetti dello zoo fossero in grado di controllare il grosso felino, la belva aveva già fatto a pezzi la sua preda. Le immagini furono stoppate non appena si vide la tigre avventarsi sul corpo del malcapitato, lasciando il resto all'immaginazione del telespettatore. Purtroppo, la concezione moderna del bioparco di Washington che elimina le tradizionali gabbie per rispetto agli animali non poteva prevedere questo evento straordinario.

Blake seguì il video scioccato; quando era scappato dallo zoo di fretta con il figlio, non aveva capito cosa fosse successo al suo capo. Seguì un breve comunicato del direttore dello zoo che rivelò come diversi testimoni avevano visto qualcuno sparare alla vittima prima che cadesse nel fossato. La caccia al killer era già iniziata.

Era la seconda volta che qualcuno aveva provato a uccidere Blake quel giorno, ed era chiaro che il detective fosse stato trascinato nella spirale di una congiura letale. L'identità del capitano Freeman presto sarebbe stata rivelata e a quel punto tutti avrebbero potuto collegare il delitto allo zoo con la sparatoria di quella mattina alla stazione di polizia nella contea di Charles, dove Freeman lavorava. Forse anche la storia del suicidio sul Potomac Bridge del giorno prima sarebbe venuta a galla. A quel punto, non si sarebbe più potuto parlare di semplici coincidenze. Non si trattava più di atti isolati di violenza metropolitana, ma di uno schema criminale organizzato. Purtroppo per Blake, lui era l'unico filo conduttore in tutto questo. Immaginò come i media avrebbero trattato il suo profilo, e di certo la fuga dallo zoo non deponeva a suo favore. Senza contare che erano in America e l'opinione pubblica sarebbe insorta, la società non si sarebbe placata finché la giustizia non le avrebbe dato in pasto un colpevole. Anche un capro espiatorio, se necessario.

Non dovette aspettare molto per avere una risposta, un'immagine si fece spazio nei suoi pensieri.

«Indossava dei guanti!»

«Cosa, chi?» disse Alice, confusa.

«Il tizio alto della US Army che ha sparato a Freeman. Indossava dei guanti di lattice trasparenti.»

Chiuse gli occhi e rivide Markovic con le mani alzate dopo che gli aveva sfilato la pistola. Aveva dei guanti da chirurgo.

«Ecco perché mi è venuto addosso da dietro e ha fatto fuoco da sotto la mia ascella. Non voleva salvarmi, voleva incastrarmi.» *Cazzo...*

Blake pensò all'arma del delitto caduta nel fossato dei felini. La scientifica avrebbe trovato le sue impronte sull'impugnatura, il gioco era fatto.

Avranno il loro capro espiatorio!

Il conduttore del notiziario riprese la linea per annunciare che la vittima era stata identificata come Roger Freeman, capitano della sezione omicidi nella centrale del Maryland dove era avvenuta la sparatoria quella mattina e nella quale erano morte altre due persone. Le foto del pregiudicato Jamal Jones e dell'agente di polizia Brian Carter comparvero sullo schermo della TV: la bomba era stata innescata, adesso tutti avrebbero collegato gli elementi di quelle morti.

Il giornalista spiegò di nuovo le dinamiche. L'agente Carter era stato ferito da Jamal Jones e trascinato nell'ufficio di William Blake, tenente della squadra omicidi in quella stazione di polizia. Ne scaturì una lotta nella quale Jones uccise Carter, prima che Blake a sua volta uccidesse il pregiudicato per legittima difesa.

«Presumibilmente» aggiunse il conduttore in TV, «perché le due vittime nel Maryland sono morte nell'ufficio del tenente dietro a una porta chiusa, senza quindi testimoni oculari. Adesso il mistero s'infittisce poiché la vittima allo zoo, il capitano Roger Freeman, era il superiore di Blake.»

«Ma perché ci focalizziamo sul tenente Blake? Perché era anche lui presente allo zoo» enfatizzò il giornalista mentre apparve sullo schermo una foto di repertorio di Blake. A quel punto partì un altro video amatoriale che ritraeva due persone avvinghiate l'una all'altra. I due penzolavano da una recinzione e da un fermo immagine zoomato sui volti, si vide chiaramente la faccia di Blake. Il video ripartì mostrando Blake divincolarsi e avvicinarsi a un ragazzo seduto a terra.

«È stato lui a sparare!» si sentì un urlo di sottofondo. Poi le immagini ritrassero i due che scappavano a gambe levate.

Almeno adesso Blake non aveva più dubbi. L'unica chance di provare la sua innocenza era andare in fondo alla faccenda, e c'era solo una persona in grado di aiutarlo.

«Alice ti supplico, ho bisogno che ti prenda cura di Franco. Devo incontrare una persona, l'unica a questo punto che mi può dare una mano a risolvere questo casino, e mi devo sbrigare. Temo che anche lei, come me, sia in grave pericolo. Puoi tenere Franco per stanotte?»

«Certo, Billy. Puoi contare su di me, però fai attenzione!»

Mise sul tavolo un paio di occhiali da sole che teneva in tasca. Un consiglio silenzioso di nascondersi il viso.

Fortunatamente Franco non aveva visto la TV, era ancora assorto nella sezione di astronomia.

«Ho dovuto sbarazzarmi dei nostri telefoni, erano sotto controllo, ma troverò il modo di farmi vivo. Conosco il tuo numero a memoria» le disse, accarezzandole il viso. Lei sorrise dolcemente. Poi Blake prese una penna e scrisse alcune parole e un numero di telefono su un fazzoletto.

«Appena esco, manda questo messaggio scritto esattamente così a questo numero. Se sono fortunato, il destinatario capirà. Non vorrei che anche il suo telefono fosse controllato.» Fece una piccola pausa e sorrise: «Sono certo che tu capiresti!»

Alice lesse il testo e sogghignò. Conosceva Billy da molti anni, e il gioco di parole a lei risultò evidente. Poi Blake s'infilò gli occhiali da sole e le diede un bacio sulle labbra.

«Grazie Alice.»

Uscì senza che Franco se ne accorgesse.

- 17 -

La cabina dell'ascensore si aprì dinanzi a un lungo corridoio. Proveniva da un parcheggio interno e si trattava di un percorso segreto, accessibile solo previo riconoscimento dati tramite uno scanner biometrico. Un individuo coperto da una tuta a rischio biologico giunse davanti a una porta molto particolare. Era di un materiale sintetico ad alta densità simile al Kevlar, ma molto più resistente; una fibra sviluppata per corazze da combattimento, come i polimeri utilizzati per la serratura, composta da una serie di cilindri che si innestavano nel muro, nel pavimento e nel soffitto. Questi speciali materiali, molto più resistenti dell'acciaio, rendevano la stanza virtualmente impenetrabile. Un altro scanner biometrico richiese la lettura delle impronte digitali dopo aver digitato un PIN a sei cifre. L'individuo mise due polpastrelli sul display, e una luce verde lampeggiante anticipò la scritta:

Marcus Whiterman – Accesso Consentito –

Quel portone composto da fibre di plastica indistruttibili si aprì, e l'uomo con la tuta varcò la soglia mentre s'infilava in tasca una bustina da freezer.

Sul pavimento della stanza buia si propagava una lama di luce che, dal corridoio, andava a morire su una rotella. Questa, montata su un piedino, cominciò a saltellare sul pavimento, poi l'uscio si richiuse automaticamente e solo allora si accesero le luci della sala.

Seguirono dei lamenti strozzati da uno strofinaccio ficcato in gola finché quella persona, esausta e senza fiato, si arrese abbandonandosi ad affannosi respiri del naso.

La *Volta* di ASTEC Labs non era una semplice sala, era formata da un reticolo di stanze a compartimento unite da un corridoio circolare. Il percorso segreto effettuato dal tizio con la tuta integrale bypassava la sorveglianza perimetrale all'edificio di ASTEC e s'innestava direttamente in una di queste stanze. Si trattava di un laboratorio completamente vuoto, a eccezione di un unico pezzo di mobilio posto al centro della piccola sala: un lettino, su cui era legato un uomo nudo e imbavagliato. Non era però un lettino qualunque. Era fatto interamente di plastica, dal cuscino al telaio, compresa la più piccola delle viti. Quattro cinte di materiale sintetico tenevano l'uomo legato ai polsi e alle caviglie in posizione supina mentre un quinto legaccio, posizionato all'altezza della fronte, era stato lasciato slegato e gli permetteva di alzare il collo e guardarsi intorno.

«Ciao, Vasilios!»

L'uomo col bavaglio, incapace di parlare, rispose con uno sguardo terrorizzato.

«Ti era stata chiesta una cosa molto semplice: recuperare un magnete con l'immagine di una spiaggia esotica con la scritta "*I love you*" scavata nella sabbia.»

«Mhmm...» fece Vasilios, annuendo con la testa. La persona con la tuta accanto a lui estrasse dalla tasca il souvenir magnetico sottratto a casa della Westlake.

«Per quanto la forma del magnete e il soggetto della foto siano molto simili, la scritta su questa spiaggia dice "*I love Barbados*" e non "*I love you*", siamo d'accordo?» chiese stizzito, mettendogli l'oggetto dozzinale sotto al naso. «Come saprai, ci sono persone che rischiano la vita ogni giorno per assicurare la libertà e la sicurezza della propria nazione. Sono cose che non si possono dare per scontate, il pericolo è sempre dietro l'angolo.»

La testa di Vasilios ruotò da destra verso sinistra cercando di seguire la tuta bianca che si muoveva intorno al lettino durante il monologo. A un certo punto scomparve dal suo campo visivo; era proprio dietro di lui, dove Vasilios non poteva arrivare con la torsione del collo. Due mani possenti lo afferrarono per il mento forzandogli il capo sul poggiatesta cavo, come nei lettini dei massaggiatori. Nonostante i mugolii, anche la testa di Vasilios venne bloccata dall'ultima cinghia, stretta sopra la fronte.

«Siamo vicini a una scoperta che cambierà il mondo sotto tutti i profili. Da una nuova fonte di energia pulita e rinnovabile fino a una innovativa concezione dei trasporti, ultraveloci e privi di attrito. Senza contare le nanotecnologie e le applicazioni in campo biomedico. Le possibilità di sviluppo sono quasi infinite. La razza umana finalmente potrà contare su una risorsa nuova, formidabile, inesauribile. Nulla sarà più come prima!»

Vasilios ascoltava il sermone fissando il soffitto, il suo stato d'animo oscillava tra l'impotenza e il terrore.

«È difficile dare un valore a questa scoperta. Oggi magari vale centinaia di milioni, domani chissà, forse miliardi. Ma il punto non è solo il prezzo, è il significato strategico di questa invenzione perché potrebbe ridisegnare la geografia del potere nel pianeta. Sei d'accordo?»

Vasilios strizzò gli occhi, impotente.

«Oh, hai ragione, perdonami. Il collo ora è fuori uso. Bella la tua idea… Una strizzata singola per il sì e una doppia per il no, ok?»

Vasilios chiuse gli occhi una volta.

«Direi che è inutile discutere del tessuto geopolitico mondiale con uno che non distingue neanche un souvenir da un'invenzione formidabile. Chiaramente sei troppo stupido, rimaniamo invece sui soldi.» Si mise una mano in tasca ed estrasse due monete. Le sovrappose tenendole tra pollice e indice per mostrare a Vasilios che sembravano identiche.

«Guarda questi due penny, ti sembrano uguali?»

Vasilios ci pensò su un attimo, poi rispose di sì strizzando una volta gli occhi.

«Vedi, sei un superficiale, non lo sono affatto! Una moneta è un centesimo di dollaro americano mentre l'altra sono cinquanta copechi russi. Sembrano uguali a colpo d'occhio e siccome sono entrambi privi di sostanziale valore, la gente non presta attenzione alle differenze, proprio come hai fatto tu con i due magneti.»

Le due monetine avevano un colore bronzeo simile e all'incirca lo stesso diametro di diciannove millimetri.

«I dettagli contano, Vasilios. Due magneti simili, eppure uno non vale nulla e l'altro, be', diciamo che presto varrà quanto Facebook perché cambierà il mondo più di quanto abbia fatto Zuckerberg con la sua piattaforma.»

Diede una pacca amichevole sulla spalla del prigioniero e riprese il suo monologo.

«A proposito di Facebook, il problema è che l'America pensa che la guerra fredda sia finita trent'anni fa. Da allora questo Paese si è ammorbidito, basti pensare che le compagnie di social media oggi valgono molto più delle banche o di quelle aziende che costruiscono aerei e missili. Gli americani negli anni si sono preoccupati di postare i loro stati, i loro tweet e le loro story, dopo che un gruppo di beduini gli ha rubato degli aerei sotto al naso, schiantandoli contro i principali simboli di potere e ricchezza della loro nazione. Colpendo le Torri Gemelle e il Pentagono, Al-Qaeda li ha ridicolizzati in pochi minuti davanti al mondo intero, eppure i politici americani vanno davanti alle telecamere a dire che gli Stati Uniti proteggono la libertà del mondo. Figurati, non sono in grado di proteggere neanche il recinto della Casa Bianca. Lo sai che hanno permesso al primo fesso di schiantarsi con un aeroplanino nel prato davanti alla casa del loro presidente? Sembra impossibile, invece è successo davvero[5].»

5. Il 12 settembre 1994, durante la presidenza Clinton, il pilota Frank Corder schiantò indisturbato un Cessna sul prato a pochi metri dalla Casa Bianca causando l'imbarazzo dei servizi segreti statunitensi in tutto il mondo.

Vasilios rise non sapendo cos'altro fare. Sperava di compiacerlo, in realtà era spaventato come un coniglio.

«L'arroganza dei leader americani è accecante, non saprebbero distinguere una buca nel terreno dal loro buco del culo! Ma cambiamo discorso, dimmi un po', hai mai sentito parlare di Duško Popov?»

Vasilios chiuse e aprì gli occhi due volte a indicare "no".

«Era una spia durante l'ultimo conflitto mondiale. Fu arruolato dai nazisti nella Abwehr, il servizio di spionaggio militare per il Reichswehr e la Wehrmacht, ma faceva il doppio gioco per l'MI5 britannico. I Nazisti lo mandarono in Inghilterra sotto copertura, come figlio di una ricca famiglia serba faceva la bella vita tra puttane e casinò. Durante una missione in Portogallo conobbe la sua controparte nazista e fu notato per aver vinto una grossa somma di denaro al casinò dell'Estoril. Un bluff ben giocato in una mano di poker contro il suo acerrimo nemico, un ricco lituano di nome Bloch. Si dice che uno degli agenti al servizio segreto di sua maestà presenziò alla scena e prese l'ispirazione per un suo personaggio fittizio. Il nome dell'agente segreto era Ian Fleming e il suo personaggio fittizio, neanche a dirlo, James Bond, che infatti debuttò nel film *Casino Royale*. Una storia fantastica, non trovi? Te l'ho raccontata perché c'è un'analogia con la nostra situazione. Vedi, Vasilios, anche io provengo da una famiglia serba. Sono venuto qua come rifugiato dopo le guerre che sono scaturite dal collasso della Jugoslavia. Tutti hanno stigmatizzato le atrocità della cosiddetta pulizia etnica serba, ma nessuno ha menzionato le stragi di civili nei bombardamenti dell'ONU. I missili americani hanno ucciso la mia famiglia e i miei amici, però si parlò di "danno collaterale". E così sono diventato cittadino americano, solo per poter coltivare meglio il mio odio per questo Paese. Sai come si dice, tieni gli amici vicini e i nemici... ancora di più! Ho cominciato a lavorare per la US Army e pian piano ho conquistato la fiducia del governo fino al punto che sono diventato un agente del controspionaggio. Ora sono invischiato con molti segreti di questa nazione e proprio come Popov, ho sempre fatto il doppio gioco per un altro Paese. Come il suo bluff al casinò dell'Estoril, ora è arrivato il mio momento di giocarmi l'asso nella manica! Quel magnete che dovevi recuperare è l'asso, ma la tua stupidità rischia di compromettere tutto.»

Vasilios stava sudando, logorato dall'ansia e dalla paura.

«C'è un altro motivo per cui ti ho fatto l'analogia delle due monete con i due magneti che hai scambiato per errore. Hai mai sentito parlare di Caronte e dell'obolo per attraversare l'Acheronte?» Nel fargli la domanda gli chiuse le palpebre con due lembi di nastro adesivo e ci posizionò sopra le due monetine color bronzo.

«Lo so, lo so, non puoi più neanche rispondermi sì e no strizzando gli occhi, ma la mia era una domanda retorica, sei greco e tutti in Grecia conoscono la mitologia. Saprai certamente che Caronte era il traghettatore delle anime defunte per conto di Ade, il dio dell'oltretomba. Le trasportava attraverso il fiume Acheronte che separava, appunto, il mondo dei vivi da quello dei morti. Secondo alcuni autori il costo della traversata era di due monete, poste sopra gli occhi dei cadaveri. Coloro che non potevano permettersi di pagare erano costretti a vagare sulle rive del fiume a dannarsi per l'eternità.»

L'uomo con la tuta integrale attraversò un pannello di plastica trasparente antisfondamento che conduceva a una postazione di controllo. Azionato un comando, una spia rossa accompagnata da un allarme sonoro allertava la presenza di materiale metallico nel laboratorio.

«Ti confesso un segreto che il governo americano non sa» disse parlando adesso attraverso un microfono dalla sala attigua. «Sono serbo, come Popov, ma la mia famiglia è russa. I miei genitori hanno cambiato il cognome da Markov a Markovic quando si sono trasferiti a Belgrado. Ho vissuto la Perestroika, il collasso del muro di Berlino, e infine ho visto il mondo celebrare la fine della guerra fredda. Ma la guerra fredda non è mai finita, Vasilios. Tutti pensano sia stata solo un braccio di ferro finito con un grande stallo tra Stati Uniti e Russia, in realtà è stata una partita a scacchi lasciata in sospeso. O se preferisci una maratona notturna, corsa al buio negli ultimi trent'anni, lontano dai riflettori. Adesso siamo finalmente arrivati al rettilineo finale ed è ora di scommettere su chi vincerà. Dopotutto, abbiamo cominciato parlando di Popov e di gioco d'azzardo ed è giunto il momento di chiudere il cerchio.»

«Imeyte bezopasnoye puteshestviye domoy. Vashe peresecheniye oplachivayetsya» disse Markovic in russo, – *Fai buon viaggio. Il tuo biglietto è pagato.*

Spinse un bottone e il centesimo americano fatto di zinco ricoperto di rame, un metallo diamagnetico, vibrò sulla palpebra di Vasilios senza muoversi. I cinquanta copechi russi invece, fatti di acciaio placcati in rame, erano composti da un metallo ferromagnetico. Il poggiatesta cavo dov'era posizionata la testa di Vasilios si trovava sopra a una speciale placca inserita nel pavimento. I cinquanta copechi furono attratti dal potentissimo campo elettromagnetico e, attraversando la cavità orbitale, gli trapassarono la nuca proprio sotto la base del cranio. I lamenti imbavagliati di Vasilios cessarono all'istante, non appena la moneta russa, coperta di sangue e materia cerebrale, aderì alla placca sul pavimento.

«È la risposta che cercavi, Vasilios. I russi hanno tagliato il traguardo della corsa mentre gli americani sono rimasti fermi a preoccuparsi dei loro *tweet* e delle loro *story*. Simili ma diversi, le due monete come i due magneti. Spero tu abbia imparato la tua ultima lezione.»

Il campo magnetico generato da quella placca era solo una frazione di quello prodotto dal formidabile prototipo rubato. Terminata la dimostrazione, Markovic si avvicinò allo scanner biometrico e aprì la busta da alimenti per freezer che aveva in tasca. Estrasse due falangi di dita umane e appoggiò i polpastrelli sopra al lettore digitale. Il display s'illuminò di verde:

Marcus Whiterman – Accesso Consentito –

Il portone si aprì e il colosso serbo si apprestò a uscire dalla stanza. Con la sua falcata percorse in pochi passi il tortuoso corridoio che lo riportò all'ascensore. Era tempo di dirigersi verso la sua prossima meta e rimediare all'errore commesso da Vasilios.

- 18 -

Blake aveva parcheggiato la Vespa sulla stradina di fronte alla porta d'ingresso del villino della Westlake. Non era lecito farlo, il regolamento condominiale permetteva di accedere all'area giardino solo a biciclette e pedoni, ma lui era pur sempre un poliziotto, senza contare che aveva già commesso svariate infrazioni ben più gravi pur di sbrigarsi.

Erano le 6 passate e il sole era ancora abbastanza alto nel cielo sopra Washington, questa giornata di fine estate sembrava non finire mai. Tess aprì la porta sconvolta.

«Oh mio Dio Billy, che è successo allo zoo? È su tutti i canali! Ho ricevuto il tuo messaggio, ti stavo aspettando.»

Un quarto d'ora prima, la Westlake aveva ricevuto uno strano messaggio da un numero sconosciuto. Il testo diceva:

"*Hai sentito dell'incidente con la tigre allo zoo? Ci vediamo tra poco a casa. Per cena c'è l'agnello.*"

Il gioco di parole inizialmente le era sfuggito, e aveva pensato a un errore. Blake però voleva restare nell'ombra. Tess lo rilesse, e a quel punto la parola *agnello* saltò fuori dal testo. *The Tyger and The Lamb*, appunto La Tigre e L'Agnello, era il titolo che il visionario poeta inglese William Blake diede a due capolavori nella sua celebre raccolta "*Songs of Innocence and Experience*". Il messaggio non era un errore, l'omonimo tenente voleva informarla che stava per arrivare.

«Non gli ho sparato io Tess, lo giuro. Sono veramente innocente come l'agnello della poesia!» disse lui, accennando un timido sorriso di condiscendenza. Sembrava sincero e lei era certa che le tante disavventure che entrambi avevano vissuto fossero un'ulteriore prova della sua innocenza. Si scansò dall'uscio indicando l'attaccapanni, Blake varcò la soglia e appese il casco su un gancio.

Il trilocale era moderno e confortevole, arredato con un gusto eclettico. A Tess piaceva viaggiare e il suo modo di commemorare l'11 settembre l'aveva portata in giro per il mondo. C'era un papiro egizio incorniciato sul muro, un busto romano in un angolo e il salone era illuminato da un boomerang australiano adattato a forma di lampadario che scendeva dal soffitto. Blake si aprì la giacca mostrando il colletto della camicia insanguinato.

«Billy, sei ferito!»

«No, non è mio. Il sangue è del capitano Freeman.»

«Aspetta, così mi spaventi.» Puntò di nuovo il dito, questa volta verso il bagno. Lei sparì solo per un attimo, ripresentandosi con una maglietta e una felpa da uomo.

Si sedettero sul divano, la TV era già accesa sul notiziario e Blake le raccontò gli eventi da quando si erano lasciati alla stazione di polizia di La Plata. Sembrava una vita fa, eppure si trattava solo di qualche ora. L'unico dubbio riguardava quel tizio alto della US Army. Non tanto sul fatto che lo volesse incastrare, di quello ne era ormai certo, ma quel logo circolare sulla giacca a vento Blake non lo aveva mai visto prima. Google restituì subito un'immagine alla loro ricerca: una chiave dorata incrociata a un fulmine bianco e una torcia bianca. Si trattava di un'unità speciale dell'esercito. L'uomo non era un semplice soldato, era un agente speciale del controspionaggio.

Il tempo trascorse rapidamente tra racconti, ricerche e le tante domande di lei a cui lui rispose puntualmente. Quando finalmente la Westlake stava per dirgli dell'intrusione in casa sua, il conduttore del notiziario annunciò che lo sceriffo della stazione di polizia intorno alla quale ruotavano tutti questi delitti stava per fare una dichiarazione. La linea passò al reporter nella sala riunioni della centrale proprio quando lo sceriffo salì su un palchetto allestito per la conferenza stampa. Blake notò la fatica sul volto di quell'uomo dall'aspetto autorevole. Fece un breve discorso, chiudendo con frasi di circostanza che ricordavano le famiglie delle persone tragicamente scomparse. Disse che Freeman e Carter erano entrambi stimati colleghi e avrebbero rappresentato una dura perdita per il suo distretto. Nel rispondere alle domande sulle dinamiche degli incidenti, lo sceriffo spiegò come le indagini fossero ancora in corso. Era riuscito a rifugiarsi dietro ai canonici «stiamo vagliando tutte le piste» e «non escludiamo ancora nulla», quando un giornalista particolarmente aggressivo riuscì ad avvicinarsi al palchetto e gli fece una domanda a bruciapelo, proprio mentre stava scendendo dal podio.

«Sceriffo, salve. Considerando i fatti, non trova più opportuno usare le parole "sospetto omicida" nel riferirsi al tenente Blake? Prima le due morti nel suo ufficio con la porta chiusa, poi la fuga dallo zoo dopo la morte del capitano Freeman. A me sembra proprio un fuggitivo, o sbaglio?»

La voce alta del reporter sovrastò il brusio nella stanza, tanto da far calare d'improvviso un agghiacciante silenzio. Lo sceriffo fece una piccola pausa sui gradini, il tono era chiaramente provocatorio, ma lui incassò il colpo come un pugile e scese dal palco senza aggiungere altro. Il reporter si fece sotto come un mastino che punta la preda.

«Anche se il detective Blake è un altro membro del suo dipartimento, non pensa che ci debba rispondere quantomeno per rispetto delle vittime e dei loro familiari che adesso ci guardano e compiangono i propri cari?»

«Fantastico! Chi è questo stronzo, adesso? Ci mancava solo lui!» esclamò Blake.

Una smorfia di disgusto si dipinse sul volto di Tess, continuava a incrociare la sua strada con quell'omuncolo misogino. «Si chiama Scott Riley, è un cronista d'assalto e venderebbe la madre per uno scoop. Lo conosco bene, è un vero pezzo di merda. Abbiamo un vecchio conto in sospeso...»

A questo punto, lo sceriffo non poté più nascondersi. Si voltò guardando Riley negli occhi: «Il tenente Blake ha un passato impeccabile con noi. Tuttavia, se ha scelto di abbandonare la scena del delitto senza confrontarsi con le autorità ne dovrà rispondere. Potete essere certi che sarà fatta giustizia» tuonò prima di voltarsi. Il fragore riprese nell'aula con i giornalisti che provarono a incalzare, ma lo sceriffo non rispose ad altre domande.

Westlake e Blake restarono in silenzio a fissare lo schermo. Sebbene se lo aspettasse, sentirsi dire dal proprio sceriffo in TV che era formalmente ricercato per omicidio lo aveva lasciato di stucco.

Il sergente Miller gli aveva detto che Jamal Jones era in possesso di una chiave originale del dipartimento con cui era riuscito ad aprire le manette prima di scatenare l'inferno dentro il comando di polizia. Il criminale aveva chiaramente agito con il supporto di una talpa dentro la centrale, e Blake aveva dedotto che il traditore fosse proprio il capitano Freeman. Bisognava provarlo, era quella la via per dimostrare la sua innocenza.

Fu la giornalista a rompere il silenzio.

«Billy, anche io ho qualcosa da dirti. Penso di sapere perché siamo invischiati in questo casino. Qualcuno si è introdotto in casa mia mentre ero con te a La Plata. Sono certa che il ladro stesse cercando l'oggetto che mi ha mandato Marcus per posta con il biglietto.»

Blake apparve confuso. La giornalista non gli aveva parlato di alcun oggetto, solo di una foto.

«Lo so, mi dispiace. Non sapevo ancora se fidarmi di te questa mattina e così non te l'ho detto. Adesso però ho capito che siamo nella stessa barca.»

«Così su due piedi direi si tratti del Titanic, dopo che ha speronato l'iceberg...» ironizzò lui a denti stretti.

Risero sommessamente, gli umori dettati dalle circostanze non permettevano di più.

«Si tratta di un magnete molto particolare e potente. Come sai, mio marito è uno scienziato e ho scoperto che il biglietto che mi ha scritto aveva un doppio significato. *Tesla*, oltre a essere il soprannome che mi ha dato, è anche l'unità di misura dei campi magnetici.» Prese il biglietto scritto di pugno dal marito e lo mostrò al tenente.

«All'inizio lo avevo letto solo come un messaggio d'affetto, poi dopo quello che mi hai raccontato del ponte Nice ho perfino pensato a una specie di addio. Aveva senso, ci siamo lasciati undici mesi fa, che infatti sono circa trecento giorni, ma con quel numero Marcus si riferiva anche ai trecento Tesla di potenza della sua invenzione. Una forza straordinaria per un campo magnetico.»

Blake seguiva a fatica. La fisica non era esattamente il suo pane quotidiano.

«Vieni, ti faccio vedere una cosa» disse lei, tirandogli il braccio.

Lo portò in cucina ed estrasse il magnete dalla tasca, puntandolo verso lo sportello del frigorifero d'acciaio. Azionò il bottone sul lato del cilindro che schizzò come un proiettile, andandosi a incollare sul frigo. Blake osservò incredulo.

«Prova a staccarlo» disse lei, porgendogli un guanto da cucina. «Ma non toccarlo a mani nude, ti ustioneresti. Una volta azionato questo bottoncino, quel coso diventa gelido. Credo si tratti di una reazione con l'azoto liquido o qualcosa del genere.»

S'infilò la protezione e provò a staccarlo, ma il cilindro sembrava saldato alla parete del frigo. Provò con più forza e il pesante elettrodomestico s'inclinò, pronto a cadergli addosso proprio com'era già accaduto a Tess.

«Lascia perdere. Bisogna spingere prima il bottoncino sul

bordo, è anche l'unico modo per spegnere quell'orrenda luce blu» spiegò lei, rimettendoselo in tasca.

«Ho fatto una rapida ricerca su Google. Una calamita come quest'altre che vedi sul frigo genera circa cinque microtesla, centinaia di volte meno di un tesla che, per capirci, è la potenza di un magnete come quelli che si vedono negli sfascia carrozze e che tirano su i rottami di macchine. Poi ci sono i macchinari per le risonanze magnetiche, che vanno dai due fino anche a dieci tesla. Immagina ora trecento tesla. A quanto pare il difficile non è tanto raggiungere quella potenza, il problema è farlo senza che poi il magnete *imploda* all'istante. È una questione di *equilibrio*, sempre per usare i termini con cui Marcus ha giocato nel suo breve testo. In sostanza, voleva dirmi che era riuscito a risolvere questo problema compiendo una scoperta clamorosa, un super magnete che potrebbe portare a sviluppi rivoluzionari per il mondo. Si tratta di una fonte formidabile di energia pulita e soprattutto perpetua!»

«Hai ragione, è incredibile, Tess! Specie in questi tempi in cui si parla dell'esaurimento dei combustibili fossili e delle difficoltà che il mondo sta affrontando nel migrare a fonti di energia rinnovabili, questa scoperta è davvero rivoluzionaria.»

«È proprio così e sicuramente ci sono un sacco di soldi in ballo, ecco perché qualcuno la vuole a ogni costo!»

«Questo spiegherebbe la scia di sangue che si sta lasciando dietro» continuò Blake, «e anche perché il governo gli stia appresso con un'unità speciale dell'esercito che si occupa di controspionaggio. D'altronde, ASTEC labs lavora col governo e sviluppa principalmente tecnologie per applicazioni militari. Forse, tuo marito aveva scoperto delle attività sospette intorno a questa invenzione e te l'ha spedita per nasconderla.»

«Mio Dio, Billy, sto ancora cercando di metabolizzare l'idea che Marcus fosse malato e si sia suicidato. Pensi ci sia stata una cospirazione dietro alla sua morte?»

«Non lo so. Qualcuno è saltato giù da quel ponte, questo è certo. L'ho visto dai video di sorveglianza con i miei occhi e ci sono anche degli altri elementi che sostengono la tesi del suicidio. Francamente, non possiamo escludere nemmeno che Marcus fosse in qualche modo invischiato in questa storia e magari si sia ucciso dopo essere stato scoperto, o magari dopo essersi pentito.»

«No, Billy. Marcus era, e fino a prova contraria è, una brava persona! Avevamo i nostri problemi e non approvavo quello che faceva per mestiere. È stato un motivo importante nella nostra separazione, ma lo conoscevo bene. Non avrebbe mai cospirato contro questo Paese. Anche se in modo indiretto, lavorava per il governo ed è sempre stato un patriota. Sono certa che mi abbia spedito il magnete per nasconderlo e proteggerlo da chi invece aveva intenzioni criminali.»

«Certo, è possibile» annuì lui, «dobbiamo scoprirlo.»

«Billy, sono preoccupata. Come dicevo prima, qualcuno si è introdotto in casa mia oggi cercando questo magnete. Deve trattarsi di un furto su commissione perché il ladro per sbaglio ha preso un magnete molto simile che avevo sul frigo, che però è un semplice souvenir. Quindi il ladro non sapeva esattamente cosa stesse cercando. Chiunque sia il mandante però, sa che ho io il magnete e probabilmente adesso si sarà accorto dell'errore. Sicuramente tornerà a prendere quello vero. Che facciamo?»

La giornalista ridisegnava con i piedi il perimetro del salotto. «Lo hai detto a qualcuno?»

«Intendi la polizia? No, volevo parlarne prima con te, ma è successo tutto così in fretta. Ne ho parlato solo con il mio amico Jeff, ti ricordi? L'avvocato con cui parlavo oggi al ristorante. Di lui mi fido ciecamente ed escludo a priori che possa essere invischiato in questa storia. Anzi, è stato lui ad aiutarmi a capire il gioco di parole nel messaggio di Marcus quando...»

La Westlake si fermò di colpo. Blake alzò lo sguardo e vide una statua di sale nel centro del salotto.

«È... è per te...» balbettò.

Perplesso, Blake prese il cellulare. A parte Alice Campbell, nessuno sapeva che lui non avesse più il cellulare o comunque che potesse essere rintracciato tramite il telefono di Theresa Westlake. Sul display era comparso un messaggio inviato da un numero sconosciuto:

"*Sei difficile da rintracciare, tenente Blake! Tu e la Westlake dovete andarvene subito da casa sua, siete in grave pericolo! Abbandonate anche questo telefono, è sorvegliato!*"

***

Rimase un istante a osservare il telefono meravigliato, non aveva idea chi potesse essere il mittente. Ad Alice non aveva fatto il nome della Westlake proprio per proteggerla; meno cose sapeva, meglio era per lei e Franco. Il dubbio, adesso, era se fidarsi o meno del messaggio. Era veramente da parte di qualcuno che voleva aiutarli o si trattava dell'ennesima trappola? Blake si portò l'indice alle labbra nel gesto di fare silenzio, poggiando con delicatezza il cellulare sul tavolino con lo schermo rivolto verso il basso.

«Ci sono dei programmi che possono attivare a distanza il microfono e la telecamera degli smartphone tramutandoli in cimici» le sussurrò all'orecchio.

Lei lo sapeva già, quello che però entrambi non sapevano era che il *Filo di Arianna* facesse molte altre cose.

Il tenente spostò leggermente il bordo della tenda alla finestra e diede uno sguardo fuori. Erano quasi le sette, ma c'era ancora parecchia luce. Scrutando i dintorni, notò una sagoma nascosta dietro un albero a una ventina di metri di distanza. L'uomo fece un segnale alla sua destra e, seguendo la direzione, Blake intravide un'altra persona inginocchiata dietro a un cespuglio. I segnali fatti con le mani erano ovvi, una persona indicava all'altra di fare il giro da dietro mentre lui sarebbe andato alla porta principale. La persona dietro al cespuglio sembrò annuire, poi entrambi si srotolarono un passamontagna sul volto. Il messaggio sul cellulare era vero. Stavano per essere attaccati e occorreva improvvisare un piano.

«Sono qui: due persone» bisbigliò nuovamente Blake. «Stanno per venire, uno qui davanti e uno dal retro.» Fece cenno di seguirlo, prese il cellulare e si diressero in cucina. Mise lo smartphone sul bancone e con un lesto movimento delle mani riorganizzò i tanti magneti sul frigo mentre diceva a voce alta: «Penso che dovremmo restare qui e capire meglio alcune cose prima di chiamare qualcuno. Serve che la nostra storia sembri reale, altrimenti non ci crederà nessuno.» Afferrò un coltello da cucina e si scansò dal frigo, consentendo a Tess di vedere che aveva riposizionato i magneti a comporre la scritta: VIA ORA.

Lei fece di sì con la testa. Afferrò il flacone di psicofarmaci sul bancone e tornò in salotto, prese il casco, e glielo lanciò tra le braccia facendo il gesto di indossarlo. Lui la guardò confuso, ma lei replicò il suo gesto portandosi l'indice alle labbra. «Ssh» mormorò, «ho un'idea!»

Si rannicchiò al suolo e diede uno sguardo dalla finestra. Un tizio col volto coperto era a una decina metri dal garage, con la mano nella tasca di una giacca rigonfia: *non un buon segno*, pensò. Tess riprese lo smartphone e aprì l'applicazione della sua Tesla S. Dal pannello di controllo poteva comandare diverse opzioni della sua futuristica vettura. Spinse un tasto e accese il motore elettrico, con un altro azionò l'apertura del garage. Mentre la serranda si arrotolava, con un altro movimento del dito sullo schermo accese i fanali abbaglianti.

L'uomo mascherato, giunto sul retro, fu accecato dalle potenti luci allo xenon. Avvertì subito con la ricetrasmittente il suo complice, che era ormai nei pressi della porta principale, e Blake dalla finestra del salotto vide quest'ultimo cambiare direzione all'improvviso e dirigersi anche lui verso il retro della casa. In quel momento Blake capì il piano geniale della giornalista. Creare un diversivo facendo credere agli assalitori che sarebbero scappati con la macchina, in modo che lasciassero sguarnito l'ingresso principale.

L'uomo di fronte al garage estrasse una pistola da sotto la giacca, la canna era allungata dall'inconfondibile sagoma di un silenziatore. A quel punto Blake aprì senza far rumore la porta davanti, ormai sguarnita, e i due sgusciarono fuori a carponi verso la Vespa.

Una prima serie di colpi precisi sibilò in aria. Il primo proiettile distrusse il fanale destro mentre gli altri due penetrarono il parabrezza dell'auto, in corrispondenza dei due sedili anteriori. Il secondo aggressore sopraggiunse poco dopo impugnando un'arma simile e sparò un primo colpo facendo esplodere il fanale rimasto acceso. Poi si avvicinò al veicolo e indirizzò altri due proiettili al parabrezza, uno per il guidatore e l'altro per il passeggero, giusto per essere sicuri. La Tesla S adesso giaceva ferma al buio, ancora con il motore acceso. I due assassini approcciarono i fianchi dell'auto e aprirono simultaneamente le portiere con le pistole in pugno, aspettandosi di trovare due cadaveri al suo interno, ma il veicolo era vuoto. Imprecarono, fissandosi stupiti attraverso i passamontagna, poi il più alto dei due si precipitò in casa dalla porta interna del garage. Una volta in cucina, notò subito la scritta fatta con i magneti sul frigo: VIA ORA.

La sgasata di un motore a scoppio, ben più rumoroso di quello elettrico della Tesla, ruggì all'esterno. L'intruso corse in soggiorno giusto in tempo per vedere dalla finestra lo scooter rosso allontanarsi a tutta birra sul prato condominiale. Fece fuoco, ma la Vespa era già fuori dal campo visivo.

«Argh!» esclamò iracondo prima di uscire dalla porta anteriore, mentre l'altro aggressore si apprestava a ripercorrere il perimetro dell'edificio. Quest'ultimo si appostò all'angolo, tenendo sotto tiro il viottolo di mattoncini che solcava il prato. Il rombo del motore rivelò l'imminente arrivo del veicolo, che a quel punto sarebbe stato un bersaglio facilissimo per lui. Ma Blake non stava percorrendo lo stradello, stava guidando sull'erba, proprio a filo del muro dell'abitazione e l'assassino fu preso alla sprovvista quando la Vespa si materializzò proprio davanti a lui. Non fece in tempo a riposizionare la pistola che Blake gli passò accanto, urtandolo. Una sensazione di bruciore improvviso gli fece cadere l'arma dalla mano. Guardò verso il punto dove avvertiva bruciore e vide sangue. Spostato lo sguardo verso la moto che si allontanava, vide Theresa Westlake seduta dietro al conducente che brandiva un grosso coltello da cucina.

Quando arrivò il secondo killer, trovò il complice in ginocchio a stringersi il polso. Sembrava pregare, poi notò il sangue sgorgare lungo la mano: tentava di fermare l'emorragia. Alzò lo sguardo sopra la testa del ferito, la Vespa rossa sfrecciava fuori dal complesso condominiale. «*Tazzina*, tutto Ok?» domandò, aiutando il complice ad alzarsi. Si affrettarono verso la propria macchina, dove il tizio sanguinante si fasciò il polso in pochi gesti e si mise alla guida. Dietro, il sicario prese una borsa lunga e stretta e se la poggiò sulle gambe stese in orizzontale sul sedile posteriore; l'unico modo, per lui, di contenere nell'auto la sua enorme mole.

«Sbrigati, sintonizzati sulla frequenza della polizia!»

Aprì la borsa e cominciò a ricomporre i pezzi di un fucile da cecchino. Le ruote sgommarono e la macchina schizzò via mentre l'uomo alla guida si levò il passamontagna mostrando un volto sfigurato. Il suo soprannome, "*Il Tazzina*", derivava proprio dalle orrende cicatrici al viso che neanche un bizzarro tatuaggio raffigurante una grossa testa di cinghiale poteva nascondere.

- 19 -

La Vespa rossa fiammante sfrecciava sulla Wilson Boulevard quando Blake passò davanti a un negozio di telefonia e inchiodò le gomme.

«Avremo bisogno di nuovi telefoni!»

Con lo sguardo basso entrò nel negozio, prese un paio di cellulari prepagati e si mise in fila per pagare. Aspettando il suo turno, il detective alzò gli occhi verso lo schermo TV posizionato sul muro dietro il registratore di cassa. Scorrevano le immagini di un notiziario. Il conduttore introdusse un ospite in studio, il dottor Paul Shulmann, professore di criminologia in una delle rinomate università della capitale americana.

«A questo punto, un altro omicidio collegato allo stesso dipartimento di polizia nella contea di Charles appare troppo strano per essere una semplice coincidenza, non è vero Paul?»

Il professore ringraziò il giornalista per l'invito e confermò l'impossibilità statistica di una semplice coincidenza. Le forze dell'ordine d'altronde stavano già ricercando un sospettato: il detective William Blake, collaboratore del defunto capitano.

Il professore fece ragionamenti del tutto scontati, al punto che perfino la sua presenza apparve superflua, ma l'intervista faccia a faccia con uno specialista di criminologia era uno stratagemma della stazione televisiva per richiamare l'attenzione del pubblico. Il cliente in fila davanti a Blake se ne andò, era il suo turno. «Roba da pazzi oggi, huh?» disse il cassiere, salutandolo.

«Eh già, incredibile» rispose Blake, facendo finta di rovistare nel portafoglio. Voleva pagare e uscire dal negozio il più in fretta possibile e avvicinò i telefoni alla mano dell'inserviente per sollecitarlo. Il giovane passò gli articoli allo scanner quando il conduttore annunciò la messa in onda del video dell'uccisione di Freeman. Il professore analizzò il video da una fotosequenza all'altra, evidenziando come Freeman sembrasse aver riconosciuto una persona tra la folla prima di estrarre la pistola. Dall'angolazione del video si poteva solo supporre che Freeman avesse visto che il soggetto tra la folla avesse a sua volta una pistola. A quel punto, il conduttore evidenziò sullo schermo interattivo quella persona tra la gente disegnandogli col dito un cerchio attorno alla testa.

«Questo è Blake. Attenzione, però, a quest'altro tizio molto alto...» disse poi, evidenziando con un altro colore una terza persona che proveniva da un'altra direzione. «Probabilmente, da come si muove, questo signore ha provato a sorprendere e disarmare il tenente, che però è riuscito a fare fuoco contro Freeman. Poi Blake si è liberato dalla presa dell'omone e lo ha minacciato con la stessa pistola, lo vediamo qui» disse Shulmann, spostandosi a un fermo immagine successivo. «Per sua fortuna però, l'eroico capitano Freeman gli si è scagliato addosso negli ultimi istanti della sua vita, evitando quella che probabilmente avrebbe potuto sfociare in una strage. Lo vediamo qui trascinare Blake verso la balaustra. Forse ha tentato di buttarlo giù, ma non vi è riuscito. Sarà lui purtroppo a cadere, poco più tardi» concluse.

Le immagini tornarono live nello studio con il conduttore che annuiva visibilmente a ogni parola del professor Shulmann, che ora stava spiegando com'era stato facile per Blake disfarsi di Freeman nella breve colluttazione che ne era seguita. L'arma del delitto era stata recuperata nel fossato delle tigri e stava per essere analizzata. Con ogni probabilità, le impronte avrebbero confermato essere quelle del detective che ormai era formalmente un ricercato.

«Mi scusi, vado di fretta» esortò Blake.

«Oh sì, scusi.» Il cassiere si girò proprio nell'istante in cui apparve sullo schermo un'immagine di Blake in divisa.

«*L'intrigo di La Plata*, come ormai lo definiscono le persone per la strada, sta prendendo sempre più la forma di una vera e propria caccia all'uomo: un uomo con queste sembianze» sottolineò il conduttore. «Il fuggitivo potrebbe essere armato ed è estremamente pericoloso. Chiunque abbia sue notizie può chiamare la nostra hot-line al numero che vedete in sovrimpressione.»

«Grazie» si affrettò a dire Blake, dopo aver pagato in contanti, e si avviò verso l'uscita.

«Grazie a lei. È roba da matti! Se solo potessi mettere le mani addosso a quel figlio di...» Le parole gli si strozzarono in gola con le pupille che si dilatavano nello stesso modo dei palloncini al rubinetto dell'acqua. Si voltò di scatto tra la TV e il registratore di cassa, ma quel cliente se n'era già andato, un'altra persona era pronta a essere servita. Lo scanner cominciò a tremargli in mano come se fosse stato colpito improvvisamente dal morbo di Parkinson e lo puntò verso la schiena del cliente che usciva.

Risalito sulla Vespa, Blake lanciò un'occhiata nel negozio. Dalla vetrina vide l'inserviente biascicare qualcosa, tutto il negozio era rivolto verso di lui. Presto la zona avrebbe pullulato di poliziotti.

Il quartiere di Clarendon, ad Arlington, consiste in alcuni isolati tra la Wilson e la Clarendon boulevard. Nell'ultimo decennio è esploso al punto di essere ormai il cuore pulsante della cittadina della Virginia. Quella sera, finita la pioggia incessante dei giorni precedenti, la zona era piena di gente bramosa di godersi gli ultimi scampoli d'estate all'aperto. Blake stava ancora decidendo quale fosse la strada più sicura da percorrere, quando sentì le prime sirene in avvicinamento.

Forse in Italia due persone su una Vespa rossa si sarebbero potute camuffare come una goccia d'acqua nell'oceano, ma in Virginia era come avere un lampeggiante sulla testa. Blake ebbe però un'idea. La sua posizione gli dava un grosso aiuto, doveva percorrere solo centocinquanta metri per mettere in atto il suo piano. Aprì il gas e in meno di un minuto raggiunse il concessionario Vespa più grande della zona di Washington, dove lui stesso aveva comprato il suo scooter. Parcheggiò il motociclo nel piazzale esterno insieme a molti altri veicoli simili al suo e i due si allontanarono con le spalle rivolte alla strada. Arrivarono diverse pattuglie a sirene spiegate, ma non fecero caso a quei veicoli in vendita al concessionario e continuarono verso Clarendon boulevard.

«Billy, scappare così è da pazzi. Dobbiamo andare alla polizia e dirgli la verità!»

«Non posso farlo in questo momento, Tess. Sono ricercato per la morte di tre persone, due delle quali sono poliziotti. Se anche riuscissi a costituirmi senza che mi sparino a vista, mi rinchiuderebbero buttando via la chiave. Devo prima mettere insieme le prove della mia innocenza.»

«Ma non puoi neanche continuare a scappare per sempre!»

«Lo so. Ma i nostri aggressori ci hanno attaccato a casa tua perché ascoltavano le nostre conversazioni e sapevano che avevamo il magnete lì con noi. Finché lo abbiamo noi, faremo leva su di loro. Se perdiamo questo vantaggio, siamo fottuti!»

«Cosa suggerisci allora?» chiese lei.

«Ho un'idea.»

***

Continuare a girare sulla Vespa era un rischio, ma Blake doveva assolutamente raggiungere Washington per poter mettere in atto il suo piano e aveva escluso gli altri mezzi di trasporto. Lavorando nella polizia e conoscendo bene le procedure, immaginava che una sua foto segnaletica stesse già circolando nelle stazioni della metropolitana e che le stesse sarebbero state presidiate attraverso un massiccio dispiego di poliziotti. Anche prendere un taxi era troppo rischioso, ormai tutte le compagnie di Washington davano in dotazione ai veicoli uno schermo LCD su cui passano continuamente informazioni in tempo reale, e con ogni probabilità anche i tassisti avevano ricevuto una foto segnaletica digitale di Blake. Non potevano neanche accedere a servizi tipo Uber, che richiedevano l'utilizzo di una app, perché non avevano più i loro smartphone. Senza contare il rischio di rimanere fermi in strada ad aspettare una macchina. Non era solo la polizia il loro problema, c'erano almeno due killer che gli stavano alle calcagna.

Ripresero quindi lo scooter, sperando che con il calare della sera il buio li avrebbe protetti, e raggiunsero con facilità il quartiere di Rosslyn attraverso una serie di stradine residenziali. Le luci di Washington cominciarono a irradiarsi nel cielo brunito, la capitale si trovava sulla sponda opposta del fiume Potomac rispetto a loro. Il problema, adesso, era proprio attraversare uno dei vari ponti che univano il nord Virginia a Washington, era possibile che fossero pattugliati. Il Francis Scott Key era il ponte più vicino, distava solo un paio di minuti e non sentendo sirene nelle vicinanze, Blake decise di rischiarsela. Percorse la North Lynn Street in tutta tranquillità fino all'ultimo semaforo che regolava l'incrocio tra la statale US 29 e la mitica Route 66, dove incrociarono una pattuglia della polizia di Arlington che procedeva senza aver azionato la sirena. Il veicolo gli sfrecciò davanti e lo seguirono con lo sguardo sperando non si fossero accorti di loro. Sparì dalla loro vista dietro a un dosso, ma non ebbero neanche il tempo di tirare un sospiro di sollievo che udirono il rumore delle gomme inchiodare sull'asfalto.

Blake, presagendo la situazione, passò col rosso. Superato l'incrocio, videro la volante terminare l'inversione a U. Come il giorno prima, il detective si ritrovò a transitare sul Key Bridge, che collegava il rinomato quartiere di Georgetown con lo Stato della Virginia. Il traffico era intenso e Blake fu abile a destreggiarsi tra i paraurti delle automobili, riuscendo a lasciare indietro la volante che lo inseguiva da Rosslyn. Arrivato circa a metà del ponte, Blake vide due macchine della polizia di Washington di fronte a lui che stavano imboccando il cavalcavia dalla M Street di Georgetown. A quel punto, con una pattuglia dietro e due davanti, il tenente dovette prendere una decisione rapida. Scelse di tentare il tutto per tutto e provò a raggiungere lo svincolo per la Whitehurst Freeway, un'uscita poco prima che il ponte si riversasse sulla M. Doveva però arrivarci prima degli sbirri davanti a lui, ancora alle prese col traffico. Blake salì sul marciapiede e si lanciò con la Vespa a tutto gas verso l'uscita. I pedoni e le bici sulla ciclabile si sparpagliarono, imprecando contro quel matto sullo scooter che li stava per mettere sotto. La scelta ardita lo premiò, permettendogli di imboccare lo svincolo prima che sopraggiungessero sia le pattuglie da davanti che quella dietro di lui. Tuttavia, percorsi neanche cento metri sulla tangenziale, Blake capì che quella che lui ritenne una furbata si rivelò essere una pessima scelta.

Le macchine della polizia alle due estremità del Key Bridge non lo stavano inseguendo, si fermarono e chiusero il ponte mentre ne arrivavano delle altre. Avevano spinto Blake esattamente dove volevano, in una trappola. Una moltitudine di volanti era già appostata a formare un posto di blocco alla fine della Whitehurst Freeway, un tratto di superstrada sopraelevata lunga poco più di un chilometro che bypassa l'affollatissima M Street di Georgetown tra il Key Bridge e la Rock Creek Parkway. Nel frattempo, uno sciame di auto giunse a sirene spiegate per dar manforte e chiusero lo svincolo della tangenziale dal ponte. La Whitehurst Freeway era diventata un segmento chiuso a entrambi i lati da barricate delle forze dell'ordine. Blake fermò la Vespa circa a metà tra i due posti di blocco. Il traffico in questo piccolo segmento di strada si paralizzò all'istante e le vetture formarono una colonna di metallo lunga almeno un chilometro in entrambe le direzioni. Non essendoci una vera corsia d'emergenza e con le macchine bloccate su ambo le carreggiate, neanche i veicoli della polizia potevano procedere all'inseguimento, quindi gli agenti furono costretti a scendere e muoversi a piedi. Ormai un topo in trappola, Blake ebbe almeno un pizzico di tempo in più per riflettere.

«È finita, Billy. Arrendiamoci prima che qualcuno si faccia del male» disse la Westlake a filo di voce.

«Non posso provare la mia innocenza in prigione, Tess, te l'ho già detto. Però la polizia non sa che stiamo scappando insieme da due killer, loro cercano solo me. Proviamo a guadagnare del tempo, reggimi il gioco.» Prese il piccolo cellulare prepagato e lo maneggiò facendo finta che fosse un'arma. Afferrò la giornalista per il collo e la trascinò verso il guardrail.

«Fermi dove siete!» gridò: «Tornate indietro o l'ammazzo!»

«Che stai facendo, sei impazzito?» esclamò Tess, sorpresa e non più certa di aver fatto la cosa giusta fidandosi di lui.

«È armato!» urlò un poliziotto che guidava la carica. Alzò la mano in aria bloccando tutti gli altri.

«RESTATE TUTTI FERMI DOVE SIETE!» Tuonò nell'etere una voce amplificata dal megafono. Era la voce del sergente Springer, al comando della squadra di polizia del Distretto della Columbia posizionata alla fine della Freeway in direzione del centro città. Tutti gli agenti, compresi quelli sul lato opposto della tangenziale, si fermarono di colpo. Le due squadre erano ancora relativamente distanti da Billy e Tess.

«NON USCITE DALLE VOSTRE MACCHINE, È PERICOLOSO!» Il sergente si rivolse poi ai civili intrappolati nel traffico, notando che alcune persone stavano cominciando a uscire fuori dal proprio veicolo per curiosare e riprendere con i telefonini.

«RIPETO, RIMANETE NELLE VOSTRE MACCHINE. È UN ORDINE!» ribadì sparando un colpo di pistola in aria.

A quel punto, anche i più audaci rientrarono svelti nella propria auto.

Una grossa Chevrolet nera parcheggiò al fianco del sergente Springer con i lampeggianti accesi. Un afroamericano dal fisico asciutto fece il gesto sbrigativo di farsi dare il megafono. I capelli brizzolati suggerivano che avesse una cinquantina d'anni.

«TENENTE BLAKE, MI CHIAMO ARCADIUS PARKER, SONO UN AGENTE SPECIALE DELL'FBI E HO IL COMANDO DELLE OPERAZIONI. COME VEDE È CIRCONDATO, NON PUÒ ANDARE DA NESSUNA PARTE. LA PREGO, NON AGGRAVI ULTERIORMENTE LA SUA SITUAZIONE. RILASCI L'OSTAGGIO, METTA GIÙ L'ARMA E SI ARRENDA TENENDO LE MANI BENE IN VISTA SOPRA LA TESTA. LE GARANTISCO CHE, SE COLLABORA, NON LE VERRÀ FATTO ALCUN MALE.»

Blake pretese che tutti gli agenti che si stavano avvicinando a lui tornassero immediatamente indietro. Si proclamò innocente e vittima di una cospirazione e richiese l'intervento di un negoziatore per discutere i termini della sua resa. Effettivamente non poteva andare da nessuna parte, e la cosa migliore a cui potesse aspirare era di ottenere che gli venisse promesso pubblicamente che l'indagine a suo carico si fosse svolta in modo imparziale e senza pregiudizi.

«OK, VA BENE. SONO LA TUA OPZIONE MIGLIORE, BLAKE, FIDATI DI ME.»

Parlarono per quasi mezz'ora, e come gesto di fiducia Parker ottenne che Blake lasciasse defluire i veicoli in coda sulla tangenziale dai due checkpoint. Gli agenti di polizia erano arretrati alle barricate e i civili in macchina non rappresentavano alcun vantaggio per Blake. L'ultima cosa che lui desiderasse era che qualcun altro si facesse del male.

Senza alcun preavviso, un proiettile sibilò davanti ai loro volti e andò ad accartocciare del metallo lì a fianco. Si voltarono entrambi verso quel rumore, un cartello stradale verde con la scritta bianca allertava che la Whitehurst Freeway sarebbe finita dopo un quarto di miglio, proprio dov'era allestito uno dei posti di blocco. Un foro di proiettile aveva centrato la lettera 'M' di miglio.

«Cazzo, ci stanno sparando! Billy, ci stai facendo ammazzare! Non sparate!» urlò la giornalista sbracciandosi. Lui le tappò la bocca e la trascinò dietro al cartello stradale.

«Non sono loro. Il foro è provocato dalla cartuccia di un fucile di precisione, non certo da una pistola della polizia.»

«Cecchini?!?» esclamò Westlake, girando la testa a destra e sinistra con fare scattoso.

«Non può neanche essere una SWAT team, non c'è stato abbastanza tempo per coordinarsi. Senza contare che gli sbirri non sparano col silenziatore!» disse lui con tono severo.

«Allora chi è stato?»

«Tieni la testa bassa» continuò lui, rannicchiandosi tra la Vespa e il cartello stradale sul guardrail. «Il proiettile è venuto da quella direzione» mormorò Blake, puntando il dito verso una fila di palazzi sul lato opposto della tangenziale. «Se non sono stati i poliziotti, devono essere stati per forza gli altri. La brutta notizia è che chiaramente preferiscono vederci morti piuttosto che farci arrendere alla polizia...»

«Ti prego, dimmi che c'è anche una buona notizia.»

«Certo! Da quella distanza, se fosse stato un cecchino professionista, ci avrebbe fatto esplodere la testa come un palloncino al Luna park!»

«Fantastico, ora sì che mi sento rassicurata...»

«Non esaltarti tanto, non sbaglierà una seconda volta. Ora siamo riparati, ma probabilmente si starà riposizionando per avere una nuova linea di tiro. A quel punto, il gioco è fatto.»

«Oh, merda. NON SPARATE, AIUTO, VOGLIONO UCCIDERCI!» implorò la Westlake.

«NON SPAREREMO, LO PROMETTO. BLAKE, ARRENDITI E NESSUNO SI FARÀ DEL MALE, HAI LA MIA PAROLA.»

La voce amplificata di Parker si propagò nuovamente nell'aria, ma né gli agenti di polizia sul lato del Key Bridge, né quelli collocati alla fine della Whitehurst Freeway udirono lo sparo silenziato del fucile. Blake si sporse con la testa dal guardrail per controllare sotto alla tangenziale. In quel punto, la Freeway era sopraelevata sulla K Street in corrispondenza del Georgetown Waterfront Park. Alle loro spalle, l'isolotto intitolato a Theodore Roosevelt divideva il Potomac in due canali.

«Ti fidi ancora di me?» chiese lui, parlandole all'orecchio.

«Dipende. Hai fatto delle scelte alquanto discutibili finora, detective» rispose lei, scettica.

«Ascoltami bene Tess, il cecchino non ci permetterà mai di arrenderci vivi, sappiamo troppe cose. Se ci muoviamo da qui ci spara e tra due o tre minuti si sarà riposizionato per far fuoco. Però posso provare a farti da scudo col mio corpo. Se resti coperta sotto di me finché arriva la polizia, te la caverai.»

La giornalista rimase colpita dal suo coraggio e altruismo. Si conoscevano appena, eppure era già pronto a sacrificarsi per lei.

«Non hai guardato giù di sotto solo per dirmi questo, giusto?» chiese la donna, sporgendosi anche lei per guardare dalla sopraelevata.

«Non voglio mentirti, ci ho pensato. Ma saranno circa dieci metri fino a terra.»

«Stronzate, saranno almeno una dozzina!» La giornalista lo corresse sarcasticamente dopo aver dato una seconda occhiata giù dalla barriera di protezione. Lui l'abbracciò facendo un sorriso e tenendola tra sé e il guardrail. Lei capì che con quella stretta affettuosa Blake la voleva schermare dal cecchino. Era davvero pronto a sacrificarsi per lei.

«C'è la cima di un albero un paio di metri sotto di noi, proprio là» fece cenno lei con un dito. «Che possibilità abbiamo di farcela se saltiamo giù come Tarzan?»

Nel chiedere appoggiò affettuosamente la guancia sopra il dorso della mano con cui il tenente la stringeva a sé.

«Sì, l'ho visto. Il problema è che oltre a essere un paio di metri sotto di noi, i rami più vicini sono anche a tre o quattro metri di distanza. Se proviamo ad arrivare lì per saltarci sopra, il cecchino ci farà fuori. Un vero peccato, se questo dannato cartello fosse stato un po' più in là, allora ti avrei detto che era un gioco da ragazzi!» scherzò, nonostante tutto. Cercava di sdrammatizzare e darle fiducia.

«Che importa? Sarai comunque morto in un minuto.»

«Ma tu hai delle ottime possibilità di sopravvivenza. Uno su due non è poi così male in queste circostanze» insistette Blake.

«Possiamo farcela, Billy. Saltiamo dal guardrail qui andando più in alto che possiamo e vedrai che riusciremo a raggiungere quei maledetti rami. Secondo me abbiamo più chances del tuo cinquanta e cinquanta del cavolo.»

«Sei completamente pazza! È un salto della madonna, ci sfracelleremo al suolo...»

«Dici così solo perché non mi hai mai visto a lezione di aerobica!» lo interruppe lei. Poi si voltò e gli diede un fugace bacio sulle labbra alzandosi all'improvviso e schizzando in avanti. La polizia immaginò per un attimo che l'ostaggio fosse riuscita a liberarsi da Blake e stesse correndo verso di loro, ma Theresa Westlake lasciò tutti di stucco quando mise un piede sul guardrail e si lanciò nel vuoto.

Blake tentò di emularla subito dopo. Nello staccare il piede dal guardrail il tenente guardò ingiù alla ricerca di Tess. La cima del grosso platano distava quasi quattro metri da lui e sorgeva ad almeno dodici dal suolo. Un bel da fare anche per Tarzan in giornata di grazia. Un attimo dopo aver spiccato il volo, un sorriso gli spalancò la bocca. Tess si muoveva con agilità tra i rami sotto di lui. Il mix di gioia e adrenalina lo distrasse però dell'altro proiettile che sibilò nell'aria, questa volta raggiungendo il bersaglio.

- 20 -

«PORCA PUTTAN...!» esclamò l'agente Parker ad alta voce, il dito ancora premuto sul bottone del megafono.

«SBRIGATEVI, CHE FATE ANCORA LÌ IMPALATI?! ANDATE A CONTROLLARE!»

Un'orda di poliziotti si riversò verso il centro della tangenziale da ambo le estremità. Allo stesso tempo, in uno degli edifici al lato della Whitehurst Freeway, un uomo sdraiato su una terrazza con indosso un passamontagna ritrasse la canna del fucile dalla ringhiera e sgattaiolò via a carponi verso la porta. Il suo complice sfigurato stava trattenendo l'ascensore al piano, bloccando la porta automatica. Entrarono nella cabina e spinsero il pulsante per il piano terra. Durante il tragitto, con gesti esperti il colosso smontò il fucile e lo ripose nella valigetta.

«Hai beccato anche quella troia che mi ha squartato la mano?» chiese *Il Tazzina* con uno spiccato accento ispanico.

«Solo Blake. Sono saltati entrambi giù dalla Freeway!»

«Cosa?!? Ma è assurdo, è troppo alta!»

«Credo siano saltati sulla cima di un albero. Non so ancora se sono riusciti a calarsi giù o se si sono sfracellati al suolo.»

«Dannati figli di puttana... è roba da matti!»

Il Tazzina mimò il gesto universalmente conosciuto per rappresentare un folle, ovvero roteare l'indice intorno all'orecchio. Fatto da lui però quel gesto apparve grottesco, perché *il Tazzina* non aveva l'orecchio su quel lato del capo. La maggior parte della metà destra del viso consisteva in lembi di pelle malconcia cuciti insieme. La cartilagine esterna del padiglione auricolare mancava completamente, e il canale uditivo sembrava un pozzo rudimentale scavato nel terreno brullo di un campo.

Si diceva che un ecuadoriano di nome Carlos Robida avesse provato a truffare *Lo Sceicco*, un noto malversatore del Kuwait che riciclava denaro sporco in Medio Oriente per conto di un potente cartello della droga. Robida fu catturato e portato in una fattoria sperduta nel West Virginia dove fu gettato con le mani e piedi legati nel recinto di un cinghiale. Il grosso suino era stato tenuto a digiuno per giorni e si scagliò sopra di lui masticandogli il viso fino alle ossa. Robida tentò di ripararsi il volto con le mani legate e il vorace animale, dopo avergli maciullato entrambi i mignoli fino al metacarpo, alla fine addentò i lacci che gli stringevano i polsi, liberandogli le mani. Solo allora l'ecuadoriano riuscì a prendere due pietre per difendersi. Rimasto con solo otto dita e un orecchio, cominciò a martellare la bestia alla testa con quella furia che solo un uomo che sta lottando per la propria vita può produrre. Riuscì a spaccargli il cranio, e non si fermò neanche dopo che gran parte del cervello dell'animale era schizzata fuori nel fango, con il maiale ormai morto da un pezzo. *Lo Sceicco* ammirò la resilienza di Robida e decise di risparmiargli la vita. Da quel giorno, per via del suo inusuale profilo con un solo orecchio, all'ecuadoriano fu dato il soprannome "*Il Tazzina*".

***

Due corpi volanti penetrarono il grande platano in sequenza, uno dopo l'altro. Riuscirono entrambi a decelerare la caduta, spezzando dapprima il fogliame più soffice della cima, ma le loro traiettorie apparvero da subito diverse, anche perché Tess aveva una massa significativamente inferiore rispetto al tenente. Blake si aggrappò a un ramoscello che lo fermò per un istante, ma poi si spezzò sotto il suo peso. Continuò a precipitare da un ramo all'altro senza riuscire ad afferrarli finché il volo s'interruppe bruscamente su un braccio di legno, tozzo e resistente. Aprì gli occhi e vide Tess poco sotto di lui controllare con facilità la discesa verso la base del tronco. Sembrava star bene, a parte qualche graffio superficiale. All'improvviso un dolore lancinante gli attraversò il braccio e i muscoli della mano non obbedirono più alla sua volontà, mollando la stretta. La sua caduta verticale riprese, ma ormai i rami erano troppo spessi per provare una presa con le mani, così Blake decise di piegare il braccio a uncino e si aggrappò al legno come un gancio. Riaprì gli occhi con fatica, le palpebre adesso sembravano molto più pesanti e la vista era offuscata. Tess era sotto di lui a rifiatare, in sella a uno dei rami principali come una cavallerizza. Blake riuscì a tirarsi su e si adagiò sul suo ramo, sdraiato sullo stomaco. Gli sembrò che lei gli stesse mostrando il pollice all'insù con un sorriso, un buon segno.

«Tutto Ok, sei sicura?» si premurò poi di chiedere, vedendo una goccia di sangue sulla fronte della donna.

«Sì, sto bene. Non posso credere che ce l'abbiamo fatta!»

«La tua fronte...» indicò col dito verso di lei. La Westlake si pulì la macchiolina con la mano, ma subito un'altra goccia di sangue le cadde sulla guancia, poi ancora un'altra sul naso. Scansò il capo e vide un flusso rosso sgorgare dalla manica del detective.

«Billy sei tu, stai sanguinando!»

Blake si guardò il braccio e perse l'equilibrio, ma lei lo afferrò aiutandolo ad adagiarsi sul suo stesso ramo. Il terreno a questo punto era a meno di quattro metri sotto di loro. Non più un'altezza proibitiva, specie considerando che c'era del prato, ma una caduta scomposta gli avrebbe potuto comunque provocare qualche trauma alle gambe impedendogli di continuare la fuga. Il detective era pallido e senza forze, dovevano sbrigarsi. Tess si appese al tronco stendendo le braccia per ridurre la distanza al suolo e si lasciò andare. Si rotolò sul prato facendo una capriola per dissipare la forza dell'impatto, una via di mezzo tra un ninja e una ballerina.

«Devo iscrivermi anche io a quel corso di aerobica!» sussurrò Blake, osservando dal tronco con una smorfia di dolore. La donna sorrise per rassicurarlo, ma l'espressione mutò in una sembianza di preoccupazione vedendolo cadere. Si precipitò sotto di lui e lo afferrò prima con le braccia e poi col corpo, cercando di ammortizzare la caduta, infine entrambi si accartocciarono al suolo. Per fortuna il terreno sotto il manto erboso era ancora umido dalla pioggia dei giorni scorsi e aiutò ad attutire l'impatto.

«Billy, che è successo, ti senti bene?» La giornalista lo adagiò con la schiena sul tronco del platano. Un proiettile lo aveva attraversato da parte a parte proprio sotto la scapola destra. Per sua fortuna la pallottola era fuoriuscita sul bordo esterno del pettorale vicino all'ascella, mancando di poco la cassa toracica. Non sembrava ci fossero danni a organi vitali, ma occorreva arrestare l'emorragia. Strappò la manica della camicia in due strisce e le ripiegò ricavando due cuscinetti, uno per ciascun foro. Poi si guardò intorno alla ricerca di qualcosa per mantenere la pressione su entrambi i lembi di stoffa. Del nastro adesivo sarebbe stato perfetto, in alternativa serviva qualcosa di elastico.

«TENENTE BLAKE, SIGNORINA, STATE BENE? RESTATE FERMI DOVE SIETE, ARRIVANO I SOCCORSI!»

La voce al megafono ora proveniva da sopra le loro teste, ma la fitta chioma del platano li nascondeva. Tess era piena di graffi dopo un volo di quasi quindici metri e sorreggeva un uomo semi svenuto che stava per morire dissanguato. Erano accerchiati dalla polizia e braccati da un cecchino; non poteva esserci un momento migliore per arrendersi.

Una piccola folla di curiosi li stava osservando con circospezione all'interno del Georgetown Waterfront Park. L'audacia del salto era surreale e quasi tutti pensarono che i due fossero degli stuntmen alle prese con la scena di un film. Ma non c'erano né videocamere, né riflettori e nemmeno effetti speciali. Era tutto fin troppo vero.

Al diavolo! S'infilò la mano sotto i leggings e si strappò le mutandine. Riannodati i due lembi, passò il braccio del detective nei fori per le gambe avanti e indietro sopra la spalla e creò una specie di tutore elastico che manteneva pressione sui due cuscinetti di tessuto applicati sopra le ferite.

«Forza detective, dobbiamo sbrigarci!» gli sussurrò all'orecchio. Lui le fece l'occhiolino e scapparono tra la folla che gremiva il parco.

«FERMI O SPARO!» minacciò il federale, che però prese il polso di un poliziotto accanto a lui strattonandolo poco prima che facesse fuoco. «Sei impazzito? Non vedi che è pieno di gente lì sotto!» gli ringhiò in faccia. Poi prese la radiolina e diede ordine di chiudere il Georgetown Waterfront Park dal Key Bridge fino alla Rock Creek Parkway e stabilire nuovi posti di blocco sulla K da Wisconsin Avenue fino alla 29ma strada.

«Sergente Springer, mandi una squadra a piedi a setacciare ogni centimetro del Capital Crescent Trail lungo il Potomac. Quei due sono in trappola e li voglio vivi!»

***

Gli ultimi riflessi rossastri del tramonto vennero inghiottiti dalle acque torbide del Potomac mentre alcuni uccelli ritardatari si apprestavano a rincasare tra gli alberi della Theodore Roosevelt Island, una piccola oasi di pace designata parco nazionale e situata a un tiro di schioppo da uno dei posti più affollati di Washington in estate: il Georgetown Waterfront, un tratto di lungofiume adibito a zona pedonale, che ospita diversi bar e ristoranti costosi. Nei mesi caldi dell'anno, il Waterfront pullula di persone fino a tarda notte e la sua vicinanza al Kennedy Center, il teatro nazionale dell'arte e dello spettacolo, ne detta le linee guida sia per il target sia per il codice di abbigliamento. Blake e Westlake scivolarono tra la folla, per lo più business men in giacca e cravatta e donne in abiti lunghi e tacchi a spillo. Tra i clienti di questo piccolo jet set però, chi voleva veramente stupire, invece di presentarsi con una Ferrari o una Lamborghini, era approdato al Waterfront direttamente in banchina con un motoscafo. Dopodiché, in controtendenza alla gente a terra vestita con abiti eleganti, questi diportisti consumavano cibo e alcol in costume a bordo di lussuose imbarcazioni.

L'ormeggio al Waterfront è però vietato durante la notte, e con il calare della sera gli yacht stavano via via tornando ai loro porti di origine dislocati lungo il Potomac.

«Da questa parte, veloce. Tra la folla avranno difficoltà a vederci e soprattutto non potranno spararci.»

Scorsero da lontano l'arrivo delle forze di polizia nei pressi della 30ma strada, dove finisce la banchina sul lungofiume. Gli agenti erano schierati in riga a formare un blocco e presumibilmente lo stesso stava accadendo dietro di loro all'altra estremità della banchina. Provarono allora a girare a sinistra dove il moletto si innesta in una piazzola con una grande fontana al centro, ma anche lì videro un nugolo di agenti in arrivo sullo sfondo, alle prese con le scalinate che dalla K Street conducono al Georgetown Waterfront. Sui volti della folla cominciava a dipingersi il colore della paura. Ormai tutti erano al corrente degli incidenti avvenuti alla stazione di polizia di La Plata e allo zoo di Washington; la gente era giustamente sospettosa. A quel punto i due fuggitivi erano stretti dalla polizia su tre dei quattro punti cardinali, il quarto era verso il fiume.

La squadriglia proveniente da est, a circa quaranta metri di distanza, fu la prima ad avvistarli.

«Eccoli!» gridò un agente, estraendo la pistola. «Tutti fermi, faccia a terra!» Scoppiò immediatamente il panico. Alcune persone obbedirono agli ordini, altre cominciarono a scappare in ogni direzione tra le urla e i pianti che dilagavano. Approfittando della confusione, Billy tirò Tess per il braccio verso l'acqua. «Da questa parte!»

Saltarono tra due yacht ormeggiati, atterrando in sella a una moto d'acqua legata a una delle due imbarcazioni. A bordo, due coppie in costume e in evidente stato di ebbrezza, sorseggiavano birra ascoltando musica ad alto volume nel pozzetto interno. Non si erano minimamente rese conto di ciò che stesse accadendo fuori. Un uomo palestrato a torso nudo uscì in coperta con una lattina in mano, reagendo al rumore del motore della moto.

«Ehi, che cazzo fate? Mettete giù il culo dalla mia Kawasaki!»

L'agente speciale Parker era in arrivo con altri poliziotti dalla scalinata sul lato della piazza con la fontana, ma fu il sergente Springer, alla guida degli agenti in arrivo dal bordo ovest della banchina, a sparare un colpo di pistola in aria. La pallottola s'indirizzò verso la luna che ormai stava dando il cambio al sole nel cielo sopra Washington.

«Oh, cazzo!» Il proprietario del jet ski si rannicchiò nel pozzetto. Provò con un timido cenno del capo a sbirciare verso i due ladri che gli stavano rubando lo scooter acquatico e Blake gli tirò la cima in faccia. Il rombo dei 250 cavalli in un attimo spinse i fuggiaschi a trenta nodi sul Potomac; dietro di loro, la sagoma del Francis Scott Key Bridge si faceva sempre più piccola.

Parker sopraggiunse col suo piccolo plotone ed esplose due colpi mirando al veicolo in fuga, che però era già troppo distante. Con un guizzo l'agente dell'FBI salì a bordo dello yacht, il palestrato era ancora rannicchiato sul pavimento di teak sotto la cima.

La Kawasaki, giunta all'altezza del celebre complesso del

Watergate, virò verso destra per allontanarsi dalla riva di Washington, il versante più luminoso del Potomac, e fu presto fagocitata dalle tenebre.

«Quegli stronzi mi hanno rubato il jet ski!» piagnucolò il tizio muscoloso.

«FBI, resta a terra!» ordinò Parker, facendo cenno di salire a bordo al sergente Springer e ad altri due agenti.

«È tua questa barca?» chiese il federale.

La montagna di steroidi annuì mentre gli altri tre della sua comitiva facevano capolino dalla dinette.

«Sono l'agente speciale dell'FBI Arcadius Parker. Debbo requisire temporaneamente questa imbarcazione per un inseguimento. Vai sottocoperta con gli altri» ordinò al proprietario. Poco più tardi, l'Apache Hammerhead 36', un cigarette da oltre 1000 cavalli, era già alla caccia dei due fuggitivi.

«Signori» annunciò Parker con le mani sul timone, «non hanno più di cinque minuti di vantaggio. Anche a bordo della più veloce delle moto d'acqua, non possono essere a più di un miglio di distanza. A noi è toccato il mezzo più veloce, non facciamoceli sfuggire!» Gli altri poliziotti si stavano già reggendo saldamente mentre il cigarette prendeva velocità. In condizioni ottimali, l'Apache avrebbe potuto sfiorare i sessanta nodi e quindi raggiungere facilmente la Kawasaki. Ma sul Potomac, di notte, non poteva sfruttare tutta la sua potenza.

L'inseguimento dei due fuggitivi sembrava l'itinerario di una gita turistica: passarono prima sotto al Theodore Roosevelt Bridge e successivamente sotto all'Arlington Memorial Bridge. Videro le luci rettangolari del monumento dedicato ad Abramo Lincoln splendere alla loro sinistra, mentre le pacifiche collinette del cimitero nazionale di Arlington li sormontavano sulla destra. Poi fu il turno dell'alone luminoso circolare del Jefferson Memorial, ancora sullo sfondo a sinistra, mentre sul versante opposto prendeva forma l'austera facciata del Pentagono, poco prima che il cigarette doppiasse il ponte della 14ma strada.

Dove sono? Dovremmo almeno vedere la loro scia a questo

punto... pensò Parker. La ridotta visibilità notturna limitava la potenza del cigarette e le due imbarcazioni navigavano quasi alla stessa velocità. Il rombo assordante dell'Apache mascherò il rumore di un jet in avvicinamento all'aeroporto nazionale Ronald Reagan, alla loro destra.

«Laggiù!» gridò infine la vedetta da prua, puntando il dito. Delle piccole ondine si muovevano in direzione opposta, era la scia della Kawasaki. Sebbene di poco, il motoscafo stava guadagnando terreno sulla moto d'acqua. Parker si prese il rischio e accelerò ulteriormente. A questa velocità non c'era il tempo di reazione necessario per virare ed evitare un potenziale ostacolo in acqua.

Le luci artificiali di Old Town Alexandria, nella Virginia, aiutarono Parker a identificare un puntino che saltellava sull'acqua a circa mezzo miglio di distanza. Via via il puntino si allontanò rapidamente dalle luci della costa e sparì di nuovo nel buio, indirizzandosi verso il centro del Potomac, sempre più largo e oscuro.

«Vanno verso il Maryland, verso il buio» disse la vedetta. Ormai Parker era però saldamente in scia e i fari dell'Apache illuminavano la rotta davanti alla prua, li aveva in pugno.

Sul lato opposto di Old Town Alexandria, la Anacostia Freeway disegnava il confine a sud-est tra Washington e lo Stato del Maryland. Prima di riversarsi nella bretella circolare che racchiude la capitale americana, la Anacostia Freeway attraversa un lembo di terra buio e trascurato oggetto di discariche abusive. La moto d'acqua stava puntando dritto in quella direzione.

«Eccoli davanti a noi!» L'Apache ormai li aveva quasi raggiunti.

«C'è una piccola baia naturale ma... stanno andando troppo veloci!»

«Oh, mio Dio!» esclamò Springer. Il jet ski colpì uno scoglio affiorante e il leggero scafo di vetroresina decollò in aria, arrotolandosi su se stesso, prima di ricadere nelle acque piatte dell'insenatura. Sembrò uno di quegli spettacoli acquatici con i delfini ammaestrati. Il cigarette, che ormai gli stava alle calcagna, strozzò il gas e fece una brusca sterzata.

«Tenetevi forte!» urlò Parker, ma il poliziotto di vedetta a prua, nonostante la presa stretta alla battagliola, volò in acqua.

«Gavin, tutto ok?» chiese il sergente Springer, lanciando subito un salvagente nel fiume.

«Sì, sto bene. Sono quaggiù» gridò l'uomo agitando le braccia per farsi vedere.

Le potenti luci alogene montate sul posto di guida lo trovarono che galleggiava, fortunatamente indenne. Il cigarette riuscì a evitare l'impatto con gli scogli per un soffio. Aggirata la barriera e recuperato il naufrago, entrarono nella piccola baia dove il relitto della moto stava affondando di prua. L'elica era ancora fuori dall'acqua e continuava a girare. Non c'era segno però dei due fuggitivi.

«Devono essere morti, impossibile resistere a quello schianto. Chiamiamo i sommozzatori» suggerì l'agente fradicio, coperto da un asciugamano.

«Maledetti, ci hanno fregato! Hanno bloccato la manopola del gas, l'elica sta ancora girando!»

Parker obiettò, non gli era sfuggito quel dettaglio.

«Chiamiamo i rinforzi, ma dubito servirà a qualcosa. In questo punto, il Potomac è molto largo e dritto. Con l'acqua così calma, potrebbero aver bloccato il timone già da un paio di miglia prima di saltar giù. Se disegnassimo un cerchio con questo raggio potrebbero essere a Washington, così come in Virginia o qui nel Maryland.»

- 21 -

Old Town Alexandria è un distretto storico della contea di Arlington contraddistinto da stradine di ciottoli e villini a schiera del Diciottesimo secolo. Si estende tra l'aeroporto nazionale di Washington, dedicato a Ronald Reagan, e il confine sud della Capital Beltway, lungo un tratto di riva particolarmente frastagliato del Potomac e caratterizzato da numerose insenature naturali sfruttate per la realizzazione di piccoli porticcioli. Theresa Westlake aiutò William Blake a raggiungere a nuoto una di queste banchine. Muovendosi silenziosamente tra le barche ormeggiate, si guardarono intorno per vagliare al meglio le loro opzioni. Fatto salvo poche eccezioni, tutte le imbarcazioni avevano le luci spente, un indizio abbastanza attendibile che non vi fosse qualcuno a bordo. I due fuggitivi avevano solo l'imbarazzo della scelta.

Scelsero un vecchio Bertram di quaranta piedi. Era distante dalle barche con le luci accese, e la carena piena di alghe indicava che probabilmente non veniva usato da parecchio tempo. Parve una scelta sicura, e Tess aiutò Billy a risalire dalla scaletta di quello yacht dal fascino senza tempo.

«Dobbiamo curare subito quella ferita» disse lei, sbirciando per sicurezza dagli oblò, per accertarsi che non ci fosse qualcuno. A giudicare dai sostegni delle canne da pesca, il motoscafo era attrezzato per la caccia d'altura; motivo principale per cui la scelta di Tess ricadde su questa barca. Prendere pesci grossi significava rischiare gravi incidenti a bordo, quindi lo yacht doveva necessariamente esser equipaggiato con un kit di pronto soccorso completo.

«Ma io mi trovo perfettamente a mio agio con questa fasciatura» obiettò lui con tono malizioso, giocherellando con l'orlo di pizzo del suo tanga. Tess era piegata davanti a lui a ispezionare il tambuccio, un pannello di legno con una semplice serratura vecchio stile. Forzarla non sarebbe stato difficile, ma voleva farlo in modo poco rumoroso. Blake non poteva vedere il ghigno sul suo volto, la giornalista gli voltava le spalle. Poi sentì un tonfo.

«Billy...» sussurrò voltandosi nel pozzetto. Blake era collassato su un fianco. Era pallido e privo di sensi, anche il battito del polso non prometteva nulla di buono. Caricò allora il quadricipite e sferrò un calcio secco al pannello che si aprì senza opporre grossa resistenza. Non c'era più tempo da perdere con la serratura, e il suono dei rotori di un elicottero in avvicinamento coprì il rumore. Com'era presumibile, la polizia aveva cominciato a setacciare la zona del fiume, ma viste le condizioni di Blake l'unica opzione possibile per loro era quella di infilarsi nel cabinato e sperare per il meglio. Il rumore delle pale si fece sempre più forte e Tess trattenne il respiro vedendo il velivolo dall'oblò sorvolare a bassa quota il porticciolo e illuminarlo con i suoi potenti fari. Ma così come venne, se ne andò, seguendo il corso del Potomac. L'area da coprire era enorme e la polizia non sapeva esattamente dove cercare i due fuggitivi.

***

Un colpetto di polpastrello sull'orecchio di silicone ristabilì la connessione tra Markovic e il suo misterioso interlocutore.

«Come cazzo hanno fatto a sfuggirvi a casa della Westlake?»

tuonò la voce metallica alterata dal sintetizzatore.

«Ci hanno teso una trappola attirandoci sul retro dell'abitazione e sono scappati dalla porta principale, dove avevano una moto» rispose il CISA. «Il resto lo avrai sentito in TV. La polizia li aveva bloccati sulla Whitehurst Freeway, ma per non farsi catturare sono saltati su un albero e si sono calati giù, poi sono fuggiti sul fiume. Sono degli ossi duri, più di quanto pensassi. Però sono riuscito a colpire Blake prima che saltasse. Sembrava stessero per arrendersi alla polizia e non potevo permetterlo. Non so quanto grave sia la ferita, potrebbe non farcela, comunque non credo li abbiano ancora trovati a giudicare dalle ronde degli elicotteri lungo il Potomac. Il problema è che non posso più localizzarli, si sono sbarazzati di tutti i cellulari.»

«Controlla il *Filo d'Arianna*» ordinò la voce robotica. «Con la giornata che hanno avuto, sono certo che avranno limitato l'uso del telefono allo stretto necessario. Forse, tra quei pochi contatti troviamo qualche indizio. Di sicuro non vogliono arrendersi e ormai, oltre a Blake, anche la Westlake verrà considerata una fuggitiva. Sono due ricercati, saranno costretti a negoziare, noi dobbiamo farci trovare pronti.»

«Ok» rispose secco Markovic.

«Anche se Blake non ce la dovesse fare, la giornalista ha il magnete con sé ed è quel che conta. Manda la polizia su una falsa pista, assicurati che non li trovino stanotte. Abbiamo bisogno che restino in libertà, poi potremo far leva su di loro e scambiare il magnete.»

«Ci penso io» assicurò Markovic, e chiuse la comunicazione.

"Chi è quella donna?"

La domanda scorreva sul banner delle *Breaking News* di un noto canale televisivo. Lo schermo ritraeva un'immagine di Tess estrapolata da uno dei tanti filmati fatti con gli smartphone dalle persone bloccate sulla Whitehurst Freeway durante la retata della polizia. Altre immagini amatoriali filmate al Georgetown Waterfront la ritraevano sostenere il detective visibilmente ferito nella loro fuga verso il fiume. Se all'inizio si pensava che la donna potesse essere un ostaggio, da queste riprese sembrava più una complice di Blake. Ecco allora che una seconda domanda venne trasmessa sul banner scorrevole:

"Sindrome di Stoccolma?"

«Tess?!? Oh, mio Dio! Quella è Tess!» esclamò Gordon Stevens dalla redazione del *The Public Eye*. La serie di eventi drammatici che aveva travolto la capitale aveva forzato tanti giornalisti a fare gli straordinari per restare al passo con le notizie, e il direttore Stevens non faceva eccezione.

«Che diavolo sta facendo con quel criminale?» ribadì incredulo davanti al suo staff. Deve esserci una spiegazione!

«Ok ragazzi, mettiamoci al lavoro prima che le altre testate la distruggano!»

***

Un odore nauseabondo gli fece voltare il viso dalla parte opposta. Aprì gli occhi e mise a fuoco l'etichetta sbiadita di una famosa marca di candeggina.

«Attento ai punti!» avvertì lei con garbo, intercettando una mano in aria che tentava di scacciare via la bottiglia.

Blake era sdraiato nel letto della cabina armatoriale. Gli interni di massello di noce si abbinavano al lenzuolo di seta bianca che lo ricopriva fino allo stomaco. Gli arredi riflettevano i canoni del lusso di un'epoca passata da oltre trent'anni. Il tenente a torso nudo studiava la sua nuova medicazione alla spalla. Garza e cerotto chirurgico avevano preso il posto di quel bendaggio improvvisato. La ferita era stata disinfettata e ricucita, e al paziente era stata somministrata una dose massiccia di antinfiammatori. Un'infermiera professionista non avrebbe saputo fare di meglio.

«Perché mi hai svegliato? Stavo sognando che mi medicavi col tuo tanga di pizzo!»

«Sei vivo per miracolo» rispose lei con un sorriso. «Ti ho

dovuto ricucire, anche se si direbbe che non sono stata la prima a farlo» sottolineò la giornalista, sfiorando con la mano una vecchia cicatrice sul bicipite del tenente.

«Grazie, mi hai salvato la vita» rispose lui con fare serio.

«Eri pronto a sacrificare la tua per me, era il minimo che potessi fare. Sei fortunato, mia madre era un chirurgo e mi ha insegnato a mettere i punti.»

Tess era in piedi e indossava una vestaglia di seta nera con ricami cachemire, un altro indizio che entrando in quella barca i due avessero varcato un portale spazio-temporale. La cintura legata alla vita le divideva il corpo sinuoso in due metà, come una clessidra. Sotto la cinta, la seta sembrava aderirle al fondoschiena come una seconda pelle. Il sedere era alto e sodo, e la sua curvatura, accentuata da un filo di lordosi, lo rendeva ancora più sexy. Sopra la cinta, l'eccessiva scollatura a "V", tipica degli anni '80, copriva a malapena due seni generosi i cui capezzoli sembravano sfidare la resistenza del tessuto lasciando molto poco all'immaginazione. I capelli corvini le ricadevano sopra le spalle confondendosi con la seta nera della vestaglia.

«Ti ho svegliato perché hai perso molto sangue e hai bisogno di mangiare per riprendere le forze.» Tess riprese a parlare con due piccoli barattoli in mano.

«Grazie, madame. Cosa propone lo chef stasera?» fece lui, cercando di fare il vago davanti alla seducente giornalista.

«Be', è stata una giornata un po' intensa e non sono riuscita a fare la spesa. Curiosando in dispensa, però, ho trovato del caviale e polpa di granchio» disse con aria furbetta, mostrandogli le etichette dei barattolini.

«Bel culo...» sussurrò Blake, pensando a voce alta.

«Come dici, tenente? Devo aver capito male...» La ragazza si finse perplessa, ma nascondeva un sorriso a mezza bocca.

«Ehm, no dicevo... una gran bella fortuna trovare tutto quel ben di Dio in dispensa!»

«Ah ok» rispose dopo una breve pausa, «pensavo ti riferissi

al mio sedere!» ribadì senza tanti giri di parole.

«Ehm...» Blake aprì la bocca, ma non sapeva come rispondere. Rimase in silenzio.

«Tranquillo detective, stavo solo scherzando. Piuttosto, mentre eri svenuto hai blaterato delle parole, mi sembrava italiano» fece lei per cambiare discorso. «Lo avevo imparato un pochino da piccola, ma ormai me lo sono dimenticato. È passato così tanto tempo...» sospirò la Westlake.

«Davvero conosci l'italiano?» chiese lui curioso.

«Da piccola trascorrevo le estati in Italia con la mia famiglia. Avevo imparato qualche parola.»

«Fantastico! Comunque sì, è possibile che tu mi abbia sentito parlare italiano prima. Sono stato sposato con una ragazza italiana e quando è nato mio figlio abbiamo imparato a parlarlo anche noi. Ancora oggi io e lui a casa parliamo un misto tra italiano e inglese.»

Blake interpretò lo sguardo smarrito della Westlake e chiarì che si trattava di tanto tempo prima. «Lei ora non c'è più, siamo solo io e Franco. A ogni modo, caviale e polpa di granchio... niente male! Di certo non me lo avrebbero mai servito in ospedale, per non parlare della prigione. Anche se una bella bottiglia di champagne per buttare giù tutto sarebbe stata perfetta!» scherzò lui, ma lei si incamminò verso la dinette e tornò con una bottiglia di Veuve Clicquot.

«Lo stavo tenendo in fresco. Se proprio deve essere la nostra ultima sera, è bene festeggiare!»

Lo aprì, ma le sfuggì il tappo che centrò Blake in testa.

«Se avevi intenzione di farmi fuori, avresti potuto semplicemente lasciarmi affogare nel fiume...»

Per una volta il gesto maldestro della giornalista risultò essere perfetto per la circostanza, risero e ruppero il ghiaccio.

«Quanto tempo sono rimasto svenuto?» chiese con aria smarrita, guardandosi le gambe.

«Un paio d'ore, forse tre» rispose lei, vedendo il detective a torso nudo osservare e toccarsi i pantaloni del pigiama

«Ti ho levato i vestiti bagnati» fece lei dalla dinette con nonchalance.

Blake allora sollevò l'elastico dei pantaloni e sbirciò dentro: «Vedo che mi hai levato tutti i vestiti!» puntualizzò.

«Certo, ti ho anche lavato se è per questo. Dio solo sa cosa c'è nell'acqua del Potomac» ribadì, del tutto imperturbata.

Blake le andò vicino e restò qualche secondo accanto a lei, fissandola in silenzio. Poi prese una tartina alla polpa di granchio e se la divorò in un solo boccone, gli occhi piantati nei suoi. Il silenzio del detective presupponeva che lei spiegasse in modo più esaustivo l'accaduto.

«Non volevo che ti prendessi un'infezione. Già non ti reggi in piedi, ci mancava solo la febbre!» esclamò decisa, eppure un ghigno ne tradì le intenzioni.

«E che ne sai che ora non sono caldo?»

«Infatti non lo so, non ho trovato il termometro» argomentò con aria di sfida. Diede un sorso dalla bottiglia di champagne e le prese una mano che poggiò sulla sua fronte.

«Be', che dici?» chiese lui, replicando il tono di sfida.

«Dico che sei fresco e non hai la febbre, contento?» Tess gli sussurrò, arrivandogli a un dito dalla punta del naso. L'atmosfera era elettrizzante, ciascuno aspettava una mossa dell'altro. Poi, accadde. Tess aprì la bocca e si passò la punta della lingua in un angolo delle labbra. Blake la tirò a sé dal collo e la baciò. Un bacio lungo e appassionato. Poi le carezzò i capelli e con la stessa mano cominciò a scendere. Prima sul viso, poi il collo, alla fine sentì con le dita la seta della vestaglia. Percorse l'ampia scollatura con il polpastrello a filo tra l'orlo e la pelle, poi con un movimento rapido infilò la mano sotto il kimono e le afferrò il seno. Le accarezzò il capezzolo duro con un movimento circolare, lei non trattenne un gemito di piacere. Poi però Tess gli afferrò il polso dell'altra mano mentre Billy stava per slacciarle la cintura.

«Scommetto che vuoi sapere...» gli sussurrò nell'orecchio.

«Sapere cosa?» rispose lui, sempre a bassa voce.

«Cosa è successo al tanga che ti ha salvato la vita!»

«Provo a indovinare» rispose, riprovando a slacciarle la cinta del kimono. Lei gli teneva sempre il polso, ma questa volta lo lasciò fare, finché i due lembi della cinta le caddero lungo i fianchi e la vestaglia lentamente si aprì, rivelando la risposta. Il tanga che gli aveva salvato la vita non era tornato al suo posto. Il bacino di Tess era nudo, completamente glabro a eccezione di un filo di peli che gli correva in verticale appena sopra al pube. Lei gli lasciò il polso e con l'indice gli direzionò lo sguardo spingendogli il mento come fosse un joystick. La giornalista fece no scuotendo la testa, a indicare che l'ipotesi del tenente era sbagliata. Poi mosse il dito dal mento del detective e allungò il braccio in direzione del suo sguardo. Il dito indicava un applique d'ottone sopra a un divano dove il tanga penzolava attorno al punto luce. La donna sorrise e diede un morso a una tartina al caviale.

«Non sapevo come altro fare per asciugarlo!»

Curvò il sopracciglio con un sorriso provocatorio e indicò la parete opposta, dove su un applique speculare alla prima penzolavano i boxer di Blake. Poi si voltò e s'incamminò ancheggiando verso la cabina armatoriale. Giunta sulla soglia, si portò le mani alle spalle e si fece scivolare il kimono di seta sulla schiena, l'indumento si adagiò sul pavimento in teak. La sua pelle era più liscia della seta della vestaglia. Si sdraiò nuda sul centro del letto lasciando la porta dalla cabina aperta. Poi, fissando il detective, si mise la seconda metà della tartina in bocca leccandosi la punta delle dita. Blake diede un altro sorso alla bottiglia e si avviò verso la cabina. La ferita non gli faceva più così male.

Ore dopo, nel cuore della notte, Blake continuava a rotolarsi nel letto pensando al figlio. Era certo che fosse al sicuro con Alice, però i dannati telefonini erano fuori uso dall'acqua e non poteva sincerarsi. L'angoscia gli trapanava il cervello. Tess, accanto a lui, percepiva tutta la sua irrequietezza. Spalancò gli occhi all'improvviso e si alzò con la scusa di andare in bagno. Cercò le sue medicine, ma il flaconcino di plastica arancione aveva perso il tappo. Al posto delle pillole colorate c'era un dito d'acqua del Potomac.

13 settembre
XXXX

Corsi e ricorsi storici

DÉJÀ VU

Giambattista Vico, *La Scienza Nuova*, 1725

- 22 -

Oggi, nove anni prima.

***

Alla vista di un veicolo in panne, un uomo accostò la propria auto nella corsia di emergenza. Una signora anziana, curva sulle ginocchia usurate dal tempo e dalla sclerosi, trascinava a fatica un arnese pesante. Aveva bucato una gomma e maneggiava il cric con la stessa destrezza con cui il diavolo avrebbe tenuto in mano una boccetta d'acqua santa.

«Buonasera signora» l'uomo salutò educatamente, scendendo dalla sua vettura. «Posso aiutarla con quell'attrezzo?» chiese con un sorriso, indicando il martinetto.

«Grazie al cielo, figliolo, devi essere un dono del Signore! È da quasi un'ora che gesticolo per chiedere aiuto, ma nessuno ci ha fatto caso. D'altronde, a chi può interessare un vecchio rottame come me! Mi ero arresa al mio destino e stavo per cambiarmi la ruota da sola quando *poof*, come nelle favole, è arrivato il principe azzurro a risolvere la situazione!» fece lei, con una risatina.

«Mi creda, signora, non sono affatto un principe!» rispose l'uomo con voce melanconica.

«Oh, se lo sei ragazzo, e sei anche belloccio!» gli fece un

occhiolino chiudendo la palpebra su una cataratta. «Ma non ti preoccupare, non mi aspetto che poi tu mi dia un bacio per trasformarmi in una bellissima principessa. Sono felice di restare un vecchio rospo» disse la vecchia, scoppiando in una fragorosa risata che evidenziò una manciata di denti marci.

Un timido sorrisetto apparve sul volto dell'uomo per la prima volta in quel giorno per lui terribile.

«Gesù mio, è sangue quello che hai sulla camicia, ragazzo?» chiese preoccupata l'anziana, notando la macchia rossa sulla manica.

«È una lunga storia, signora» provò a tagliare corto lui, mostrando il palmo della mano per sollecitarle il martinetto.

«Be', sembra che non andremo da nessuna parte per un po' di tempo noi due...» La vecchia lo guardò con un altro sorriso che le riempì il viso di rughe come una tartaruga.

Non fu solo perché si trattava di una povera vecchietta a un passo dal frantumarsi le ossa del piede con il cric, la verità è che l'uomo avvertì un impulso irresistibile per quella determinata circostanza: aiutare una donna a cambiare la gomma di un'auto.

Il ragazzo chiuse gli occhi e così come accade per lo sviluppo delle fotografie istantanee, dove l'immagine appare poco alla volta, colore dopo colore, gli tornò in mente il giorno in cui conobbe la moglie. I suoi lunghi capelli biondi svolazzavano al vento dal lato del cofano; aveva bucato una gomma e stava cercando il cric vicino al motore invece che nel portabagagli. Sarebbe stata una giornata lunga e complessa qualora avesse dovuto sostituire la ruota da sola! Fortunatamente, al contrario della vecchia signora, la ragazza non dovette attendere molto prima che arrivasse il soccorso. Se non fosse stato lui, di sicuro si sarebbe fermato qualche altro ragazzo poco dopo. D'altro canto, non si trattava solo di gentilezza, la ragazza era bellissima, ma il destino volle così. La bionda fu soccorsa da un altro bel ragazzo che oltre alla gentilezza mise in mostra tutto il suo *savoir-faire*, e fu così che l'assistenza stradale venne contraccambiata con un appuntamento. A un primo invito a cena ne seguì un altro, poi un altro ancora. Erano giovani e incoscienti. Sei mesi dopo si erano fidanzati e dopo altri sei divennero il signore e la signora Blake. Nel mezzo di questa avventura, lei rimase incinta.

***

Angela Marini era italiana, ma il suo nome di battesimo era solo l'inizio del paradosso. Il primo periodo fu il più felice della vita di Blake. Comprarono una casa con l'aiuto dei genitori e trascorsero alcuni mesi ad arredarla tra risate, sesso e cenette intime. Le cose cominciarono a cambiare con la nascita del figlio Francesco. Tutto a un tratto, la stessa gelosia che Angela provava per William e che lui inizialmente adorava perché lo faceva sentire la persona più amata del pianeta, gli si ritorse contro. Da gelosia sana divenne, invece, un sentimento che era degenerato in modo progressivo con la gravidanza. Blake sottovalutò la cosa pensando si trattasse solo di uno sbalzo ormonale, ma invece di migliorare la situazione peggiorò e la gelosia carina e affettuosa si tramutò in un senso di possessività maniacale. Così come maniacale era anche la sua ossessione per i capelli. Aveva dei bellissimi capelli ondulati, eppure ogni giorno passava ore con il fon in mano per farsi la messa in piega e non smetteva finché i capelli non diventavano lisci come spaghetti; tre, anche quattro volte al giorno, compresa la sera prima di andare a letto.

«Voglio farmi bella per te. Non vorrai che vada a letto come una strega!» gli disse una volta Angela quando Billy protestò alle 2:30 di notte, tornati a casa da una serata fuori. Ma il problema era più oscuro e profondo e la stava stritolando in una morsa, proprio come un serpente fa con la sua preda. Fu così che la vita sociale di Blake divenne la sua preda. Cominciò dapprima con le amiche donne che aveva.

Secondo Angela erano tutte puttane che se lo volevano portare a letto. Dopo aver assalito verbalmente in modo molto pesante una di loro, peraltro felicemente sposata e madre di due bambini, Angela cominciò con lo stalking. Rintracciò il numero di telefono del marito della ragazza e cominciò ad assillare anche lui, scrivendogli che la moglie era una troia e si voleva scopare suo marito. Neanche a dirlo, con le sue azioni Angela creò una grossa tensione nella famiglia della poveretta che alla fine fu costretta a denunciarla. Episodi simili si susseguirono finché tutte le amiche di Billy, le puttane, furono cancellate dalla sua vita.

Dopo aver eliminato l'ultima delle donne, toccò agli amici maschi finire nella spirale del serpente. Li percepiva tutti come puttanieri, e quindi non adatti a lui. Nel giro di pochi mesi tutti impararono a tenersi alla larga. Billy amava la moglie, avevano un figlio piccolo e così decise di passare sopra a questi soprusi.

La preda successiva divenne la famiglia di Blake. Secondo Angela, erano tutti egoisti che si approfittavano di lui e non lo meritavano. A malincuore, William continuava a prendere le difese della moglie, mosso da un senso di appartenenza e lealtà verso la sua nuova famiglia. Eppure, dietro quei comportamenti irrazionali, la gelosia era solo la punta dell'iceberg. Quando Blake cominciò a sfidare i comportamenti della moglie intravide barlumi di violenza.

Una sera, quando Francesco aveva tre anni, Angela stava cucinando cotolette e patatine fritte mentre si faceva la solita piega con l'asciugacapelli. Billy si accorse che il figlio stava per mangiare una fettina impanata con i capelli biondi della madre e fece una semplice battuta. Un attimo dopo, Angela iniziò a urlare a squarciagola. Blake, che fino ad allora era riuscito a limitare episodi simili di fronte al bambino piccolo, questa volta fu colto impreparato.

«Sei un bastardo ingrato. Mi faccio un mazzo così, sempre attenta a essere carina per te, ed è così che mi ringrazi?»

Un istante dopo, Angela stava piangendo disperata. Era

sempre così, bramava attenzioni per nutrire la sua insicurezza e come al solito Blake provò a consolarla. Non riuscendo però nell'impresa, lasciò perdere. La resa del marito innescò la sensazione di abbandono: la ragazza prese un piatto e glielo lanciò contro, ma lui fu veloce a schivare il disco volante che s'infranse contro il muro. Non era la prima volta, e il loro servizio di piatti era ormai ridotto ai minimi termini.

«Amore ti prego, calmati. Lo stai spaventando.»

Francesco aveva le lacrime che gli rigavano le guance. Lei guardò il figlio e parve tranquillizzarsi, ma durò solo un attimo. La calma prima della tempesta.

«NON TRATTARMI CON CONDISCENDENZA!» urlò Angela all'improvviso come un'aquila.

I riflessi rapidi di William gli permisero di ritrarre la mano destra poco prima che un affilato coltello da bistecca si conficcasse nel tavolo di legno. La lama però gli intercettò la mano a mezz'aria ferendolo in modo superficiale. Blake, scioccato, si portò l'arto al petto in segno di protezione. Fissava ora il coltello piantato nel pianale di legno, ora il cestino del pane nel quale stava sgocciolando sangue. La scena da film dell'orrore era la prova lampante che la psicosi di Angela era degenerata a una fase successiva. Il pericolo, adesso, era chiaro ed evidente.

«Mamma, fermati» piagnucolò Francesco. Angela si portò le mani al volto, scoppiando in un pianto isterico. L'ennesimo.

«SMETTILA DI PIANGERE!» urlò di nuovo, riafferrando il manico del coltello, ma Blake fu lesto a bloccarle il polso. Era di gran lunga più forte di lei e riuscì a disarmarla con facilità, però Angela era tutt'altro che arrendevole. Afferrò con l'altra mano la padella con cui stava friggendo le patate e gliela scagliò contro. Ancora una volta i riflessi di Billy ebbero la meglio e vide la stoviglia passargli davanti alla punta del naso. Ma il piccolo Franco, legato al seggiolone dietro di lui, non ebbe la stessa fortuna.

La padella piena di olio bollente lo colpì sul lato destro del viso, ustionandolo. L'incidente gli causò una piccola cicatrice sotto l'orecchio, che il bambino avrebbe poi nascosto portando i capelli lunghi. Per fortuna la tenera età lo aiutò a rimuovere completamente l'episodio dalla memoria, ma non fece altrettanto Blake: fu la goccia che fece traboccare il vaso. Divorziò e ottenne la custodia del figlio. Gli episodi di stalking cominciarono subito dopo la sentenza del giudice e, nonostante gli ordini restrittivi, la situazione degenerò ulteriormente. Blake però non era più disposto a scendere a compromessi, e alla fine Angela fu internata in una struttura psichiatrica per evitare che potesse arrecare danno a sé o ad altri.

***

Circa un anno dopo, un pomeriggio, Blake portò il figlio a un pigiama party, il che gli permise di prendersi una serata di riposo. Decise di trascorrerla nella casa al mare dei genitori che erano partiti per una crociera. Si versò un bicchiere di whisky invecchiato vent'anni che il padre custodiva gelosamente e si lasciò affondare nella comoda poltrona Chesterfield, la seduta preferita del papà. Blake amava il mare d'inverno. Poca gente, aria limpida e la vista superba delle onde che s'infrangono contro gli scogli.

Tuttavia, per qualche motivo, quel giorno non riusciva a rilassarsi. Qualcosa di imprecisato lo disturbava e allora decise di accendere la TV per distrarsi un po', magari si sarebbe appisolato. Sentiva il rumore del vento fischiare in lontananza mentre il vecchio tubo catodico prese vita, illuminandosi sul canale delle news con un'ultima ora scioccante. Due donne erano fuggite dal *Devoted Sisters of Mary*, una struttura femminile per pazienti con problemi psichiatrici. Una delle suore dello staff era stata ritrovata nell'armadio delle scope, appesa al gancio fissato dietro la porta. Il gancio le trapassava il collo sotto al mento e le fuoriusciva dalla bocca spalancata.

L'addetto alle pulizie aveva visto la pozza di sangue filtrare da sotto la porta e aveva dato l'allarme. I nomi delle donne evase non erano stati rilasciati, e sebbene una delle due fosse stata catturata poco dopo l'evasione, l'altra era ancora a piede libero. La struttura non era molto distante da lì, e quando ne mostrarono un'immagine di repertorio il collegamento nella sua mente fu istantaneo: Angela.

La sua sensazione imprecisata di malessere si tramutò improvvisamente in panico. Silenziò la TV e diede uno sguardo rapido nel grande salone. Il fischio del vento distante riprese e Blake si affacciò da una finestra: c'era qualcosa di strano. Nel giardino, a poca distanza, si stagliava la grossa chioma di un albero, eppure sui folti rami non si muoveva neanche una foglia. Anche le altre piante intorno erano immobili. Guardando di lato, intravide la casa del vicino che aveva una bandiera afflosciata sull'asta. Chiaramente non c'era un filo di vento fuori, William aveva interpretato male quel suono, non era il rumore del vento invernale che fischiava in un paese di mare. Si voltò di scatto e cominciò a seguire il sibilo come un cane da caccia, fino a quando si ritrovò di fronte al bagno di servizio. La porta era accostata e una luce soffice filtrava dalle fessure. Billy sapeva di non essere stato lui ad accenderla e certamente non potevano averla lasciata accesa i genitori che erano soliti controllare tutto mille volte prima di andarsene.

Aprì quella porta un centimetro alla volta, la stessa lentezza con cui una gocciolina di sudore gli rigava la fronte.

Non può essere... Un asciugacapelli acceso era poggiato sul bordo del lavandino. In fondo al bagnetto, la tendina della doccia era distesa lungo il suo bastone di sostegno sopra la vasca e tremolava. Blake si avvicinò con cautela, finché non gli fu a portata di mano. L'aprì con uno strattone secco, come in un film horror da quattro soldi, ma la vasca era vuota. Il tremolio era causato dalla corrente creata dal fon. Spense l'asciugacapelli giusto in tempo per sentire lo scricchiolio di un listello di legno che gli sembrò provenire da un gradino della scalinata che conduceva al piano di sopra. Uscì veloce nel salone e si voltò verso le scale, ma non vide nessuno. Allora si guardò intorno e notò un posacenere sul tavolino di cristallo. Era di bronzo, a forma di canoa indiana, lungo all'incirca come una banana e pesava quasi due chili. Era il posacenere che il padre usava quando fumava i sigari. Lo afferrò e se lo mise in tasca prima di cominciare a salire furtivamente verso il secondo piano. Le luci erano spente, e così decise che era meglio muoversi nella penombra. Fu tradito però dall'ultimo gradino, che scricchiolò sotto il suo peso; un listello di legno usurato che il papà si era più volte ripromesso di sistemare. *Cazzo*! Strinse le dita sul corrimano, ormai era troppo tardi per il fattore sorpresa.

Il piano superiore era composto da quattro camere da letto e due bagni. Aprì la prima porta alla sua sinistra, la stanza degli ospiti. Non veniva usata da anni e tale era rimasta. Continuando in senso orario ispezionò un bagno, anch'esso vuoto. Era pronto ad aprire la porta successiva quando notò una luce fioca filtrare da sotto l'uscio della stanza padronale in fondo al piccolo corridoio. Lo percorse, tenendosi sul corrimano della balaustra. Sentiva il cuore battergli all'impazzata quando si fermò e posò la mano sulla maniglia. Quella strana sensazione che lo aveva allertato inizialmente si era fatta più intensa, ora quasi dolorosa. Billy prese un lungo respiro e aprì la porta.

Una vecchia lampada a petrolio era accesa sul comodino e con la sua fiammella tremolante irradiava la stanza. Angela era seduta sul bordo del letto a baldacchino e indossava una camicia da notte di cotone bianca. Era sempre molto bella, con i suoi capelli biondi allisciati che le cadevano sopra le spalle. Blake notò subito i bicipiti scolpiti, ma anche il resto del corpo era molto più muscoloso di come se lo ricordasse. Chiaramente si era allenata molto nel centro di detenzione.

«Ciao Amore, vieni a letto? Ho sempre amato questa casa, sapevi che sarei venuta qui e mi stavi aspettando, vero?»

Il tono amorevole e la naturalezza di quella domanda evocavano una quotidianità domestica talmente fuori contesto da risultare spaventosa. Era schizofrenia allo stato puro, considerando che i due non si vedevano da un anno. L'atmosfera surreale deteriorò in una scena raccapricciante appena Angela stese il braccio invitandolo a prenderle la mano. Aveva una serie di tagli che si propagavano a rete dal polso fino a coprire tutto l'avambraccio.

«Angela... che cosa hai fatto?» chiese lui con la voce rotta.

«Vedo che anche tu sei felice di vedermi, caro.» Fece un sorriso accattivante guardandogli i pantaloni. Il posacenere a forma di canoa gli rigonfiava la tasca facendolo sembrare un'erezione.

«Non puoi essere qui, Angela. La TV dice che una donna è morta nel corso della tua fuga... una suora! Ti prego, non dirmi che sei stata tu a...» Blake non ce la fece neanche a finire la frase che Angela cominciò a mordersi il labbro inferiore, tormentandolo tra gli incisivi fino a farlo sanguinare.

«Ma noi siamo una famiglia! Dov'è Franco?» chiese con la voce tremolante, guardandosi intorno. I grandi occhi marroni, ora gonfi e lucidi, sembravano scoppiare. «Non è qui, sta con degli amici.»

Un rigagnolo di sangue le gocciò dal labbro fino al mento. Lo leccò via con un rapido colpo di lingua, come fosse una lucertola, poi chiuse le palpebre e mosse le labbra su e giù, come se si stesse concentrando per una degustazione di vino pregiato. All'improvviso riaprì gli occhi, fissandolo con uno sguardo malvagio.

«Me lo hai portato via... di nuovo!» Afferrò la lampada a petrolio e scattò verso di lui con la rapidità di un felino, cogliendolo di sorpresa. Lo colpì alla testa e l'ampolla di vetro a protezione della fiammella si ruppe, tagliandogli la fronte all'altezza del sopracciglio.

La foga dell'attacco fu tale che i due corpi, avvinghiati l'uno all'altro, furono scaraventati fuori dalla porta contro la vecchia balaustra di legno. La botta alla testa e il sangue che gli colava sull'occhio gli confondevano la vista e lei ne approfittò per afferrarlo alla gola con la mano sinistra. Blake provò a levarle la mano, ma si scoprì totalmente impreparato a confrontarsi con la nuova forza della ex moglie.

«Angela fermati, ti supplico» farfugliò lui a malapena.

Il rigagnolo di sangue dal sopracciglio di Billy era sceso fino alla guancia, e Angela lo leccò via con un altro rapido colpo di lingua. Spalancò la bocca in un sorriso beffardo per mostrare la lingua scarlatta, un atto di sfida. La vista di Billy era offuscata, la donna lo stava soffocando mentre lo fissava con gli occhi spiritati e affondava sempre più le unghie nella carne del suo collo.

Sembrava indemoniata, provò a mettere il punto esclamativo sulla sfida inclinando la lampada a petrolio verso il volto dell'ex marito. Seppure fosse mancino, la forza della mano sinistra di Billy equivaleva a quella della destra di Angela, almeno a giudicare dalla fiammella. Poi l'angolo della fiamma si inclinò di qualche grado a indicare che quella fase di stallo stava per rompersi; Angela sembrava prevalere e Blake avvertì il calore aumentare pericolosamente sulla guancia.

Afferrò il posacenere che aveva in tasca con l'altra mano e le sferrò un montante sotto la mascella con le ultime forze che aveva in corpo. Il colpo potente la sollevò da terra, scaraventandola direttamente oltre la balaustra. La situazione si era d'improvviso capovolta. Angela adesso penzolava nel vuoto, con Blake che la teneva per il polso. Nella mano destra stringeva ancora la luce a petrolio, con l'altra cercava di aggrapparsi alla balaustra che però era troppo lontana.

«Afferra l'altra mano!» gridò lui sporgendosi, ma erano troppo distanti e le due mani si dimenavano nell'aria. Blake allora si sporse ancora di più, le dita si sfiorarono, ma il peso dei due corpi adesso insisteva su un unico punto della vecchia recinzione tarlata che si spezzò bruscamente. Un pezzo del corrimano dov'era poggiato il gomito di Blake cadde al piano di sotto e, in assenza del supporto, il braccio di William che sosteneva il peso di Angela crollò inevitabilmente verso il basso. Il piolo di sostegno alla sezione di corrimano infranto si era a sua volta spezzato e, come fosse una lancia, perforò il bicipite di Blake da parte a parte. Avvertì un dolore indescrivibile e si sfogò con un grido disumano, mentre la ragazza lasciò cadere la lampada che si schiantò al suolo. Una macchia d'olio non fece in tempo a espandersi sul tappeto che prese subito fuoco.

«Angela ti prego, afferrami l'altra mano, non riesco più a tenerti» gridò in lacrime, ma la donna aveva smesso di provare. La tristezza nei suoi grandi occhi marroni rivelò che Angela aveva già preso la sua decisione. Si fissarono, e lui le lesse un sussurro nelle labbra: «*Ti amerò sempre.*» Poi Angela aprì la mano e cercò di divincolarsi dalla presa di Billy, lui però le teneva saldamente il polso e non la lasciava andare. Fu in quel momento che Angela iniziò a dondolarsi come una bimba sull'altalena facendo leva sul braccio di Billy ancora infilzato nel legno, finché il dolore divenne insopportabile.

«NO!» urlò lui, ma i muscoli smisero di obbedire al suo comando. La ex moglie spiccò in volo verso il tavolino di cristallo sotto di lei, mandandolo in frantumi. Una lama di vetro le trapassò il torso fuoriuscendo dall'addome. Billy, impalato, osservò impotente dall'alto. Angela era ancora viva, lottava per respirare e alzò una mano al cielo verso di lui.

I capelli biondi erano sparpagliati sul tappeto e Blake si accorse che la minaccia dell'olio incandescente era sempre più vicina. Pervaso da un'improvvisa ondata di adrenalina, prese il piolo con la mano destra e lo estrasse dal bicipite sinistro. La stanza riecheggiò di un altro urlo sovrumano. Billy si alzò in piedi proprio mentre i capelli di Angela presero fuoco. Corse giù dalle scale sfilandosi la maglietta, in quei pochi attimi che percorse i gradini la testa della donna era già una torcia ardente.

Quando Blake finalmente soffocò le fiamme, Angela era ancora viva. Il fuoco le aveva bruciato il lato destro del viso, un crudele gioco del destino che adesso la legava al figlio Francesco. Le usciva sangue dalla bocca, ma adesso non aveva più quell'aspetto demoniaco di qualche minuto prima, quando rideva con la lingua pregna di plasma vermiglio. I suoi grandi occhi marroni erano tornati dolci e gentili, come quello sguardo innocente della ragazza che non sapeva come fare a cambiare la gomma dell'auto. I suoi demoni l'avevano finalmente abbandonata, restituendo a Billy, anche se solo per un istante, sua moglie prima che venisse consumata dalla malattia mentale. Confortata dall'abbraccio del marito, Angela smise di lottare e se ne andò serenamente, chiudendo gli occhi con un sorriso.

***

«Grazie ragazzo, e che Dio ti benedica!»

La signora anziana si rimise in macchina. «Ora però fatti vedere da un dottore, figliolo. Non hai per niente una bella cera!»

La macchina ripartì e lo sguardo di Billy cadde sul paraurti posteriore dov'era appiccicato uno sticker con la scritta: "*Non Dimenticare Mai*" e sotto il numero "9" con l'immagine delle due Torri Gemelle prima dell'attacco terroristico che le distrusse. Nell'insieme formavano "9/11", la data dell'attacco. Blake prese allora il cellulare dalla tasca e compose quelle tre cifre sulla tastiera: «Nove, uno, uno, qual è la sua emergenza?» rispose una voce dal centralino[6].

«Mi chiamo William Blake, ho appena ucciso la mia ex moglie per legittima difesa. Sto venendo a costituirmi alla stazione di polizia più vicina. Potete anche informare le autorità competenti che il corpo senza vita di Angela Marini, l'evasa dal centro di detenzione *Devoted Sisters of Mary*, si trova a questo indirizzo...»

6. 9-1-1 è il numero per le emergenze negli Stati Uniti, equivale al nostro 118.

***

Esattamente nove anni dopo quel giorno, il detective Blake si svegliò di soprassalto nella cabina armatoriale di uno yacht ormeggiato sul Potomac. Aveva trascorso una notte agitata, braccato sia dall'FBI sia da un'organizzazione criminale, e continuava a pensare a Franco. Spalancò gli occhi con un urlo di angoscia.

«*Buongiorno Billy, come stai?*»

La voce italiana di una donna gli ronzava nelle orecchie.

«Angela!» esclamò lui.

«Billy sono io, Tess. Mi hai fatto preoccupare» disse la giornalista in inglese, con un asciugamano arrotolato a mo' di turbante intorno alla testa. «Stavo facendo la doccia e ti ho sentito urlare. Hai fatto un incubo.»

«Sto bene, grazie» rassicurò lui col respiro affannato, guardandosi attorno per capire dove fosse. «Mi è sembrato di sentirti parlare in italiano, forse stavo ancora sognando...»

«No, hai sentito bene. Come ti ho detto ieri sera, da piccola ho viaggiato spesso in Italia con i miei genitori e ho imparato qualche parola.» Tess si sdraiò accanto con la stessa provocante vestaglia di seta e gli carezzò il viso. «Ogni anno vedevamo posti diversi, ma facevamo sempre una tappa di qualche giorno ad Anzio, una località di mare vicino Roma. Mio nonno paterno era un soldato nella Seconda guerra mondiale e morì durante lo sbarco.»

«Certo, ho sentito parlare dello sbarco di Anzio!»

«Mio nonno è sepolto nel cimitero americano di Nettuno, un paesino vicino ad Anzio. Mio padre ci portava lì tutti gli anni. Ci sedevamo davanti alla tomba di nonno e mi raccontava delle storie. Papà era un bambino più o meno della mia età quando suo padre partì per la guerra, senza tornare mai più. Fu tutta colpa di un errore sciocco, almeno a detta degli storici.»

«Cioè, di che errore parli?» chiese lui incuriosito.

«In quello sbarco gli Alleati commisero uno dei più grandi

errori strategici della Seconda guerra mondiale. È una storia che mio padre mi raccontava al cimitero, senza mai riuscire a trattenere la tristezza che lo ha segnato per la vita. La chiamava "*La storia del maggiore Lucas, il codardo e del Generale Clarke, lo stolto*". Paradossalmente, in sé, lo sbarco di Anzio fu molto facile. Infatti, i nazisti non si aspettavano che gli Alleati sbarcassero lì. Eppure il maggiore Lucas, che guidava le truppe di terra, non vedendo alcuna resistenza, temette che i tedeschi si stessero nascondendo per tendergli un'imboscata. Quindi, in accordo col Generale Clark, invece di continuare l'avanzata verso Roma, si fermò e fece scavare delle trincee. Il tutto nonostante una jeep avesse fatto un giro di perlustrazione riuscendo ad arrivare indisturbata fino alla periferia della capitale italiana. Fu un errore cruciale.

I nazisti, che erano stati realmente presi alla sprovvista, ebbero così il tempo di riorganizzarsi e serrarono i ranghi. Ne seguì una pioggia di granate che inchiodò gli Alleati sulle rive di Anzio per settimane, con i tedeschi asserragliati a Monte Cassino sulla famosa linea gotica. Cominciò una dura battaglia e ci vollero cinque lunghi mesi per conquistare Roma, quando invece si presume che gli Alleati avrebbero potuto conquistare le porte della città eterna già quella stessa notte. Morirono migliaia di soldati, incluso mio nonno.»

Il tono della giornalista era solenne e trasmetteva le emozioni che avevano segnato la storia della sua famiglia. Un nonno che non conobbe mai a causa della decisione sbagliata di un ufficiale dell'esercito.

«Accidenti, che storia!» commentò Blake, sdraiato accanto a lei, fissando in alto. Vide l'impronta della mano di Tess stampata sul boccaporto sopra le loro teste. Il vapore della doccia lo aveva riportato alla luce e lui glielo fece notare con un sorrisetto malizioso. L'impronta era un segno della notte di sesso appena trascorsa.

«Sai, non te la sei cavata male per uno che è mezzo morto!» Scherzò lei, dandogli un bacio. Lui la tirò a sé dalla cinta del kimono, che slegò con molta più audacia della sera prima. Un attimo dopo i loro corpi erano di nuovo fusi insieme in un'estasi di passione. Consumato l'amplesso, lei poggiò la testa sul suo petto ad ascoltargli il cuore mentre riprendevano fiato. Sfiorò la cicatrice sul braccio di Blake e, forse incuriosita, disse: «Sembrerebbe che tu abbia visto giorni peggiori di questo, detective. Cosa hai fatto qui?»

La cicatrice era su ambo i lati del braccio sinistro, a indicare che qualcosa lo aveva trapassato da parte a parte.

«Un incubo, come dicevi prima. Uno terribilmente vero, però se non ti dispiace preferisco non parlarne.» Blake a un tratto s'irrigidì, si alzò e andò in bagno.

«Mi dispiace, non volevo turbarti con dei brutti ricordi» si scusò lei, vedendo la reazione stizzita del tenente.

Tess sapeva meglio di chiunque altro cosa significasse portare alla luce i propri demoni più reconditi, quelli sepolti e dimenticati nelle viscere dell'animo. Dopo l'11 settembre le fu diagnosticata una forma acuta di disturbo da stress post-traumatico che, tra i vari sintomi, occasionalmente le faceva vivere delle terribili allucinazioni nelle quali i traumi più scioccanti del suo passato riprendevano improvvisamente vita, mescolandosi alla realtà intorno a lei. Si era curata a lungo per combattere questo male e, sebbene non lo avesse sconfitto del tutto, era riuscito a confinarlo. Ricordava bene che i suoi terapisti l'avevano avvertita che nuovi ulteriori eventi traumatici avrebbero potuto riaprire certe ferite del suo subconscio e per evitare, o comunque limitare questi fenomeni, osservava un rigoroso regime di psicofarmaci. Quelle pillole colorate che adesso stavano facendo compagnia ai pesci del Potomac.

- 23 -

Lo staff al *The Public Eye* lavorava senza sosta. Il capo redattore Theresa Westlake aveva dato le dimissioni da neanche tre giorni e ora era sulle prime pagine di tutti i giornali del Paese. Non ci volle molto a identificarla dalle immagini dei video amatoriali e ben presto il suo nome fu accomunato a uno degli uomini più ricercati d'America, il tenente William Blake. A differenza delle altre testate però, la gente si aspettava che il *The Eye* riportasse notizie inedite sulla Westlake considerato il suo ruolo nel giornale. In effetti il direttore Gordon Stevens, che per l'occasione curava personalmente l'articolo, propendeva per una posizione difensiva nei confronti della propria cronista, scostandosi dalla linea dura seguita dagli altri mezzi d'informazione.

«Dove diavolo è Garrett? Doveva essere già qui!» tuonò Stevens. Il redattore nella squadra della Westlake non era ancora ritornato e il direttore stava perdendo la pazienza.

«Tu» puntò il dito a caso nel gruppo, «chiama Garrett e portamelo qui adesso. Hai capito?»

«Sta arrivando, signor Stevens. Sta salendo le scale proprio ora. È in linea, se vuole parlarci» rispose timidamente un giovane reporter, porgendogli il telefono.

«Sbrigati!» urlò Stevens nel microfono prima di riattaccare e restituire sgarbatamente il telefono al suo proprietario.

«Il nostro caporedattore è in fuga, braccata dall'FBI, e per avere degli aggiornamenti sul caso li devo leggere sul dannato Washington Post! Perfino il New York Times ha notizie più dettagliate delle nostre su eventi accaduti qui a Washington, vi sembra possibile?» sbatté le copie delle due famose testate sul tavolo. «Spiegatemi voi come sia possibile, perché a me sembra ridicolo!»

Stevens era un fiume in piena quando Garrett Wilkins finalmente arrivò. Entrato in redazione si curvò subito sull'addome flaccido con le mani sulle ginocchia, faccia in giù a succhiare aria.

«Su, su, allora... cos'hai per me ragazzo?»

Garrett, ancora col fiatone, alzò il braccio destro mostrando una gabbietta per animali. Dentro c'era Groucho, il gatto della Westlake. Il felino soffiò verso il direttore, inarcando la schiena e mostrandogli le zanne.

«Cos'è questo?» chiese Stevens, confuso. Seguì un attimo di silenzio.

«Un gatto, signore» rispose uno dei giovani stagisti delle fila dietro.

«Un gatto! Il Post oggi ha pubblicato un articolo sulla sparatoria avvenuta nella stazione di polizia del Maryland dando informazioni riservate, e voi cosa mi portate? Un fottuto gatto! Cosa siamo un giornale o un negozio di animali? Ehi tu, come ti chiami?» Indicò a caso verso il gruppo di persone. «Per caso hai un pesce rosso da mostrarmi, o magari un criceto del cazzo, huh?»

Tutti abbassarono lo sguardo o finsero di controllare i cellulari in silenzio, quando la porta della gabbietta si aprì all'improvviso e Groucho saltò verso Stevens. Il direttore aprì le braccia di riflesso e afferrò il gatto che gli urinò sulla camicia bianca prima di saltar giù sul pavimento. Stevens rimase qualche istante in stato catatonico a fissare la maleodorante macchia gialla che si espandeva sulla camicia. Poi si sfilò gli occhiali e, reggendoli dalla stanghetta, disegnò un semicerchio in aria puntando verso tutti i presenti.

«Se solo sento volare una mosca, giuro che...»

Qualcuno non riuscì a trattenere un accenno di risata, ma il direttore si girò tempestivamente verso il risolino con fare minaccioso, puntando con la stecchetta degli occhiali. Al che il reporter nel mucchio assunse subito un'aria seria. Nel frattempo, Groucho si era fermato sullo stipite dell'ufficio del direttore. Il gatto sembrò aspettare lo sguardo di Stevens, e quando il direttore lo vide, il felino alzò la coda in aria e sparì dentro la stanza. Stevens si voltò di scatto verso il ragazzo e gli spinse gli occhiali nello stomaco molliccio. «Vai a prendere quella bestia e levala subito dal mio ufficio. Spero bene che tu abbia qualche cosa di meglio per me, sennò quanto è vero Iddio...» gli sussurrò nell'orecchio.

***

Blake le diede un bacio e scacciò via i fantasmi del passato. Fuori albeggiava, e dopo le giuste cure e una notte di riposo, sebbene travagliata, in qualche modo il tenente era di nuovo in piedi. Per prima cosa accesero una vecchia radio per sentire le ultime notizie. Avevano temuto che la polizia sopraggiungesse durante la notte, ma apparentemente le ricerche si erano concentrate in una zona diversa. Markovic era riuscito a creare un diversivo e i piedipiatti stavano seguendo una falsa pista nel Maryland. Si prepararono una colazione rapida con quello che trovarono, anche il cibo era necessario a ridar loro le forze per affrontare un'altra giornata frenetica. Blake era sopravvissuto a malapena al giorno precedente; Tess era riuscita a tamponare la situazione in qualche modo, ma sapevano entrambi che a breve lui avrebbe avuto bisogno di cure mediche ospedaliere e di un lungo riposo. Oggi sarebbe stato il giorno della verità. La vicenda si doveva necessariamente risolvere in un modo o in un altro.

Riorganizzarono le idee, tutto era accaduto così alla svelta da non dargli modo di pensare con lucidità. Era chiaro che dovevano sbrigarsi a lasciare lo yacht. La fortuna li aveva assistiti finora, ma ciò poteva cambiare in un attimo e la baia in cui si trovavano era un cul-de-sac; se qualcuno li avesse visti, non sarebbero potuti scappare da nessuna parte.

«Avremo bisogno di telefonini nuovi. Questi sono fuori uso a causa dell'acqua, senza contare che il commesso del negozio avrà già fornito i numeri alla polizia e non sarebbe prudente usarli comunque. Appena possibile poi devo contattare Franco, sarà in pena.» Il tenente poggiò i cellulari sul tavolo da carteggio e prese le chiavi, il portafoglio e il pacchetto di sigarette che Tess aveva riposto vicino a un posacenere quando lo aveva spogliato la sera prima.

«Non scordarti i fiammiferi! Sono zuppi e dubito funzionino ancora, ma c'è un appunto scritto dentro e ho pensato potessero servirti. Li ho tenuti da parte apposta.»

«Grazie, ma non sono miei. Io uso l'accendino!» glielo mostrò aprendo il pacchetto di Marlboro, «saranno del proprietario della barca.»

«Billy, ti assicuro che erano in una delle tasche dei tuoi pantaloni come gli altri oggetti. Le ho svuotate ieri sera!»

«Ma è impossibile, non uso i cerini...» ripeté lui avvicinandosi al tavolo da carteggio. Il pacchetto di fiammiferi aveva un logo familiare. Raffigurava un locale jazz e la lettera "J" era disegnata a forma di sassofono.

«Freeman!» esclamò Blake.

Tess lo guardò confusa.

«Questi fiammiferi sono suoi. Ricordo che li abbiamo usati l'altro giorno nel suo ufficio e mi ha parlato di questo locale dicendo che mi ci avrebbe portato, un giorno.»

Aprì il lembo frontale del pacchetto, c'era un appunto scritto a matita. Riconobbe la calligrafia del capitano:

Controlla il file IEM - Ronald Reagan

«Mi ha chiesto scusa sussurrando prima di morire. Voleva dirmi qualcosa, ma non ce l'ha fatta. Mio Dio, forse estraendo la pistola Freeman stava cercando di proteggermi da quel tizio enorme che poi gli ha sparato e mi ha incastrato per il suo omicidio.» Blake chiuse gli occhi e si concentrò, tenendo i fiammiferi in mano. «Ma certo, come ho fatto a non pensarci prima! È lo stesso agente speciale che ho incrociato in centrale la mattina seguente al ritrovamento della macchina di tuo marito sul ponte Nice. Stava uscendo dall'ufficio di Freeman. Da lì è cominciato tutto e, ora che ci penso bene, potrebbe anche essere una delle due persone che ci ha aggredito a casa tua ieri sera.»

«Sei sicuro?»

«Non potrei dirlo con certezza, avevano i passamontagna che gli coprivano il viso, ma la sua stazza è inequivocabile. Freeman in quei giorni si sentiva spesso con i federali.»

«Forse lo stavano ricattando» suggerì la donna.

«È possibile, di certo sapevano come fare leva su di lui. Però alla fine Freeman mi voleva dire qualcosa. Venne a casa mia di persona, si vede che non si fidava dei telefoni o del computer. Evidentemente, temeva fossero controllati. Io però non gli ho dato la possibilità di parlare e l'ho colpito. Si era comportato in modo ambiguo, aveva preso Franco a scuola e temevo ci volesse fare del male, specie dopo le parole di quel delinquente di Jamal Jones nel mio ufficio. Sembrava proprio che mio figlio fosse un bersaglio, capisci? Non potevo permetterlo...» Blake era visibilmente scosso dal rimorso e Tess lo abbracciò cercando di consolarlo.

«Questi fiammiferi devono essere un indizio. Deve avermeli infilati in tasca allo zoo quando ci siamo avvinghiati l'un l'altro senza che me ne accorgessi.» Lesse di nuovo l'appunto sulla scatolina, ma non aveva idea a cosa si riferisse.

Roger, perdonami. Cosa stai cercando di dirmi?

«Fammi vedere» disse lei, «forse ha a che fare con l'aeroporto dedicato a Reagan, peraltro è proprio qui vicino.»

Blake annuì, era una possibilità, anche se a Washington erano molti gli edifici dedicati all'ex presidente. «Le tre lettere potrebbero essere il codice IATA di un aeroporto. Forse si riferisce a un file relativo a un volo tra questo IEM e il Ronald Reagan National Airport.»

«Se solo avessimo internet potremmo controllare in un attimo» sospirò il tenente, guardando ai telefonini usa e getta. Cercarono a bordo, ma non c'era nulla per navigare in rete. «Potremmo fermarci in un negozio qui a Old Town?»

«No, è troppo rischioso. Dobbiamo evitare di parlare con la gente, chiunque ormai potrebbe riconoscerci. E dobbiamo allontanarci da qui alla svelta, alla radio hanno detto che la polizia per qualche motivo ci sta cercando in Maryland, dobbiamo sfruttare la situazione. Devo recuperare una borsa con il mio PC e il dossier Whiterman nel giardino dei miei vicini di casa, ci servirà per dimostrare la nostra innocenza. C'è anche una pistola, non escludo che possa servirci!»

«Come pensi di arrivarci, i mezzi pubblici sono rischiosi.»

«Sì, ma l'armatore di questo yacht è un tifoso dei Nats» sorrise Blake con fare complice. Il detective aveva già setacciato gli armadi e trovato delle magliette rosse e un cappellino da baseball.

«Prenderemo la metro!»

«La metro, sei pazzo? Sarà piena di polizia.»

«Sì, ma oggi i Nats giocano in casa!»

Sapeva che la metro sarebbe stata gremita come un formicaio con tante "formiche rosse". «Credimi, a volte non c'è cosa più sicura che nascondersi in piena vista!»

Tess annuì, il tenente l'aveva quasi convinta. «Forse, ma per sicurezza dobbiamo anche rifarci il look. Tu cosa preferisci?» chiese la giornalista, uscendo dal bagno con le forbici in una mano e il rasoio elettrico nell'altra.

***

Dragan Markovic aveva analizzato l'attività dei telefoni di Blake e della Westlake con il *Filo d'Arianna*. Come previsto, l'utilizzo nelle ultime ventiquattro ore risultò scarso, i due avevano trascorso la maggior parte del tempo a scappare da un posto all'altro e non a chiacchierare al telefono. Tra la lista dei contatti effettuati l'agente speciale della US Army trovò il capitano Freeman, il sergente Miller, il direttore Stevens, l'avvocato Roma e pochi altri. Il malware si era replicato su ciascuno dei contatti e quindi gli smartphone di queste persone potevano a loro volta essere hackerati.

Dopo un paio di tentativi infruttuosi, attivando di nascosto la telecamera e il microfono dello smartphone di una certa Alice Campbell, Markovic trovò finalmente come poter fare leva sui due fuggiaschi: Francesco Blake era stato lasciato in affidamento a questa giovane ragazza.

«Blake deve averla incontrata ieri dopo esser fuggito dallo zoo, prima di andare a casa della Westlake. Ho già rintracciato l'indirizzo della signorina Campbell. Vive da sola, vicino al centro città.»

«Benissimo! Hai fatto un ottimo lavoro anche con la falsa pista per la polizia, Dragan. Questo dovrebbe facilitargli gli spostamenti. Lasciamo che l'ecuadoriano si occupi di questa Alice Campbell e del figlio di Blake. Ho bisogno che tu ti concentri su Whiterman e la Westlake, faremo in modo che siano loro a contattarci e dovremo essere pronti. Ecco cosa devi fare...» La voce robotica spiegò meticolosamente i passi successivi del sofisticato piano.

***

Come previsto la metro a King Street, sebbene pattugliata, pullulava di fan diretti verso lo stadio del baseball di Washington. Billy e Tess vestivano di rosso, il colore iconico dei Washington Nationals. Un berretto della squadra sopra al nuovo taglio a caschetto e degli occhiali da sole integravano il travestimento della cronista. Blake si limitò a radersi testa e barba a zero. Alcuni sbirri presidiavano i tornelli posizionati nei due sensi d'ingresso e tenevano dei fogli in mano con i loro identikit, controllando le persone che entravano e uscivano dalla stazione. I due fuggitivi confidarono nella propria metamorfosi e si mischiarono nella folla tentando la sorte. Blake andò per primo, la giornalista lo seguì dopo alcune persone. Entrambi ebbero il coraggio di tenere la testa alta, senza far sembrare che avessero qualcosa da nascondere, e la loro sfrontatezza li ripagò; passarono tutti e due senza problemi e si imbarcarono sul primo treno in arrivo. Per loro fortuna era la linea gialla, quella che gli serviva per arrivare fino a casa del tenente a Columbia Heights. Blake sollevò da un seggiolino libero una copia del quotidiano gratuito distribuito nella metropolitana e lo usò per coprirsi il volto. Il titolo a caratteri cubitali in copertina era: "CACCIA ALL' UOMO". Sotto, due immagini ritraevano i loro volti.

Due fermate dopo arrivarono all'aeroporto dedicato al presidente Reagan, forse il luogo indicato dal capitano Freeman nella sua annotazione enigmatica sulla scatola di fiammiferi. Blake lanciò uno sguardo malinconico attraverso il vetro del vagone mentre il treno ripartì dal binario sopraelevato. Osservò in silenzio quella distesa oceanica di cemento, dove arcipelaghi di aeroplani erano disposti come una barriera corallina intorno a bassi edifici, sparpagliati tra le piste di atterraggio. Non aveva la minima idea di cosa cercare né dove, sempre poi che "IEM" corrispondesse effettivamente a un codice IATA. A ogni modo, prima doveva andare a Columbia Heights a riprendersi la valigetta col laptop e la pistola, il che gli avrebbe dato tempo per tentare di risolvere quell'enigma.

Il treno continuò il suo tragitto, accelerando e decelerando una stazione dopo l'altra. Alla fermata Foggy Bottom/George Washington University una ragazza vestita con abiti tipici ospedalieri si trascinò dentro il vagone, e un gentiluomo vicino a Tess si drizzò sulle gambe per offrile il posto.

«Prego, si sieda. Ha l'apparenza di chi è stata in piedi tutta la notte, mentre io sto andando a sedermi per tre o quattro ore a una sciocca partita di baseball!» Il passeggero insistette e lei ringraziò con un cenno, anch'esso stanco, prima di accomodarsi. Tess osservò la giovane donna seduta accanto a lei, due occhiaie profonde le solcavano il viso. Un tesserino dell'ospedale della George Washington University le penzolava dal taschino. Era una vita dura, e Tess lo sapeva bene. La scena le ricordò di un tizio che aveva frequentato prima di conoscere Marcus Whiterman. Il ragazzo era anche lui uno specializzando in medicina della George Washington University ed era sempre impegnatissimo tra studio e lavoro, al punto che risultava difficile trovare del tempo da trascorrere insieme. La maggior parte delle volte, Tess lo incontrava al bar dell'ospedale per un pranzo fugace tra laboratorio, pronto soccorso, esami, ecc. Era un bravo ragazzo, ma lei cercava altro e la relazione non durò a lungo.

Dopo alcune fermate, il conducente della metro annunciò con l'interfono l'arrivo a L'Enfant Plaza. La specializzanda, che si era appisolata sul sedile, si svegliò con un sussulto: era la sua fermata. Si sbrigò a scendere mentre le porte scorrevoli stavano per chiudersi. In quel frangente anche Tess ebbe il suo momento *sliding-doors*, immaginando l'ospedale della George Washington University dove lavorava anche il suo ex fidanzato. Si ricordò delle porte scorrevoli del pronto soccorso dove lo aveva aspettato tante volte, sperando sempre che fosse lui il prossimo a presentarsi. Tess lo conosceva bene quel pronto soccorso, fu dedicato a uno dei suoi più famosi pazienti dopo che ci venne ricoverato a seguito di un attentato nel 1981. Quel paziente era il presidente Ronald Reagan, e l'insegna con il nome completo di quel pronto soccorso sotto la quale Tess era solita aspettare il fidanzato, le si materializzò nella testa: *The Ronald Reagan Institute of Emergency Medicine*, o più comunemente IEM.

Blake lanciò uno sguardo e non capì perché la giornalista, tutto a un tratto, avesse un grande sorriso stampato in faccia.

- 24 -

La serratura girò tre volte nel cilindro come al solito, e come al solito l'enorme massa corporea di Markovic proiettò un'ombra mostruosa dentro la cella. Marcus Whiterman era seduto sulla brandina con la schiena contro il muro, non era cambiato nulla rispetto ai giorni passati. Il grosso carceriere entrò nella cella con un vassoio sul quale era adagiato un pasto più deprimente del solito. Non che prima ci fosse mai stata alta cucina, ma adesso c'era solo un misero piatto con quattro patate lesse.

«Temo che lo chef si sia dato malato oggi» fece Markovic adagiando il vassoio sul pavimento dove Whiterman lo potesse raggiungere.

«Ehi stronzo, hai mai sentito parlare della convenzione di Ginevra?» obiettò Whiterman, ma Markovic non rispose, era già uscito. *Clang, clang, clang*. La serratura girò altre tre volte.

La detenzione di Whiterman era inumana secondo gli standard delle carceri moderne e tre giorni forse non erano un periodo lungo in senso assoluto, ma sembravano un'eternità declinati nel suo contesto. La ferraglia con cui era legato gli fece pensare alle storie di pirati e prigionie del Diciottesimo secolo. Non a caso, le torture a cui Whiterman veniva sottoposto alimentavano in lui uno spiccato desiderio di vendetta che gli fecero ricordare un romanzo letto da ragazzo, *Il Conte di Montecristo* di Dumas. Fissò le patate e stava quasi per dargli un calcio, ma era troppo affamato per sprecare il pasto in un atto di protesta che, sapeva bene, sarebbe stato fine a se stesso. I tuberi non erano neanche stati spellati e si domandò se almeno fossero stati lavati. Un pensiero legato agli usi e tradizioni di una vita normale che adesso non gli apparteneva più.

Al diavolo, sempre meglio che mangiare ratti! pensò tra sé, rammentando le gesta del personaggio di Dumas durante la sua detenzione sull'isola dell'arcipelago toscano.

Cominciò con la patata più piccola e la divorò in un solo boccone. Era troppo affamato per perder tempo a spellarla o anche solo per masticare come avrebbe fatto in condizioni normali. Ne rimasero tre e decise di mangiare la più grande. Questa volta, però, si sforzò di fare bocconi piccoli e masticare lentamente per farla durare di più. S'illuse che così si sarebbe sentito più sazio e avrebbe patito meno la fame. Dopo tre morsi, in cui masticò non meno di venti volte spostando il bolo ripetutamente a destra e a sinistra, al quarto morso sentì qualcosa di duro sotto agli incisivi. Per sua fortuna ora stava mangiando piano, se avesse avuto la stessa voracità della prima patata probabilmente si sarebbe rotto un dente. Risputò nel piatto e pulì quella cosa dura dal residuo di patata appiccicato intorno. Ispezionandola si accorse che era una strisciolina di carta arrotolata più volte su se stessa per contenere un oggetto piccolo e piatto. Whiterman aprì a uno a uno i lembi di carta ripiegati e comparve una piccola chiave. Il foglietto di carta riportava un messaggio scritto a matita, probabilmente per evitare che l'inchiostro stingesse e rendesse la scritta illeggibile. Era un rischio che non si poteva correre, il messaggio aveva un'importanza critica.

> "Tieni questa chiave sempre a portata di mano, oggi ti salverà la vita. Recupera il magnete, ma non fidarti di NESSUNO. Mi rivelerò al momento opportuno."

Whiterman restò immobile con il resto della patata in mano. Si guardò intorno con circospezione, ma il gigante se ne era andato. Sentendosi al sicuro, ispezionò meglio quel che restava del tubero. Era la metà da cui era stata inserita la chiave. Un pezzo della pelle era stato accuratamente tagliato e la patata era stata incisa e scavata per inserire l'oggetto piatto al suo interno, poi il lembo di pelle era stato riattaccato con cura per nascondere l'operazione. Inserì la chiavetta nella serratura che gli stringeva il polso, tentò di girarla con frenesia, ancora e ancora, quasi la ruppe. Non era quella giusta.

A cosa diavolo serve, allora?

Nel corso di questi giorni aveva imparato a conoscere ogni centimetro di quella stanza, almeno fin dove la catena gli permetteva di arrivare. Non c'erano altre serrature. Rilesse il messaggio. Doveva tenere la chiave a portata di mano, gli sarebbe servita nel corso del giorno e gli avrebbe salvato la vita. Così fece. Se la infilò nella tasca posteriore dei pantaloni e schiacciò gli altri due tuberi sperando di trovare altre sorprese utili alla sua causa, ma non ce ne furono. Quantomeno aveva variato la sua cena e poté mangiare una purea di patate.

***

«Ma certo, IEM è l'acronimo per Institute of Emergency Medicine! È il padiglione del pronto soccorso dell'ospedale George Washington University ed è intitolato al presidente Reagan. Bravissima Tess!» Ora le parole scritte da Freeman sul pacchetto di fiammiferi apparivano molto più chiare.

«Ricordo che nel fascicolo di tuo marito c'era una cartella medica di quell'ospedale. È stato proprio il capitano a parlarmi della sua malattia quando abbiamo discusso per la prima volta del caso Whiterman nel suo ufficio. Non so ancora perché, ma adesso è chiaro che Freeman prima di morire voleva avvisarmi di ricontrollare quel file. Ho una copia di tutto l'hard disk dell'iPad di tuo marito, compresa la cartella medica. Dobbiamo recuperare la borsa col mio PC!»

Riprendersi la borsa con il portatile nel giardino dei Reynolds, però, non sarebbe stata una passeggiata. Quando Blake escogitò in fretta e furia questo piano d'emergenza, dopo aver quasi ucciso Freeman con un colpo alla testa, suppose che se la sua casa fosse stata messa sotto sequestro, lui sarebbe comunque potuto andare a prendere la borsa nel giardino del vicino senza problemi. Non aveva previsto che da lì a breve sarebbe stato accusato di essere un pluriomicida e che quindi, oltre a mettere sotto sequestro casa sua, anche l'intero isolato sarebbe stato pattugliato ventiquattro ore su ventiquattro. Tuttavia, quel laptop era diventato troppo importante, dovevano recuperarlo a ogni costo.

Il percorso in metropolitana fu tranquillo e, come da accordi, i due si ritrovarono all'interno del centro commerciale DC USA, una delle pietre miliari nel processo di riqualificazione del quartiere Columbia Heights avvenuto nell'ultimo decennio. Fecero un breve incontro per riformulare il piano, poi si separarono di nuovo. Blake entrò nel grande magazzino mentre Tess si diresse in un negozio lì vicino. Non potevano usare le carte di credito, ma Blake aveva gli ottocento dollari in contanti che aveva preso dentro gli stivali a casa sua prima di inseguire Franco allo zoo.

Comprò due telefonini prepagati insieme a diverse altre cose, tutte doppie, e le suddivise in due zaini. Nonostante fossero capienti, una coppia di oggetti non sarebbe mai entrata nelle sacche: due mountain bike. Uscito dal grande magazzino, legò la bici da donna a un palo con un lucchetto a combinazione usando un codice prestabilito, poi si allontanò pedalando la sua bicicletta. Nel frattempo, Tess era entrata in un famoso negozio di servizi di cartoleria e spedizioni postali.

«Buongiorno, signorina. Come posso aiutarla?» la salutò cordialmente un impiegato.

«Salve, mi chiamo Sandra Davis. Speravo mi potesse aiutare con un progetto» rispose la Westlake.

«Provo volentieri. La sua completa soddisfazione è molto importante per noi. Di cosa ha bisogno?»

«Sono un'insegnante al liceo Lincoln qui vicino e sto preparando una presentazione per i miei studenti sul valore del brand. Mi soffermerò su come si valorizza il marchio tramite due aspetti chiave: il servizio al cliente e la soddisfazione degli impiegati. Ho scelto FedEx su tutti i brand e spero di non essermi sbagliata! Immagino lei sarà orgoglioso di esser parte di questa grande multinazionale. Speravo potesse rispondere a qualche domanda e fornirmi dei gadget per la presentazione agli alunni.»

Il giovane impiegato si sentì lusingato. Tess gli fece qualche domanda facendo finta di essere interessata alle risposte, in realtà aveva solo bisogno di alcuni oggetti. Certe cose le avrebbe potute comprare, altre no, le avrebbe dovute chiedere in prestito. Fece affidamento un po' sul suo fisico avvenente, un po' alla sua cordialità, ma soprattutto contava sulla buona causa per cui chiedeva quegli oggetti, ovvero l'istruzione dei ragazzi. Fu impossibile dirle di no, e alla fine uscì dal negozio con una busta piena di gadget brandizzati. Recuperò la bici come concordato con Blake e si incontrò col tenente in un vicoletto nell'attiguo quartiere di Mount Pleasant. Blake indossò una t-shirt e un cappellino con il famoso logo dell'azienda, poi avvolse il telaio della bici con il nastro da imballaggio della FedEx. In poco tempo realizzò una bici che a colpo d'occhio sembrava un veicolo aziendale. A quel punto mise qualche busta e pacco nel cestino e diede un bacio a Tess, chiedendole di augurargli buona fortuna prima di indirizzarsi verso casa.

Come previsto, una volante della polizia stazionava lì davanti. A Blake però non sfuggì una berlina Ford parcheggiata all'angolo della strada, il guidatore intento a leggere il giornale.

Polizia E federali… fantastico! pensò pedalando.

Il tenente si avvicinò verso la casa dei Reynolds e mise la

bici sul cavalletto, proprio lì davanti. Lanciò uno sguardo alle tendine abbassate, i Reynolds erano ancora in vacanza. Percepiva già gli occhi addosso degli sbirri imboccando il viottolo dei vicini, quando un agente schizzò fuori dall'auto e s'incamminò verso di lui. Blake rimase calmo, era un poliziotto anche lui e aveva previsto questa possibilità. Un normale controllo, doveva comportarsi con scioltezza. Per evitare che il suo bluff fosse scoperto doveva giocare d'anticipo con l'agente ancora a una certa distanza da lui.

Sventolò una scatola in aria presa dal cestino e, parlando ad alta voce verso il poliziotto, disse: «Salve agente, ho una consegna per i Reynolds.»

Lo sbirro, ancora a qualche metro di distanza, squadrò quel fattorino dalla testa ai piedi. Sembrava una mascotte della FedEx e fece un cenno d'assenso. «Va bene, fai alla svelta. Qui non si può stare!»

Blake annuì e si apprestò sul viottolo. Su una spalla portava una borsa da portatile comprata ai grandi magazzini. Era vuota, ma di colore e forma simili a quella che aveva messo sotto al portico dei Reynolds. Salì le scale e suonò il campanello un paio di volte, anche se sapeva che non sarebbe arrivato nessuno ad aprire. Quindi poggiò la scatola sul mancorrente del portico, urtandola di proposito per farla cadere giù sul prato, vicino a dove aveva nascosto la sua borsa. Fece un cenno al poliziotto sapendo che lo stava osservando e una volta arrivato vicino alla borsa, si rannicchiò e le sostituì. Poi prese la scatola da terra e tornò sul pianerottolo all'ingresso e la lasciò di fronte al portone. Salutò l'agente, salì in sella alla bici e si allontanò velocemente. Con la coda dell'occhio vide lo sportello della Ford aprirsi. L'uomo al suo interno si incamminò verso il poliziotto e i due agenti scambiarono qualche parola.

Arrivato sul pianerottolo, il federale toccò il pacco con la punta della scarpa e la scatola schizzò in avanti molto più del previsto.

Troppo leggera!

Allora la prese in mano, provò a scuoterla, ma non produsse alcun suono. Aggredito dal sospetto, il federale cominciò a scartarla come un forsennato. Come temeva: era vuota.

«Maledizione!» esclamò gettando l'imballo a terra, ripercorrendo il viottolo di corsa.

Entrambi gli agenti nell'altra volante, vedendolo agitarsi, saltarono fuori dall'auto e gli andarono incontro.

«Non era un vero fattorino, il pacco era finto. Avete notato qualcosa di strano?»

Il piedipiatti ci pensò su un attimo e disse che effettivamente il pacco consegnato era caduto sul prato dietro al portico e il fattorino lo era andato a raccogliere. L'agente dell'FBI si affrettò sui suoi passi e riemerse da sotto il portico con la borsa per PC vuota.

«Maledizione!» esclamò ancora, lanciando la custodia per terra. «Poteva trattarsi di Blake, bisogna dare l'allarme, non può essere lontano.»

Corse nella sua Ford e partì a tutto gas con le sirene spiegate lanciando l'allarme nella radiolina. Pochi isolati dopo, scrutando i dintorni, il federale inchiodò le gomme in corrispondenza di un incrocio. Un indumento fuoriusciva da un cestino dei rifiuti e colse la sua attenzione. Rovistando nella pattumiera trovò la maglietta e il cappellino con impresso il logo della FedEx. Afferrò la maglietta in un pugno serrato e la scagliò sul sedile posteriore.

«Maledizione!» esclamò per la terza volta. Rientrò nella sua Ford e riprese la caccia, ma sapeva bene che in quei minuti trascorsi Blake poteva essere già molto distante.

- 25 -

Sfrecciarono sulle loro bici da Mount Pleasant fino a Foggy Bottom percorrendo solo stradine secondarie. Il tragitto era in discesa e gli permise di andare molto veloci. In meno di dieci minuti erano già a circa quattro chilometri di distanza, troppi affinché la polizia potesse circoscrivere un perimetro da setacciare con efficacia.

Quando sentirono le sirene in lontananza si erano già appartati in un parchetto tra la Rock Creek Parkway e la ventitreesima. Blake rimosse il nastro da imballaggio brandizzato dal telaio, e presto la sua bici tornò a essere una tra le tante in giro. Poggiarono le mountain bike accanto a degli alberi e si sedettero sul prato a rifiatare dietro alcuni campi da tennis. Un barbone stava dormendo dentro a un cartone, indossava degli stracci sporchi tra cui spiccava una giacca militare. Al suo fianco aveva lasciato un cartello scarabocchiato, nel quale si dichiarava un veterano del Vietnam ed esortava i passanti ad aiutarlo con qualche spiccio. Tess lo osservò, e avvertì un senso di malumore. Si ricordò di quando lo psicoterapeuta, nel 2001, le diagnosticò il disturbo da stress post traumatico (PTSD). Erano nel suo studio, lei era adagiata sul lettino e per spiegarle la sindrome lo psichiatra le raccontò di come la malattia fu inizialmente rilevata nei soldati che tornavano dal Vietnam. Si ritrovò perfettamente in tutti i sintomi a mano a mano che le venivano spiegati e che ormai l'angosciavano da tempo.

Gli attacchi di panico, che sopraggiungevano con le palpitazioni, il sudore e improvvise crisi di pianto e di paura. Gli incubi, in cui riprendevano vita gli eventi traumatici vissuti. Alle volte si manifestava anche una forma di iperattivazione psicologica caratterizzata da insonnia, ansia e aggressività che si contrapponeva ad altri momenti in cui avvertiva invece stati di estremo torpore e che le portavano un senso di stordimento e confusione. Tra tutti i sintomi del PTSD però, i più tremendi erano i *flashback*, che si ripresentavano in modo estremamente intrusivo. Il vissuto poteva sopraggiungere sotto forma di una vera e propria allucinazione e poteva colpire uno qualsiasi dei cinque sensi. Talvolta, nei casi peggiori, con delle illusioni psicosomatiche multisensoriali che si fondevano (e confondevano) con la realtà che la circondava.

Nel corso della sua vita le era capitato diverse volte di incontrare dei senzatetto che si spacciavano per veterani del Vietnam. Spesso erano delle frodi per far compassione sui passanti e spingerli a donare qualche moneta; nei casi più eclatanti il clochard non aveva neanche visibilmente l'età compatibile per essere un veterano del Vietnam. Eppure, una volta si ricordò di averne visto uno in preda a una crisi; era così spaventosamente vera che neanche il miglior attore di Hollywood avrebbe potuto impersonarla così bene. Da quando capì di condividere questa malattia con alcuni di questi barboni, toccando con mano come la vita li avesse ridotti, cominciò a vederli sotto una luce diversa. E così, perfino in quel giorno tanto particolare, braccata dalla polizia, prese un biglietto da venti dollari dal portafoglio e glielo mise sotto le sparute monetine sparpagliate sul cartone.

Quella scena, solo apparentemente innocua, rievocò in lei certi fantasmi del passato che si celavano nel profondo del suo animo. Tess rimase in terapia per oltre un anno a curare il PTSD che sviluppò in seguito all'11 settembre, ma in psicoterapia, come spesso accade, riemersero anche altri traumi della sua infanzia che aveva sepolto inconsciamente. Cose terribili che era riuscita a chiudere per anni in un vaso di Pandora destinato, però, a riaprirsi.

Sentì chiamare il suo nome e distolse lo sguardo dal clochard per voltarsi verso la voce. Spalancò la bocca incredula dinanzi a quel volto che non vedeva dagli anni dell'adolescenza. Era la faccia di un vecchio con i capelli bianchi che si univano ai bordi del viso a una folta barba, anch'essa bianca. Sembrava la criniera di un vecchio leone. D'istinto Tess strinse i pugni, chiuse gli occhi e si avventò contro quell'uomo dalla criniera d'argento con la stessa furia di un toro che vede sventolare un panno rosso. Poco prima di travolgerla, udì quella persona gridare di nuovo il suo nome, questa volta con voce diversa. Riaprì gli occhi gonfi di lacrime ma l'anziano canuto era sparito. Di fronte a lei c'era solo Blake, ma Tess ormai non poté arrestare la sua carica e lo travolse, riuscendo appena in tempo ad aprire le mani così da impattarlo con i palmi invece che con i pugni serrati. Nonostante il tentativo di mitigare lo scontro, l'impatto scaraventò i due corpi al suolo; fortunatamente si trattava di un morbido prato.

«Tess, che succede? È tutto a posto?» chiese Blake stupito. Il detective l'abbracciò e lei scoppiò a piangere. Si guardò intorno terrorizzata, sudava freddo, il vecchio con la criniera d'argento però era scomparso. Capì allora che si era trattato solo di una brutta allucinazione, una crisi intensa ma per fortuna anche effimera. Dopo qualche minuto e dei respiri profondi, smise di piangere. Ripensò a cosa aveva scritto tanti anni prima, da superstite dell'11 settembre: *Il Fantasma della Mia Libertà*. Quel documento che aveva lasciato sulla scrivania quando aveva liberato il suo ufficio al *The Public Eye*. In quel testo si annidavano tutti quei fantasmi che pensava di aver sconfitto e che invece si stavano riaffacciando con violenza nella sua vita. Si toccò tutte le tasche con fare frenetico alla ricerca delle sue pasticche.

«Merda!» esclamò, l'immagine del flaconcino arancione pieno d'acqua del Potomac si fece prepotentemente spazio nella sua testa.

«Perdonami, Billy. Non so cosa mi sia preso.»

Blake la tranquillizzò con un abbraccio, poi finalmente ispezionò la borsa che aveva recuperato dai Reynolds, non mancava nulla. Controllò il caricatore della sua Glock 26 mentre il computer si accendeva e, dopo alcune operazioni, aprì il file con la cartella medica di Whiterman. Come si ricordava, il paziente fu ammesso al pronto soccorso della George Washington University, denominato Ronald Reagan IEM e fu sottoposto a una risonanza magnetica. L'esame diagnostico riscontrò un glioblastoma multiforme di livello 4, uno stato avanzato e ormai inoperabile di una neoplasia particolarmente aggressiva e la cui prognosi è severissima: una manciata di mesi da vivere con il supporto di terapie palliative. Sebbene Tess fosse ormai preparata, apprendere i dettagli della situazione medica del marito la turbò. Ripensò all'ultimo periodo trascorso insieme e si chiese se il marito stesse già male, i sensi di colpa la aggredirono alla stregua di un branco di lupi famelici. Forse Marcus aveva appreso della malattia e non glielo aveva detto apposta per non arrecarle dolore, o forse il cancro era stato il motivo di alcuni suoi comportamenti che poi avevano sancito la loro separazione.

La beffa del destino volle che tutto fosse incentrato intorno a dei maledetti campi magnetici. La vita di Marcus Whiterman sembrava schiacciata tra la risonanza magnetica al cervello e il super magnete che aveva inventato.

«Ok, ora che abbiamo il file a cui faceva riferimento Freeman dobbiamo capire perché me lo volesse segnalare.»

«Gli è costato la vita, deve per forza essere un indizio cruciale!» ribadì la Westlake. «Questa è solo la diagnosi e l'immagine della risonanza, in sé non ci dicono nulla. Forse dobbiamo accedere al database dell'ospedale e vedere l'intero file per capire meglio cosa volesse dire il capitano Freeman.» Blake annuì come un automa, il suo pensiero incessante ormai era quello di chiamare Alice e accertarsi che il figlio stesse bene, ma il rumore di sirene della polizia in lontananza lo convinsero a muoversi e attendere un momento più opportuno.

***

Il Ronald Reagan Institute for Emergency Medicine si trovava a pochi isolati da loro, come ogni reparto di pronto soccorso era affollato e il personale di servizio indaffarato. Blake sventolò il distintivo da lontano come scusa per intrufolarsi in corsia e, da lì, arrivò in uno spogliatoio vuoto. Infilò la testa in una grossa sacca della lavanderia, sembrava uno di quei cinghiali che rovesciano i bidoni della spazzatura. Riemerse avvolto da un camice bianco con una scritta ricamata in blu sul taschino:

The George Washington University Hospital
Dr. Stephen Johnson, MD.

Tess aspettava fuori e lo vide uscire indossando il camice bianco da medico. «È troppo rischioso lì dentro, però ho visto sulla mappa dell'ospedale che c'è un distaccamento della diagnostica per immagini in un altro edificio. Il database è sicuramente lo stesso, però essendo un palazzo diverso è più facile che non conoscano personalmente il dottor Johnson.»

Arrivarono nella reception del dipartimento di radiologia, dove Blake cominciò a impersonare il dottor Johnson. Ancora una volta Tess aspettò fuori, sperando che il tenente riuscisse nell'impresa. Il detective salutò una ragazza dietro la scrivania e chiese assistenza mostrando il suo laptop. La segretaria annuì chiedendogli di aspettare e poco dopo apparve un'altra donna in divisa blu da infermiera.

«Salve, dottor Johnson» fece lei leggendo il nome sul camice, «devi essere nuovo, non ti ho mai visto da queste parti prima. Quest'ospedale è un via vai continuo di personale medico. Come posso aiutarti?»

Blake sorrise e fece la sua richiesta.

«Marcus A. Whiterman» ripeté l'infermiera, controllando sul terminale. «Ha fatto una risonanza molti anni fa. Uno strappo del legamento calcaneofibolare destro. È questo che stavi cercando?» Il detective non aveva mai sentito quel termine, ma pensò subito alla parola calcagno, aiutato dalla sua conoscenza della lingua italiana.

«Una storta alla caviglia?» esclamò confuso.

L'infermiera annuì.

«No, a dire il vero sto cercando la tac al cervello con la diagnosi del glioblastoma, una cosa molto più recente, dell'ultimo anno probabilmente.»

«Glioblastoma... ahi, brutta bestia! Vediamo...» disse lei, ma nonostante le ripetute ricerche non riuscì a trovare quel particolare esame nella cartella clinica di quel paziente.

«Eppure eccola qui, vedi?» Blake le mostrò l'immagine dal suo laptop.

«Mmm, fammi vedere. Non è che hai mischiato i file tra cartelle di pazienti diversi? Non saresti il primo medico a farlo...» disse lei con tono a metà tra il severo e lo scherzoso.

«Ok, vedi questo codice alfanumerico scritto in piccolo nell'angolino in basso? È un codice univoco, generato dal sistema per ciascun esame.» Fece una ricerca nel database secondo quel parametro e apparve la cartella medica di un altro paziente. «Ecco qui, come pensavo. La tac è di quest'altro paziente. Il poveretto è morto due settimane fa.»

Fecero una comparazione veloce sui due schermi.

«È senza dubbio la stessa risonanza, Stephen. Guarda il glioma nel lobo temporale sinistro, stessa forma e dimensione» disse, puntando il dito in modo alternato sui due schermi. Blake ringraziò e andò via prima che qualche dettaglio tecnico potesse tradire il suo personaggio, del resto il suo lavoro al George Washington University Hospital era concluso. Tutto cominciava ad avere senso.

Spiegò a Tess cosa avesse scoperto e la giornalista rimase senza parole.

«Freeman voleva dirmi che la cartella medica di Whiterman è stata sostituita con quella di un altro paziente defunto. Tuo marito non era un malato terminale, e scommetto a questo punto che anche il suo messaggio di addio sul tablet è falso. Non aveva motivo di suicidarsi! Tutta la vicenda del ponte Nice è solo una gran messa in scena!»

«Ma allora Marcus potrebbe essere ancora vivo! Magari lo tengono in ostaggio. Oh Billy, dobbiamo trovarlo!» disse la Westlake ancora frastornata dallo stupore della notizia e al tempo stesso ravvivata da una nuova speranza.

«È possibile. Se è vivo lo troveremo, te lo prometto» rispose lui. Blake però sapeva che qualcuno si era buttato veramente giù dal ponte. Aveva visto le registrazioni originali delle videocamere a circuito chiuso che non potevano essere state manomesse. E poi, se non era stato Whiterman a buttarsi, allora chi poteva essere così folle da affrontare quel salto assurdo? Senza contare che la messa in scena del suicidio serviva proprio a far credere che Whiterman fosse morto. Quindi, se anche non fosse stato lui a buttarsi, con tutta probabilità i suoi sequestratori lo volevano comunque morto. Blake sospirò e prese un biglietto da visita dal portafoglio: *Mike Travis, CEO - ASTEC Labs.*

Lo tenne tra le dita, assorto nei suoi pensieri. Whiterman lavorava lì ad ASTEC Labs, era a capo della ricerca e sviluppo e senza dubbio il magnete era stato progettato in quei laboratori. Ripensò alla sua visita ad ASTEC, era come se il suo sesto senso gli volesse dire qualcosa che però non riusciva ancora a mettere a fuoco. Rivide nella sua testa le varie foto nella sala d'aspetto: tra tutte spiccava al centro della parete quella di Travis con il Presidente degli Stati Uniti e via via, spostandosi di lato, quelle con altri leader delle forze armate americane. Riesaminò a mente le immagini di Travis ai tempi del servizio militare, le varie medaglie e onorificenze finché gli apparve nella testa lo stemma della prestigiosa divisione *101st* della US Army, rappresentata dall'aquila calva urlante, una divisione aerea. Subito a Blake apparve la foto di Travis che atterra con il paracadute sopra una X disegnata al suolo.

Riaprì gli occhi e in qualche modo tutto cominciava ad avere più senso, compresa la scelta di quel ponte come luogo per la messa in scena del suicidio di Whiterman. Alle porte dell'enorme baia di Chesapeake, L'Harry Nice Memorial o Potomac Bridge, che dir si voglia, era il luogo perfetto per un caso di morte *in absentia* con i suoi quarantuno metri di altezza. Una quota proibitiva per qualsiasi essere umano, specie con le tremende condizioni meteo di quella notte. Tuttavia, ragionò Blake, saltar giù da quell'altezza diventa decisamente meno impegnativo per un militare della divisione *101st* se munito di paracadute. Magari uno compatto che si possa arrotolare in un marsupio e poi nascondere sotto un impermeabile approfittando del buio. Travis non solo aveva le competenze per affrontare quel salto, ma anche i mezzi per predisporre, per esempio, un'imbarcazione che lo aspettasse sul fiume sotto al ponte, pronto a ripescarlo non appena fosse atterrato in acqua. Il detective aveva visto i filmati delle telecamere diverse volte. Le immagini si fermavano al momento dello stacco dal parapetto, non c'erano video che riprendessero sotto al cavalcavia. È lì che l'immaginazione del tenente andava a colmare le lacune delle riprese. Un piccolo paracadute si apre all'istante, facilitando la discesa verso il Potomac. Nel contraccolpo della frenata a mezz'aria, l'uomo perde il cappello che gli era servito a nascondere il volto. Il paracadutista plana in acqua accanto a un battello che lo stava aspettando e qualcuno lo aiuta a risalire a bordo. Senza più il copricapo sarebbe facile identificarlo ora, ma le telecamere sono lontane.

«Scommetto che è lui!» esclamò Blake, una punta di euforia nella voce.

«Lui chi?» chiese Tess disorientata, non avendo seguito il suo ragionamento mentale.

«Travis! L'uomo che è saltato giù dal ponte e ha inscenato il suicidio di tuo marito. È un ex paracadutista dell'esercito, senza dubbio in grado di planare in sicurezza nel Potomac. Come socio di tuo marito ad ASTEC avrebbe un movente e potrebbe essere lui il mandante dietro questa congiura.»

Tess rimase in silenzio, sconcertata. Come Jeff Roma, Mike Travis era uno dei migliori amici di Marcus. Possibile che lo avesse tradito dopo tanti anni?

***

Blake aprì lo zaino e finalmente prese il nuovo cellulare prepagato. Adesso che lui e Tess si erano appartati tra la vegetazione del Rock Creek Park e la situazione sembrava tranquilla, decise di chiamare Alice Campbell. La ragazza ripose dopo alcuni squilli.

«Ciao Alice, sono io.»

«Billy... grazie al cielo!» La voce rotta dal pianto. «Alice tranquilla, sto bene. Voi due come va?»

Alice era una ragazza emotiva, Blake lo sapeva bene, non diede dunque peso alla sua reazione immaginando le lacrime fossero dovute alle peripezie del detective, descritte ormai su tutti i notiziari. Le concesse qualche istante per calmarsi, ma i singhiozzi si fecero incessanti. La ragazza riuscì a malapena a pronunciare qualche parola con la voce rotta tra i vagiti. «Ci ha trovato, Billy...»

«Che vuoi dire? Chi vi ha trovato, Alice?» farfugliò confuso.

«Un uomo... è entrato in casa... ci ha minacciati con la pistola. Oh, Billy... mi ha fatto delle cose orribili...» Alice piangeva a dirotto. Aveva il volto pieno di lividi, era stata violentata e ora tremava come una foglia, seduta su una sedia. Le sue parole furono interrotte da un suono sordo. Il calcio di una pistola la scaraventò per terra.

«ALICE, ALICE...» Blake chiamò il suo nome sentendo il pianto ora distante dal microfono.

«Non preoccuparti detective, quella era solo una carezza!»

Una voce con un forte accento ispanico rispose al telefono. L'uomo ripulì il sangue di Alice dall'impugnatura della sua Beretta con un fazzoletto. Aveva un bendaggio bianco intorno al polso della mano dalla quale fuoriuscivano soltanto quattro dita. Alice era rannicchiata al suolo in posizione fetale e si proteggeva il viso dolorante. Un fiotto di sangue le fuoriusciva dal setto nasale rotto, ma non poteva fermarlo, aveva le mani legate dietro la schiena.

«Chi sei? Che cosa le hai fatto?»

«Ieri non abbiamo avuto modo di presentarci come si deve, tenente Blake. Temo che la signorina Westlake abbia preferito squarciarmi l'avambraccio con un coltello, piuttosto che stringermi la mano come vorrebbero le buone maniere!»

Blake visualizzò la scena, l'uomo mascherato costretto a "pregare" in ginocchio.

«Ascoltami, so cosa volete. Abbiamo il magnete e a noi non interessa. Lascia stare Alice e mio figlio, non hai bisogno di due ostaggi. A noi interessa solo Marcus Whiterman, sappiamo che è vivo.» Blake fece una piccola pausa aspettando una risposta del suo interlocutore, che però non ci fu. Distinse il suono dei suoi passi, e il pianto distante di Alice si fece ancora più intenso.

«No... ti prego, NO» Alice urlò e l'ecuadoriano ruppe infine il suo silenzio: «Hai ragione! Non ho bisogno di due ostaggi!»

Ci furono due sibili in rapida successione, seguiti da un gemito. Blake rimase in uno stato catatonico con il telefono incollato all'orecchio. Sentì il rumore delle assi di legno del vecchio parquet di Alice scricchiolare. Blake conosceva bene casa di lei e immaginava quello che stava accadendo e dove stesse accadendo, come se fosse lì. Provò a dire qualcosa, ma le parole gli restarono in gola e finì per muovere le labbra senza proferire alcun suono. Allora deglutì della saliva e riprovò, ma un terzo sibilo lo ammutolì di nuovo.

«Un solo ostaggio basterà!» La voce roca del criminale risuonò nel microfono come una sentenza di morte.

«Alice, Alice...» Il tenente ritrovò l'uso della parola e sussurrò quel nome alcune volte, ma non sentiva più il suo pianto in sottofondo. Chiuse gli occhi e si spinse il telefono forte sulla fronte. Tess lo guardava inorridita, chiedendo cosa stesse succedendo, ma era una domanda puramente retorica. Blake faceva il poliziotto da troppo tempo per non capire cosa fosse accaduto. Due colpi sparati al torso con una pistola munita di silenziatore da una certa distanza, forse già letali, poi l'assassino si avvicina alla vittima distesa a terra e gli spara un ultimo colpo alla testa, per chiudere il discorso. La tipica sequenza di fuoco eseguita da un killer professionista.

«Temo che Alice non possa rispondere adesso. Però c'è qualcun altro nella stanza da letto che potrebbe, o forse no... dipende tutto da te, detective!»

Blake sentì il rumore di una porta aprirsi. Seguirono dei lamenti strozzati.

«Franco! Bastardo, se gli torci un solo capello giuro che...»

«Tenente Blake, stai zitto e ascoltami! Le condizioni le detto io. Sto fissando la tua amica Alice e ti assicuro che non ha più un bell'aspetto!» La poveretta giaceva esanime sul pavimento in una pozza di sangue, gli occhi sbarrati rivolti al soffitto.

«Ti prometto che se non farai esattamente quello che ti dico ciò che toccherà a tuo figlio sarà molto diverso. Adesso vado di fretta, ma con lui farò con calma, capisci che voglio dire? Dimmi che hai capito, te lo voglio sentir dire.»

«Ho capito» rispose Blake a denti stetti.

L'ecuadoriano si guardò il braccio fasciato come per ricordarsi dell'incidente che gli aveva causato la ferita il giorno prima.

«Per prima cosa voglio estendere il mio saluto personale alla signorina Westlake. Come ho detto prima, ieri non abbiamo avuto modo di presentarci come si deve. Quindi devi dire a quella troia della tua amichetta che *Il Tazzina* è ansioso di fare la sua conoscenza. Deve essere lei a consegnarmi il magnete, e se solo sento la puzza di un altro sbirro del cazzo nel raggio di qualche chilometro, ti assicuro che vedrai tuo figlio arrivare per posta un pezzo alla volta. Ti ci vorranno mesi solo per rimettere insieme tutto il corpo prima di poterlo seppellire. E fidati di me, quando si tratta di ricucire insieme pezzi di pelle sono un vero esperto!» disse la voce roca, carezzandosi le orribili cicatrici sul viso.

Blake rimase in silenzio, terrorizzato al solo pensiero. Poi l'assassino continuò con il resto delle sue condizioni insindacabili.

- 26 -

Arrivarono a Scott's Run, una riserva naturale situata nella contea di Fairfax, in Virginia, che prende nome dall'omonimo fiume che scorre nel versante ovest della foresta prima di immettersi nel Potomac. Era il luogo scelto dal *Tazzina* per lo scambio. Durante il giorno, è un popolare posto di svago per famiglie desiderose di stare all'aria aperta e per gli amanti del trekking, ma il parco si svuota progressivamente con il calare del sole e chiude ufficialmente al pubblico mezz'ora dopo il tramonto.

Erano passate le 7 di sera e il sole settembrino si stava preparando a tramontare, colorando di sfumature rosa e arancio le sparute nuvole nel cielo a occidente. *Il Tazzina* aveva dato a Blake istruzioni precise per il loro incontro. Doveva avvenire dopo il tramonto, per esser sicuri che i visitatori avessero lasciato la zona e garantire loro la giusta privacy. Blake e la giornalista si erano separati per precauzione. Tess aveva legato la bici fuori dalla riserva e lo seguiva a piedi mentre il detective percorreva i sentieri del parco in sella alla sua mountain bike. L'idea era che Tess dovesse seguire Blake muovendosi liberamente dove la vegetazione del bosco era più fitta per non farsi vedere. Neanche il detective doveva sapere esattamente dove fosse la Westlake, così se gli avessero teso una trappola, avrebbero preso solo lui che, ovviamente, non aveva il magnete.

Come concordato col *Tazzina*, Blake raggiunse il Burling Cabin, un sito storico posizionato lungo l'omonimo sentiero che ospita i rimasugli del capanno che lo stesso Edward Burling, il primo proprietario della riserva, fece costruire e abitò. Le rovine consistono in una semplice struttura in mattoni, cava al centro; probabilmente i resti del camino e della canna fumaria della casa.

Il parco stava ormai per chiudere ed era deserto. Blake allungò una mano nella parte cava di quel rudere e, procedendo a tentoni toccando un mattone dopo l'altro come gli era stato detto, a un certo punto sentì una piccola nicchia, dovuta probabilmente a un mattone mancante. Al suo interno trovò una bustina di plastica. Conteneva un piccolo GPS che mostrava le coordinate della posizione attuale:

38°57'56" N - 77°12'02" W e un foglietto di carta sul quale erano segnate delle coordinate molto simili: 38°57'41" N - 77°11'44" W.

La posizione indicata sul foglietto differiva di solo qualche secondo in longitudine e latitudine rispetto alla posizione attuale indicata sul GPS.

È da qualche parte qui vicino, all'interno della riserva!

Il detective consultò una mappa del parco disegnata su una tavola di legno. Mostrava i vari sentieri della riserva e determinò che la destinazione indicata dalle coordinate si trovava a sud-est rispetto al Burling Cabin. Si rimise in sella consapevole che stava facendo buio rapidamente e che sarebbe stato difficile per Tess continuare a seguirlo dal fitto della vegetazione. Dopo alcune curve la latitudine sul GPS segnava esattamente 38°57'41" N, nonostante la longitudine era 77°11'47" W, tre secondi in più (e quindi più a ovest) rispetto a quella indicata sul foglietto. Tuttavia, il sentiero proseguiva lungo una direzione diversa, quindi le coordinate da seguire non indicavano un punto lungo il sentiero tracciato, bensì un posto dove la vegetazione si faceva più fitta. Abbandonò la bici e s'incamminò all'interno della foresta impugnando la sua Glock.

Dopo circa novanta metri la longitudine scese di un altro secondo, ora ne mancavano solo altri due per arrivare alla destinazione. Il detective fece un rapido calcolo e stimò di dover percorrere altri centocinquanta-duecento metri prima di arrivare al posto indicato, ma fu sorpreso da un tizio che lo attendeva nascosto dietro a un albero. Sapeva perfettamente che Blake sarebbe arrivato da lì e lo sorprese alle spalle puntandogli una pistola nella schiena, approfittando del buio che già avvolgeva la zona boscosa.

«Piacere di rivederla, detective» gli sussurrò una voce all'orecchio. Era lo stesso timbro roco con accento ispanico che aveva sentito al telefono; l'uomo che aveva stuprato e ucciso Alice e che aveva sequestrato suo figlio Francesco.

Blake alzò le mani e l'ecuadoriano lo disarmò, gettando la Glock a terra. Dopo averlo perquisito per bene e accertato che non avesse altre armi, l'assassino gli girò intorno per guardarlo negli occhi. Senza più il passamontagna, come in occasione del loro primo incontro, *il Tazzina* si rivelò con il suo volto sfigurato. La chirurgia plastica aveva provato tutto il possibile, ma non c'era abbastanza tessuto con cui lavorare. Metà del viso sembrava una coperta patchwork fatta con lembi di pelle cuciti insieme. Quell'individuo sinistro dai piccoli occhi blu aveva il tatuaggio di una grossa testa di cinghiale che partiva dalla base del collo e risaliva sul lato martoriato del viso. L'occhio della bestia coincideva con il buco che aveva al posto dell'orecchio. Un vano tentativo di mascherare le orrende cicatrici e, al tempo stesso, un tributo all'animale che gli aveva masticato la faccia. Il volto non era l'unica parte del corpo a esser stata mutilata dalla bestia. Teneva la pistola con solo quattro dita, le stesse che aveva anche nell'altra mano, quella fasciata a causa della ferita inferta da Tess. «Non vedo la signorina Westlake, mi sembrava che i termini fossero chiari. Forse devo spedirti il primo pacco con le orecchie di tuo figlio per ricordarti il nostro accordo?»

«Lei è qui vicino e ha il magnete come pattuito, prima però

voglio vedere mio figlio. Sta aspettando una mia telefonata, se non riceve mie notizie a breve andrà spedita alla polizia e ti puoi scordare il magnete.» Blake stava parlando dritto nel silenziatore della Beretta dell'ecuadoriano, a pochi centimetri dalla sua bocca, come se fosse un microfono.

«Ascoltami, sappiamo che il suicidio di Whiterman sul ponte Nice è tutta una messa in scena. Sappiamo che Mike Travis ha orchestrato tutto e che ha cospirato con un agente speciale del controspionaggio dell'esercito. È finita. La polizia e i federali ci stanno col fiato sul collo, è solo questione di tempo prima che arrivino anche a voi. Dai retta a me, lascia perdere il magnete, la tua situazione è già compromessa. Se invece liberi mio figlio, ci dici dove sta Whiterman e ci aiuti a inchiodare Travis, dirò che hai collaborato. Così magari un giorno riuscirai a rivedere il sole, sennò ti assicuro che marcirai in prigione per il resto dei tuoi giorni.»

Il Tazzina con una ghignata perfida e, senza mostrare alcun segno di remora, rispose: «Immaginavo volessi vedere tuo figlio. Sai, non aspettavo altro che me lo chiedessi!»

Blake non sapeva cosa aspettarsi da quell'essere malvagio. Con la mano fasciata, il criminale azionò lo smartphone e apparve l'immagine dal vivo di una webcam. Franco era legato mani e piedi con dello scotch da pacchi, il nastro adesivo gli tappava anche la bocca. Era vivo, gli occhi gonfi di lacrime rivelavano il terrore che stava provando. Dalle immagini si capiva che era legato nel sedile posteriore di un'auto e la cintura di sicurezza lo bloccava ulteriormente.

«Dove sta?» chiese Blake, provando a rimanere calmo.

«Devo ammettere che il trucco che avete inscenato ieri è stata proprio una bella trovata. Accendere la Tesla da remoto col telefonino, poi la porta del garage che si alza, farci trovare la macchina con le luci accese davanti... il tutto mentre voi due scappavate sulla Vespa dall'altra parte. Veramente astuto! Vedi, mentre ieri mi stavano ricucendo lo sbraco sulla mano, riflettevo su quale potesse essere il reale bisogno di accendere un veicolo da remoto. Ho scoperto che questa funzione è stata sviluppata inizialmente per quei Paesi con temperature rigidissime, in modo che le persone potessero riscaldare i veicoli prima di entrarci. Penso per esempio ai canadesi, con i loro fuoristrada diesel parcheggiati fuori nella neve. Pensa che già negli anni '90, prima dell'avvento degli smartphone, loro potevano già accendere il veicolo dal telecomando per riscaldare il motore e l'abitacolo. Ora, finché si tratta di motori diesel a venti gradi sottozero lo capisco, ma dimmi tu a che cazzo serve in una Tesla con il motore elettrico, tenuta in un garage della Virginia? Te lo dico io, scommetto che quella troia non l'aveva mai usata quell'app prima di ieri! Ci avete fatto fare la figura degli idioti e lei mi ha squartato come un macellaio.»

Fece una pausa toccandosi il bendaggio con il calcio della pistola. Un attimo prima parlava in modo concitato, ora aveva assunto un tono calmo e pacato, un atteggiamento chiaramente schizofrenico. «Sai, il taglio era così lungo che non si sapeva se servisse un medico o un sarto. Ci sono voluti più di quaranta punti per chiuderlo. Adesso chissà se mi resterà una brutta cicatrice... *AH, AH!*»

L'uomo dal volto sfigurato rise della sua stessa battuta.

«L'unico mio rimpianto è che Tess non te l'abbia piantato nel cuore quel coltello, fottuto mostro» ringhiò Blake.

«Ti chiedo scusa per la digressione. Il punto è che sono rimasto così estasiato dalla vostra trovata che ho deciso di emularvi. Dopotutto si dice che la storia non sia altro che una successione di corsi e ricorsi che si ripetono ciclicamente.»

Blake apparve confuso, non capiva dove quel criminale volesse andare a parare con il suo discorso, ma il personaggio era certamente imprevedibile e molto pericoloso.

«Sto parlando di déjà vu! L'app che accende il motore di un'auto da remoto. Non penserai mica ce l'abbia solo la Tesla, vero? Guarda bene, e dimmi cosa vedi...» L'ecuadoriano allargò l'immagine sul telefono e mostrò un tubo di gomma che entrava dal finestrino semichiuso sul lato dove era legato

Franco. «Indovina un po' a cosa è collegato? Dai su, non ci vuole un genio, detective.»

Blake sgranò gli occhi, grigi, il colore della paura dipinta sul suo volto. «Altro che Tesla e il suo fottuto motore elettrico. Qui stiamo parlando del buon vecchio sei cilindri a benzina. Altro che protocollo di Kyoto e tutte quelle cazzate sull'ambiente. Fanculo il pianeta e viva il monossido di carbonio!»

Blake tentò un movimento disperato, ma il killer fece immediatamente fuoco. Il proiettile gli passò a un palmo dal viso e sollevò una nuvoletta di polvere dopo essersi infranto nella corteccia di un albero. Blake si bloccò all'istante, anche se mutilato, l'ecuadoriano aveva dei riflessi rapidissimi.

«Non così in fretta detective, adesso è il mio turno di giocare con le app del telefonino. Dimmi, quanto pensi impiegherà a scivolare via nel sonno? Secondo me non resiste neanche dieci minuti...»

«Ti prego non farlo, è solo un ragazzo.» Blake si buttò in ginocchio a supplicare.

Il Tazzina prese la chiave di un'auto dalla tasca e la gettò in terra davanti al suo naso. «Conterò fino a tre, poi faccio partire il motore. Ti dirò dov'è parcheggiata l'auto solo se dici a quella puttana di venire qui, ADESSO! La macchina non è lontana, se ti sbrighi forse potrai salvare tuo figlio.»

«Ti prego, lascialo fuori da questa storia, lui non c'entra.»

«UNO... dove sta la Westlake?» La voce roca cominciò a contare.

«Non farlo, ti prego, non lo fare. Ha già perso la madre da bambino...» Blake continuava a supplicare non sapendo neanche se Tess fosse riuscita a tenergli il passo o se si fosse persa al buio nella foresta.

«DUE... Non mi frega un cazzo di te, della madre o del moccioso. Voglio solo quella maledetta troia.»

«Non so dove sia Tess, ci siamo separati nel parco. È la verità, te lo giuro.» Gli occhi di Blake erano gonfi di lacrime. Chinò la testa verso il letto di foglie sul terreno, tanto valeva tentare un ultimo attacco estremo. Saltare in avanti e provare a disarmarlo. Quasi certamente un killer professionista non si sarebbe fatto cogliere di sorpresa, ma non aveva altra scelta.

«Puoi dire addio a tuo figlio e ringraziami, dopotutto è meglio così che riceverlo un pezzo alla volta per posta...»

«FERMO, SONO QUI!» Una voce di donna si propagò nelle tenebre poi, gradualmente, la sagoma di Theresa Westlake apparve camminando con le mani alzate sopra la testa.

- 27 -

«Signorina Westlake, sono felice abbia deciso di unirsi a noi. Mi piacerebbe stringerle la mano, ma mi è stato detto che è meglio che saluti da lontano per un po'!» esclamò l'ecuadoriano in tono sarcastico, facendo un cenno con la mano fasciata.

«Tess, non avresti dovuto...» ora i sentimenti di Blake erano combattuti più che mai, correva un grosso rischio.

«Il piacere è tutto suo, signor…» rispose la giornalista, avvicinandosi piano con le mani alzate. Le ultime parole le si strozzarono in gola non appena mise a fuoco i suoi connotati.

«Mi chiamo Carlos Robida, ma gli amici mi chiamano *Tazzina*...» Il criminale digrignò i denti, tenendo entrambi sotto tiro. «Lo zaino, per cortesia, poggialo a terra molto lentamente... Tess.»

«Signor Robida, lei è uno sporco assassino, un sequestratore di bambini e Dio solo sa cos'altro. Preferirei stringere la mano su una merda di cane piuttosto che darla a lei. Ci dica solo dove è parcheggiata la macchina col ragazzo, dove si trova mio marito e le darò quel dannato magnete.»

«Non è molto educato da parte sua, Tess. E se invece sparassi subito a entrambi e mi prendessi il magnete?»

«Non sono così stupida da portare il magnete con me. Se ci uccidi te lo puoi scordare… *Tazzina*!» Fece una pausa contemplando il suo volto deforme poi, con fare ironico, disse: «... è per via dell'unico orecchio, non è vero?» E scoppiò in una risata fragorosa. Robida sorrise senza scomporsi. Rispettava l'arroganza della donna a scapito del pericolo, anzi, lo eccitava. Si era già reso conto di quanto la giornalista fosse attraente vedendola appena di sfuggita sulla Vespa. Ora che però stava in piedi davanti a lui e indossava un paio di leggings aderenti, era semplicemente uno schianto.

«Vedi che facciamo progressi Tess, già siamo passati ai nomignoli! Guardate, per mostrarvi la mia buona fede vi dirò dove si trova l'auto con il ragazzo, ok?» Robida fece il nome di una strada e poi puntò la sua mano fasciata verso est. «Non è lontano, sarà circa un chilometro di distanza in linea d'aria. È un pickup nero della Ford, non puoi sbagliarti.»

«Come faccio a sapere che dici la verità?» chiese Blake.

«Non puoi. Ma che alternative hai, detective? Temo dovrai fidarti della parola del *Tazzina*. Facciamo così, io continuo il mio tête-à-tête con Tess, tu invece è meglio che ti sbrighi. Hai sì e no cinque o sei minuti per trovare tuo figlio a partire da... ORA!» Con un sorriso maligno fece scivolare il dito sullo schermo del telefono e azionò l'accensione del motore.

«NO!» gridarono Billy e Tess all'unisono.

«Tic tac, tic tac...» L'ecuadoriano oscillò la testa a destra e sinistra mimando il pendolo di un orologio. Blake raccolse la chiave da terra e ruotò di trecentosessanta gradi per orientarsi. Era buio pesto e sapeva che se anche *il Tazzina* fosse stato sincero, un chilometro in linea d'aria equivaleva a ben oltre il doppio, se non il triplo, seguendo il percorso fino all'uscita e facendo il giro della foresta dall'esterno. Fece di nuovo appello alla sua memoria fotografica e provò a ricordarsi la mappa della riserva naturale che aveva consultato al Burling Cabin. In testa gli apparve un'immagine con un network capillare di tragitti che percorrevano la foresta, molti dei quali erano degli anelli o ferri di cavallo. Lui però non poteva permettersi di sbagliare strada, ogni secondo poteva determinare la vita o la morte del figlio. Scambiò uno sguardo fugace con la giornalista che parve essere una richiesta di permesso, lei in risposta annuì col capo. Blake non avrebbe mai voluto lasciarla così, sotto il tiro di un killer spietato, ma non aveva altra scelta. Parte di lui avrebbe preferito che Tess non fosse mai sbucata da dietro quell'albero, lei invece aveva scelto di dare una chance di sopravvivenza al piccolo Franco. Blake contraccambiò il cenno silente col capo e corse dove aveva lasciato la bici. Montò in sella e cominciò a pedalare come se stesse per tagliare il traguardo del Tour de France.

Raggiunse un paio d'incroci e svoltò seguendo il suo istinto. Sapeva bene che se avesse fatto la scelta sbagliata sarebbe finito in uno dei percorsi circolari che riportavano al centro del parco. Se invece la memoria non lo aveva ingannato, sarebbe dovuto sbucare ai margini del parco nei pressi di un country club che era indicato sulla mappa.

Sfrecciò sullo sterrato al buio e riuscì per miracolo a evitare un paio di buche enormi che lo avrebbero certamente disarcionato. Anche solo cadere e doversi rimettere in sella sarebbe stato uno spreco di tempo che non poteva permettersi. Pregava in cuor suo di aver fatto le scelte giuste e dopo neanche due minuti vide un alone di luce riverberare nel cielo. Proveniva dai campi da tennis del circolo, il suo senso d'orientamento non lo aveva tradito. Aveva fatto le scelte giuste ed era uscito dalla riserva di Scott's Run grazie a una scorciatoia che gli aveva fatto risparmiare qualche minuto. Ma la sua corsa contro il tempo era appena iniziata.

***

Fu il turno di Theresa Westlake di fissare il silenziatore montato sulla 9mm dell'ecuadoriano. Lei gli aveva storpiato il braccio destro con un coltello da cucina e adesso era giunto il momento della resa dei conti. L'unica sua possibilità era quella di far abbassare l'arma al *Tazzina* e giocarsela a mani nude.

Robida era di certo un killer e un sequestratore, ma anche senza sapere degli abusi perpetrati ad Alice Campbell prima di spararle, Tess aveva notato lo sguardo infido con cui la guardava. Era pronta a scommettere che il criminale fosse anche un lurido stupratore e decise di giocarsi quella carta.

«Allora *Tazzina*, hai detto di volere un tête-à-tête con me. Be' eccoci qua, ora siamo soli tu e io. Scommetto che mi stai puntando in bocca questo silenziatore sì e no di dieci centimetri perché ti vergogni di farmi vedere che la *canna* che hai nei pantaloni è molto più piccola!» lo provocò la giornalista, il braccio teso con il pollice e l'indice curvati a C. Tra i due polpastrelli, solo pochi centimetri. Robida si chiazzò di rosso per quell'allusione fin troppo esplicita, e fece schioccare il collo prima a destra e poi a sinistra. La Westlake aveva colto nel segno, ora doveva stuzzicarlo un altro po' per spingerlo oltre il limite.

«Cosa c'è, non ricordavo di averti tagliato pure la lingua con quel coltello. O forse la lama mi è scappata un po' più giù e zac! Forse ora invece de *"Il" Tazzina* dovremmo cominciare a chiamarti *"La" Tazzina...*»

«Sai una cosa puttana, sto sognando questo momento da ieri» eruttò Robida guardandosi la mano fasciata. Mise la pistola per terra e si infilò la mano in tasca estraendo un coltello a serramanico.

«Presto mi supplicherai di raccogliere quella pistola e di metterti una pallottola in fronte come ho fatto con Alice. Sai che urlava come una cagna in calore mentre me la scopavo? Tranquilla, ho filmato tutto sul telefono, tra poco te lo faccio vedere. Poi ti cavo gli occhi dalle orbite e ci piscio dentro.»

La lama del serramanico era lunga e affilata, Tess non aveva previsto un coltello nei suoi calcoli, ma era pur sempre meglio di una pistola.

«Proprio come immaginavo, sei un miserabile maiale, come quel tatuaggio orrendo che porti sul collo. Fatti avanti bastardo, vienimi pure a strappare gli occhi. Tanto con o senza, avrei comunque difficoltà a vedere quel pisello minuscolo» esclamò muovendo il mignolino della mano, prendendosi ancora una volta gioco della sua virilità.

Il Tazzina balzò in avanti come una furia, accecato dalla rabbia. Era esattamente quello che Tess voleva. La donna fece due rapidi passetti in avanti e gli chiuse la misura all'improvviso. L'ecuadoriano era impreparato, si aspettava una vittima pietrificata dalla paura come Alice. Lo stupratore teneva la mano con il coltello ancora bassa lungo il fianco quando Tess si mise di profilo con le mani in posizione di guardia, e sferrò una rapida sequenza di pugni. Prima un destro dritto sul naso, poi un gancio sinistro al sopracciglio. La carica dell'ecuadoriano si arrestò. Tramortito dai colpi, rimase in piedi disorientato, giusto il tempo che servì alla Westlake per piegarsi sulle ginocchia e caricare la spalla per un terzo pugno, il più micidiale: un montante destro alla mandibola, il colpo del KO.

La giornalista però non riuscì a prenderlo in pieno mento come avrebbe voluto. Robida riuscì a scansarsi all'ultimo limitando i danni e cadde comunque all'indietro. Non sapeva che Tess fosse un'esperta kickboxer e lui non era certo il primo uomo che lei avesse steso. Ma l'ecuadoriano era agile e non cadde del tutto. Riuscì a piantare un ginocchio nel terreno e ritrovò l'equilibrio poggiando l'altra mano a terra. Così facendo, fu *il Tazzina* a rubare un tempo a Tess e sferrò un fendente rapido che la giornalista riuscì a schivare solo parzialmente, non abbastanza da evitare che la lama affilata le lacerasse il braccio destro. Fu costretta ad arretrare, avvertendo un bruciore improvviso all'arto. Per sua fortuna non si trattava di una ferita profonda, ma era comunque un'avvisaglia che la lotta non fosse conclusa. Robida era ancora in ginocchio con la mano che stringeva il coltello poggiata sulla rotula opposta. Guardò la lama e sorrise compiaciuto vedendo del sangue gocciare a terra dall'arnese d'acciaio.

«Occhio per occhio» le ricordò, mostrandole ancora una volta la fasciatura sul polso.

Alla fine del primo round, il setto nasale di Robida era rotto. L'ecuadoriano si passò la fasciatura prima sul naso e poi all'angolo della bocca, perdeva sangue anche da lì. Di contro, la giornalista era ferita al braccio. Tess lanciò uno sguardo verso le due pistole, ma erano ancora troppo lontane.

***

Le scelte di Blake fino a quel momento erano state impeccabili. Da un punto di vista geometrico aveva percorso il tragitto più corto per uscire dalla Scott's Run Nature Preserve. Un compito per niente semplice nel mezzo di un bosco e al buio pesto. Eppure erano già trascorsi quasi tre minuti, circa la metà del tempo che, secondo la stima di Robida, rimaneva a Franco prima di soccombere ai gas di scarico. Uscito dalla foresta, il tenente si era ritrovato nel parcheggio del circolo sportivo. Era quasi vuoto e tra le poche auto presenti, nessuna era un pickup. Non aveva idea di dove andare né aveva uno smartphone per consultare una mappa interattiva. Uscito sulla strada vide l'indirizzo del club indicato su un cartello. Si trovava proprio sulla strada menzionata da Robida, forse quella canaglia aveva detto la verità.

Deve essere da queste parti! pensò il detective. La prossima scelta critica era quale direzione prendere dall'uscita del country club: destra o sinistra? Ogni secondo che passava equivaleva a una boccata di veleno in più per il figlio. Decise di andare a sinistra e presto si accorse che quella strada non era così breve come avrebbe sperato. Dopo diverse pedalate si biforcò e lui, non vedendo alcun cartello, continuò come un razzo per altri sei o settecento metri. La via si divise un'altra volta e poi un'altra ancora, lui rimase sempre sulla destra, ma del furgone nero non vi era traccia. A un tratto Blake si ritrovò a fiancheggiare la interstatale I-495 e infine quella striscia di catrame andò a morire in una rotatoria deserta. Sebbene il segmento fosse tutto in salita, era riuscito a percorrere quella distanza in meno di due minuti. Si trattava di una strada extraurbana che tagliava una zona residenziale caratterizzata da ville eleganti e spaziose, ognuna con il proprio cancello, e Blake non vide neanche una macchina parcheggiata fuori.

Guardò l'orologio, disperato. Nonostante il suo sforzo sovrumano erano già trascorsi cinque minuti e probabilmente Franco stava già lottando tra la vita e la morte. Arrivato alla rotatoria girò la bici con il cuore a pezzi e sfrecciò indietro. Forse, uscendo dal circolo, aveva imboccato la direzione sbagliata. Non aveva alcuna intenzione di arrendersi, ma ormai la vita del figlio era scandita da una clessidra ridotta agli ultimi granelli di sabbia.

***

Il Tazzina aveva sottovalutato la sua avversaria, il che permise alla giornalista di sorprenderlo e sferrare dei colpi da vero pugile. Sebbene questi avessero apportato un discreto danno, non erano però riusciti a infliggere lo sperato knock out. Anzi, Tess non era neanche riuscita a disarmarlo. L'uomo dal volto deforme si rialzò in piedi, con le quattro dita della mano destra serrate intorno al manico del coltello e pronto a sferrare un nuovo attacco. L'ecuadoriano non avrebbe commesso lo stesso errore due volte. Theresa Westlake, però, aveva un ultimo asso nella manica da giocarsi. Si era difesa con una sequenza destro-sinistro-destro che sicuramente aveva allertato il rivale delle sue competenze da pugile, ma se Robida aveva imparato a temere i suoi pugni, non sapeva che Tess praticasse il kickboxing e avesse nelle gambe le sue armi più letali. Erano lunghe, forti, veloci e soprattutto elastiche. Alta più di un metro e settanta, Tess riusciva a calciare ben oltre l'altezza della sua testa allungando i flessori delle cosce. Si mise di nuovo di profilo, in posizione di guardia, con i due pugni a proteggere occhio e mento. Il killer questa volta si avvicinò con cautela, tenendo la lama del serramanico già pronta all'altezza della spalla. Tess cominciò a roteare leggermente i pugni intorno al viso, voleva che Robida si concentrasse sulle sue mani.

La donna all'improvviso fece uno scatto con la spalla, fingendo di partire col sinistro. Robida, memore della devastante sequenza di colpi che lo aveva investito, reagì indietreggiando col busto. Teneva gli occhi incollati sui pugni della ragazza e aveva alzato la mano armata all'altezza della testa, pronto a sferrare un fendente dall'alto verso il basso. Era proprio ciò che Tess desiderava.

Mentre l'ecuadoriano si preparava a colpirla, lei scagliò un calcio potente e veloce sul dorso della mano che stringeva il coltello. Robida incassò il violento colpo sulle nocche e, di riflesso, fece volare il serramanico in aria. Tess gli si avventò contro con un calcio volante al petto, piantandogli il tallone nello sterno. Robida indietreggiò e cadde sul sedere boccheggiando. Era il momento di prendere una decisione: finire il combattimento corpo a corpo o provare a raggiungere una delle pistole. Tess scelse la seconda opzione e fece uno scatto passandogli di fianco.

Anche senza fiato, *il Tazzina* riuscì a smanacciare, colpendole il piede mentre le passava accanto di corsa. Lei cadde, a due passi dalla Beretta. La distanza si ridusse a un solo passo quando Tess distese il braccio cercando di afferrarla, ma era ancora troppo lontana. Provò a strisciare, però sentì due mani che le afferrarono le caviglie tirandola indietro. Vide la pistola che si allontanava davanti ai suoi occhi mentre disegnava con il mento un solco nel fango. Poi l'ecuadoriano si mise sopra di lei, inchiodandola al suolo con i gomiti e le ginocchia in corrispondenza dei suoi quattro arti. Adesso la situazione si era capovolta e il criminale sembrava avere la meglio. Le forzò il viso nel sottobosco, soffocandola lentamente mentre la bocca le si riempiva di terra e fogliame.

Robida la sovrastava col suo peso e Tess era impotente. Qualsiasi suo tentativo di divincolarsi, alla fine, diventava solo un inutile movimento delle anche. Tuttavia, il dinamismo della donna la portava giocoforza a strusciare il sedere in modo ritmico sui genitali del *Tazzina*. Lo stupratore se ne accorse e finì per abbassare lo sguardo. I leggings stretti esaltavano la perfezione del sedere di Tess e il mostro, succube della sua perversione, non resistette all'eccitazione di quegli stimoli.

«Mi sono appena ricordato che abbiamo un conto in sospeso, Tess.» La voce roca le sussurrò all'orecchio.

Con la mano sinistra le forzò giù i leggings fino alle ginocchia, scoprendole i glutei.

«Guarda un po' che bel culo! Sei proprio una bella troietta, sai?» Le infilò la lingua nell'orecchio, la giornalista ormai stava per perdere conoscenza. Il maniaco si girò di fianco per arrivare alla cerniera dei pantaloni e l'aprì con uno strappo secco. Al rumore della zip seguì la sensazione nitida del suo pene che gli si strofinava sul sedere. Tess sapeva cosa stava per accadere e sembrò darsi per vinta, rimanendo immobile e cessando perfino di divincolarsi. Robida si teneva il membro con le quattro dita cercando di indirizzarlo verso l'orifizio più alto e stretto, così le avrebbe fatto più male. Ma accecato dalla perversione malvagia, confuse quell'istante di temporanea immobilità della giornalista. Non era affatto un atto di resa, la donna cercava di raggruppare le ultime disperate forze.

Tentando lo stupro, *il Tazzina* aveva spostato il peso dai punti dove le stava bloccando gli arti al suolo. Tess riuscì a muovere un braccio e raggiunse la mano dell'ecuadoriano. Sentendo al tatto la garza del bendaggio, la strinse con tutta la forza che le rimaneva. Il dolore obbligò lo stupratore a mollare la presa e lei fu finalmente libera di ruotare il collo.

Alcuni colpi di tosse l'aiutarono a risputare il terriccio dalla bocca, poi tirò una lunga boccata d'aria, lo stretto necessario per ossigenare nuovamente i muscoli. Piantò le mani a terra e diede una frustata secca con la testa all'indietro, colpendo di nuovo Robida sul naso dolorante. A quel punto il killer, già sbilanciato, rotolò su un fianco con le mani a protezione del volto. Lei provò di nuovo a strisciare verso le pistole, ma ancora una volta sentì due mani afferrarle le caviglie e tirarla all'indietro.

Déjà vu.

L'ecuadoriano la portò a sé, ma questa volta con uno strattone la girò di centottanta gradi mettendola schiena a terra e faccia in su. Si fissarono negli occhi per un istante. Lui era in ginocchio, eretto sul busto. La reggeva dalle caviglie, come fosse una carriola, forzandola a divaricare le cosce nude. Solo per quel breve attimo, il busto del *Tazzina* non fu l'unica parte *eretta* del suo corpo, perché Tess sferrò un fendente preciso e la lama pose fine, in un solo istante, alla sua virilità e alla sua carriera di stupratore. Un urlo disumano lacerò il silenzio notturno della foresta. Tess si alzò in piedi e ritirò su i leggings. Prese entrambe le pistole mentre Robida era rannicchiato al suolo con le mani sui genitali.

«Prendi il telefono e spegni il motore del furgone, miserabile eunuco.»

«Il mio uccello! Maledetta stronza, guarda che cazzo hai fatto!»

Il maniaco incredulo sputò fuori le parole dai denti con tutta la rabbia di chi già assapora il gusto della sconfitta.

«ADESSO» ruggì la giornalista, sparando un colpo a terra a un palmo dal suo viso.

Robida imprecò di nuovo, ma poi obbedì a malincuore quando lei gli poggiò il silenziatore ancora caldo sulla guancia deforme.

«Ora dimmi dove è parcheggiata la macchina. Indicamelo sulla mappa del telefonino. Giuro che te lo chiedo solo una volta, brutto porco.»

Il mostro obbedì senza fiatare.

«E adesso parliamo di mio marito, Marcus Whiterman...»

Robida ormai era rassegnato. Rannicchiato in posizione fetale e con le mani tra le gambe, più che un killer spietato sembrava un agnellino pronto per il macello.

«Non lontano dal pickup c'è un cancello che conduce a una villa isolata. Dentro ci ho visto Mike Travis e credo che anche Whiterman sia tenuto prigioniero lì da qualche parte.»

«E come sta? Che gli avete fatto...?» ringhiò la giornalista, infilandogli il silenziatore in bocca fino alle tonsille.

«Gnon… glo… so... glo giuro» farfugliò lui, cercando di non strozzarsi tra l'acciaio del silenziatore e il sangue che gli scorreva in gola. «Gnon… l'ho mai gvisto... gtuo… marito... glo gestiva Markovic... gda solo.» Tossì sputando sangue. «Gnon... respiro...»

«Chi è Markovic? È il nome di quell'agente del controspionaggio della US Army... il tizio grosso?»

Robida annuì e lei gli levò la pistola dalla bocca. Si allontanò voltandogli le spalle, ormai col *Tazzina* aveva finito. Non costituiva più un pericolo e lei voleva sbrigarsi a chiamare Blake per dirgli dove fosse il figlio, in caso non lo avesse già trovato. L'ecuadoriano era pallido e sudato. Sempre rannicchiato al suolo, si voltò di lato e vide il suo pene reciso su un mucchietto di foglie.

«Che peccato Tess, scommetto che sei brava a succhiare cazzi! Non saprai mai quanto è dolce il nettare del mio uccello, sembra miele...» bisbigliò lo stupratore con una risatina. Tess si fermò di colpo. Le mancava il respiro e avvertì un capogiro, si dovette inginocchiare. Alternò colpi di tosse a lunghi respiri come se la gola le si stesse chiudendo, avrebbe voluto bere anche se in fondo sapeva che non sarebbe servito a nulla. Si girò verso Robida con uno sguardo spaesato, sembrava quasi non sapere più dove si trovasse. Dapprima si guardò intorno, poi fissò quella sagoma rannicchiata a terra davanti a lei che improvvisamente aveva assunto le sembianze di quel misterioso vecchio con la barba e i capelli fusi in un tutt'uno a formare una criniera canuta. Tess si alzò in piedi ancora tossendo, rossa in faccia e tornò decisa verso di lui stringendo l'impugnatura del coltello così forte che le nocche delle mani le diventarono bianche.

Le ultime parole del *Tazzina* la fecero tornare con la mente all'infanzia. La nonna paterna, dopo aver perso il marito nello sbarco di Anzio, scelse di non risposarsi più per dedicarsi a crescere da sola il figlio, il futuro papà di Tess. Solo alcuni anni dopo la nascita della nipote, la nonna di Tess incontrò un compagno con cui trascorse insieme la vecchiaia. Questa figura maschile entrò a far parte della vita di Tess negli anni delle elementari, ma non essendo il vero nonno della bambina, l'uomo ormai anziano veniva chiamato semplicemente "lo Zio John".

Saltuariamente, i genitori di Tess si appoggiavano alla nonna paterna per concedersi una serata di svago. In una di queste circostanze Tess fu lasciata a casa della nonna, che a un certo punto si assentò per andare a fare la spesa, lasciando la bambina con lo zio John. Tess era ormai una ragazzina alle soglie dell'adolescenza e quella sera si ritrovò a correre sulle scale del seminterrato in lacrime.

«Aspetta Tess, volevo solo farti assaggiare del miele...» Lo zio John la stava inseguendo su per le scale, ma lei con un balzo saltò gli ultimi gradini e scomparve dietro lo stipite. Appena l'uomo varcò la soglia, la porta di massello si richiuse colpendolo violentemente in piena faccia. Zio John cadde all'indietro per le scale, battendo la testa e perdendo i sensi. Quando riaprì gli occhi, per prima cosa avvertì un mal di testa lancinante. La sua vista era annebbiata, cosa che inizialmente attribuì alla caduta, ma si sbagliava. Vedeva tutto distorto e opaco perché guardava attraverso uno strato di cellophane.

«La testa ti sanguinava, zio John, quindi l'ho fasciata» disse la piccola Tess, vedendolo riprendere i sensi. L'uomo era disteso sui gradini nella stessa posizione in cui aveva finito di ruzzolare. «Brava ragazza, grazie. Ora aiutami a tirarmi su.» Provò a muoversi, ma gli arti non rispondevano ai comandi. Era legato mani e piedi con il cellophane, lo stesso materiale con cui era stato fasciato alla testa.

«Tess, che succede...» le parole dell'uomo furono strozzate da un beccuccio di plastica che gli venne ficcato in gola. Poi il palato dello zio John fu investito da un'improvvisa ondata di miele liquido. Troppo miele, toppo dolce, troppo veloce... troppo tutto! L'uomo tossì e del miele gli fuoriuscì dalle narici, bruciava. Il cellophane che gli fasciava la testa girava all'altezza del setto nasale, lasciandogli le narici e la bocca libere e permettendogli così di respirare.

«Pensavi davvero che non mi ricordassi del gioco dell'orso, zio John?» sussurrò la ragazzina con voce calma. Gli occhi dell'anziano si spalancarono mostrando tutto il suo stupore.

Erano passati alcuni anni dall'ultima volta che fecero quel gioco. Era una delle solite sere in cui Tess, ancora bambina, venne lasciata dalla nonna per concedere ai genitori un po' di svago. Lo zio John, approfittando della temporanea assenza della nonna, uscita per una commissione, adescò la bimba per fare il gioco dell'orso. I capelli ormai bianchi dell'uomo si univano alla barba irta e insieme formavano una criniera canuta che gli conferiva le sembianze di un animale selvaggio. Scherzando, la piccola Tess gli disse che sembrava un orso. «*Sai Tess, agli orsi piace il miele... piace anche a te?*» Tess annuì, come ogni altro bambino le piaceva tutto ciò che fosse dolce. Allora lo zio John si versò del miele sulla punta del pene e le forzò giù la testa. La cosa si ripeté per un paio d'anni, ogni qual volta i genitori di Tess la portavano dalla nonna. «*Non potrai mai dirlo a nessuno, è il nostro gioco segreto. Il gioco dell'orso!*»

«O forse era il gioco dell'orco...» continuò adesso Tess, sigillando le vie aeree dello zio John con il rotolo di cellophane. La pellicola si appannò, la bocca dell'uomo spalancata alla vana ricerca di aria che non arrivava più. Lei lo fissò agitarsi finché smise e rimase immobile, con i suoi vitrei occhi blu incorniciati in quella criniera d'argento. L'orso-orco aveva smesso di terrorizzarla e alla fine Tess ebbe la sua vendetta.

Fu semplice, per quella bimba precoce dall'intelletto spiccato, inscenare un incidente in cui lo zio John sembrò essere vittima di una caduta per le scale.

- 28 -

Blake pedalava a rotta di collo quando il cellulare gli squillò nella tasca. La chiamata proveniva dal telefonino prepagato della giornalista, il solo numero che avesse memorizzato in rubrica. «Billy sono io, sto bene. Ho sistemato Robida, quel verme non farà più del male a nessuno. Piuttosto, hai trovato Franco?»

Sentire la voce di Tess portò un briciolo di serenità all'animo tormentato del detective. Rispose che era felice di sentirla, ma purtroppo non aveva ancora trovato il furgone e temeva che *il Tazzina* avesse mentito sulla posizione del veicolo. Ormai erano passati più di otto minuti da quando l'ecuadoriano aveva acceso il motore del pickup, tantissimi per quella particolare missione di soccorso, forse troppi, però Tess gli diede una nuova speranza dicendogli che era riuscita a spegnere il motore del furgone dall'app del telefono di Robida, quindi il tubo di scappamento non pompava più gas all'interno dell'abitacolo. Gli disse esattamente dov'era parcheggiata la macchina guardando la mappa dal cellulare di Robida e Blake capì di aver saltato una diramazione della strada. Quell'intero quartiere extraurbano profumava di soldi, tutte le abitazioni erano delle lussuose ville milionarie con terreni più o meno grandi a circondarle. Il tenente era esausto, con le ultime energie residue ripercorse quella biforcazione che aveva erroneamente scambiato per un'altra strada e dopo poco raggiunse un'altra rotonda con un albero al centro. Dietro la fronda dell'albero, nascosto dall'oscurità, vide un camioncino nero. Era l'unico veicolo parcheggiato in strada nel giro di mezzo miglio.

«Ecco il furgone nero, lo vedo!» ansimò al telefono.

I finestrini erano oscurati, non vide nulla finché non fu a ridosso del mezzo. Appena aprì la portiera posteriore fu investito da una nube tossica che lo fece tossire. A mano a mano che la nube si diradava nell'aria circostante, l'immagine che prendeva forma all'interno gli congelò il sangue nelle arterie. La testa floscia del ragazzo ricadeva sulla cintura di sicurezza, le braccia parevano due ramoscelli appassiti.

«FRANCO, FRANCO…»

Il ragazzo non rispose.

Lo slegò in fretta e furia per adagiarlo sull'asfalto all'aria aperta. Poggiò l'orecchio sul petto, nulla. Gli agguantò allora il polso e avvertì delle flebili pulsazioni. Era stato esposto ai gas di scarico per una decina di minuti, ma grazie a Tess negli ultimi tre minuti il motore era stato spento da remoto e la concentrazione dei gas nocivi aveva cominciato a diradarsi attraverso la fessura del finestrino da cui entrava il tubo di gomma collegato alla marmitta. Durante il tragitto in bici Blake aveva ripercorso a mente le procedure di rianimazione cardiopolmonare e cosa fare per trattare un caso di avvelenamento da monossido di carbonio. Da poliziotto aveva seguito diversi corsi per esser pronto a intervenire come primo soccorso in attesa dell'ambulanza.

La cosa più importante da fare in questi casi è rimuovere la vittima dalla fonte di intossicazione e posizionarla all'aria aperta. Poi, occorreva forzargli aria nei polmoni attraverso la respirazione bocca a bocca per circa un minuto, cosa che Blake iniziò subito a fare. Il terzo e ultimo step era quello di trasportare la vittima in un ospedale dove potesse essere trattata con ossigeno puro.

Dopo un minuto abbondante di ventilazione forzata e con il figlio sempre in stato di incoscienza, Blake posizionò Franco nel sedile del passeggero e partì a razzo con tutti i finestrini spalancati, seguendo l'icona a forma di croce indicata dal navigatore satellitare. La Westlake, che era rimasta in linea al telefono, seguiva con ansia.

«Non ha ripreso conoscenza, ma grazie a Dio respira» disse in lacrime Blake sfrecciando verso il centro medico.

«Grazie Tess, se non fosse stato per te... io non so cosa avrei fatto se Franco fosse...» non riuscì neanche a pronunciare quella parola e Tess lo rincuorò.

«*Il Tazzina* mi ha detto che l'agente speciale della US Army, quel tizio alto di cui parlavi, si chiama Markovic. Mi ha anche detto dove tengono Marcus e confermato il tuo sospetto: Mike Travis è coinvolto.»

Il tragitto fu breve e Tess insistette affinché Blake si occupasse solo del figlio, al resto avrebbe pensato lei.

«Sono arrivato, ti richiamo tra poco. Intanto chiama la polizia!» Portò il figlio in braccio attraverso la porta a vento dove incrociò una donna che usciva portando in braccio un carlino con la zampa bendata. Si guardò intorno confuso, si trovava in un centro veterinario. Nella fretta aveva seguito l'icona della croce medica sul GPS del furgone senza accorgersi che fosse una struttura per animali. Però aveva solo bisogno di un dottore e di una bombola di ossigeno e quel posto sicuramente aveva entrambi. Il tempismo era fondamentale e non aveva tempo di recarsi altrove. Anzi, forse un veterinario avrebbe fatto meno domande e tutto sommato era un luogo più sicuro di un vero ospedale.

Venne accolto direttamente dal dottore che aveva accompagnato la signora alla porta. Il carlino era l'ultimo appuntamento e la sala d'aspetto era vuota, anche la segretaria era già andata via. Il veterinario era un uomo anziano e Blake implorò aiuto. Franco fu adagiato su un lettino e il vecchio sparì dietro una porta per tornare poco dopo con una bombola di ossigeno attaccata a un respiratore. Lo visitò, e sebbene il ragazzo fosse ancora incosciente, il medico sembrò ottimista.

«Pochi minuti in più e staremmo a parlare di una tragedia. Per fortuna suo figlio è molto forte, un atleta presumo.»

«Gioca a calcio» annuì il papà.

«È stabile, deve rimanere sotto osservazione la notte. Bisogna predisporre il trasferimento in un ospedale più attrezzato. Ora mi dica, cosa è successo esattamente, signor Smith?»

Blake si era presentato sotto falso nome e inventò che era venuto di corsa, uscendo senza portafoglio né documenti.

«L'ho trovato svenuto in macchina dentro il garage. Il motore dell'auto era acceso, la serranda abbassata... c'era fumo ovunque! Immagino si tratti di una bravata, forse una sfida tra ragazzi. Abito a pochi isolati da qui, ero disperato e questo era il posto più vicino per avere soccorso. Ho pensato fosse più rapido di un'ambulanza.» Raccontando i dettagli, il tenente si rese conto che la storia era al limite dell'assurdo.

Il veterinario lo ascoltava fissandolo in silenzio, Blake era teso. Sebbene si fosse rasato la testa, sapeva che da ventiquattro ore il suo volto appariva incessantemente su tutti i canali delle news, descrivendolo come un assassino in fuga.

«Capisco» disse il dottore, annuendo col capo appena il detective finì il suo racconto.

Blake tirò un sospiro di sollievo pensando che il vecchio si fosse bevuto la sua storia.

«Lei è William Blake, non è vero?»

***

Tess stava per chiamare il 911. Era esausta fisicamente, ma ancor di più lo era psicologicamente. Da quando era cominciata questa storia aveva avuto delle avvisaglie che il disturbo da stress post traumatico stesse riaffiorando, manifestandosi con le sue terribili allucinazioni. Non aveva più neanche gli psicofarmaci che l'aiutavano a stabilizzarsi. La lotta con

Robida fu la goccia che fece traboccare il vaso, e non si trattava di un vaso qualunque. Tra l'11 settembre e lo zio John, il suo era un vero e proprio vaso di Pandora.

Fu interrotta da una suoneria. Il suono però non proveniva dal cellulare che aveva in mano, ma dallo smartphone del *Tazzina* che Tess aveva messo in tasca. Lo avrebbe distrutto e se ne sarebbe sbarazzata, almeno quello era il piano. Sul display apparve una striscia di caratteri che la fece rabbrividire. Le prime due parole erano: "Ciao Tess!"

Come è possibile?

Il testo continuava così: "Tuo marito è vivo... per ora... ma ascoltami bene..."

La giornalista voleva rispondere, ma il telefono era bloccato. Non era il messaggio di una qualche app per chattare, si trattava di una stringa di lettere che popolava direttamente la schermata home del telefono. Il *Filo di Arianna* aveva preso il controllo del cellulare di Robida.

"È inutile, il telefono è bloccato. So che Robida ti ha detto dove trovarmi. Vieni adesso, DA SOLA! Portami il magnete e lo scambierò con tuo marito. Non chiamare la polizia o Marcus morirà."

Fissava ancora attonita lo schermo del telefono quando la stringa di caratteri scomparve all'improvviso.

Provò a spingere i tasti, ma non accadde nulla.

«So che hai letto il mio messaggio, ti vedo!» Una voce metallica si propagò dalla cassa dello smartphone. Adesso lo schermo mostrava la faccia di Tess ripresa dalla fotocamera interna. Lei ci mise il pollice sopra per oscurarla.

«Come preferisci. Ma tanto per essere chiari, il messaggio è stato cancellato, in caso pensassi di farlo leggere alla polizia. Tutta questa conversazione, scritta o vocale, non è rintracciabile. Sbrigati a venire, hai dieci minuti. Ricorda bene però, vieni sola o Marcus morirà!»

***

«Dottore, ricominciamo da capo» disse il detective. «Ha appena salvato la vita di mio figlio e le debbo molto di più della verità. Immagino che avrà sentito molte cose sul mio conto in TV, però voglio rassicurarla che non rappresento alcuna minaccia per lei, le sono debitore.» Stese la mano per ringraziarlo, ma il dottore la guardò e la lasciò sospesa in aria. Blake capì e ritrasse il braccio.

«Mio figlio è stato rapito dalle stesse persone che mi hanno incastrato per gli omicidi di cui parlano i telegiornali. Sono arrivato appena in tempo per salvarlo. Questa gente mi sta ricattando perché ho qualcosa che loro vogliono, un'invenzione sensazionale per la quale hanno già ucciso diverse persone. Si tratta di persone innocenti a cui volevo bene e hanno rapito anche il marito della signora Westlake, la donna che viene descritta in TV come mia complice. Mi hanno perfino fatto sparare da un cecchino sulla Whitehurst Freeway pensando che mi volessi arrendere alla polizia: sono vivo per miracolo.» Mostrò al veterinario la medicazione sulla spalla alzandosi la maglietta. «Avevano preso mio figlio, dottore. L'ho trovato legato sul sedile posteriore di un furgone con un tubo di gomma che entrava dal finestrino collegato alla marmitta. Non posso provare nulla di quello che le sto dicendo ora, ma lo farò, lo giuro.»

Questa volta non ci furono esitazioni nel raccontare la storia. Il vecchio rimase in silenzio per un attimo prima di parlare: «Detective Blake, suo figlio è stabile, i suoi parametri vitali sono nella norma, vedrà che presto riprenderà conoscenza. Per il resto io faccio il veterinario, non il giudice, pertanto non posso giudicare il suo operato di fronte alla legge. Posso dirle che da un punto di vista medico, anche lei ha bisogno di cure e riposo. Mi faccia dare un'occhiata a quella ferita.»

Blake si levò la maglietta e il dottore lo medicò.

«È stato molto fortunato, il proiettile è entrato e uscito senza causare gravi danni. Però ha perso molto sangue, deve riposarsi e stare attento che la ferita non s'infetti per evitare complicazioni.»

Uno scampanellio dal telefono di Blake indicò: “1 nuovo messaggio”.

> “Marcus è vivo. Vogliono scambiarlo con il magnete. Hanno detto di andare sola, niente polizia o lo uccidono. È la villa vicino a dove era parcheggiato il furgone. Sto entrando. In bocca al lupo con Franco. TVB”

«Non mi aspetto che mi creda, dottore» disse Blake, mostrandogli l’SMS. «Me lo ha appena inviato la Westlake. Se non fosse per lei, non staremmo qui a parlare, sia io che mio figlio saremmo morti. Sta andando dritta in una trappola, devo aiutarla. La prego, può prendersi cura di mio figlio per un’ora? Se non mi vede tornare, sa cosa fare.»

Il dottore ci pensò qualche secondo: «Il ragazzo starà al sicuro con me.»

«Grazie, però devo chiederle un ultimo favore. Può far andare via il dolore e ridarmi le mie forze anche solo per un po’? In caso non si dovesse risolvere tutto con quattro chiacchiere amichevoli...»

Il vecchio si portò la mano alla fronte e si massaggiò le tempie per ragionare. «Ovviamente non è consigliato... senza contare che potrei essere radiato dall’albo per questo... Che diamine! Tra sei mesi andrò comunque in pensione! Va bene, sì, diciamo che volendo potrei darle qualcosa che le permetterebbe di tirare avanti ancora per un pochino.»

«Solo un’ora dottore, è tutto ciò di cui ho bisogno!»

«Sembra essere robusto come un toro, tenente Blake, molte persone al posto suo sarebbero esauste. Ha qualche allergia o patologia da segnalare?»

Blake fece no col capo.

«Aspetti qui» Il veterinario sparì e tornò dopo qualche minuto con alcune pillole colorate e una boccetta di vetro con un liquido trasparente. Gli diede le pasticche puntando il dito verso il dispenser dell’acqua, poi prese da un cassetto una siringa e il laccio emostatico.

«Apra e chiuda il pugno tre volte.»

Poco dopo, il liquido della boccetta prese a scorrere nella vena cefalica del tenente. «È venuto nel posto giusto detective. Questa roba non la trova negli ospedali dove curano gli esseri umani. Le ho appena somministrato qualcosa che di solito si dà ai ronzini prima delle gare per tramutarli in stalloni da corsa. Nella prossima ora le dovranno sparare con un fucile da caccia grossa per fermarla. Non mi soffermo neanche su tutti quelli che potrebbero essere gli effetti collaterali, si assicuri semplicemente di andare in ospedale entro un paio d'ore.»

«Grazie, Doc.»

«In bocca al lupo, figliolo.»

- 29 -

Il portone della maestosa villa virginiana sovrastava la Westlake in lungo e in largo. Superava i tre metri d'altezza, sfiorava i due di larghezza e aveva difeso per secoli l'ingresso di un castello medievale nelle Highland scozzesi prima di essere importato negli Stati Uniti. Costruito nel Quattordicesimo secolo con spessi strati di massello uniti da enormi bulloni di ferro, sfiorava la tonnellata di peso, e antecedeva di oltre due secoli la più vecchia costruzione di Washington, la *Old Stone House* edificata sulla M Street di Georgetown nel 1765. Per arrivarci, Tess aveva percorso un lungo viale disegnato da fitti cespugli di bosso. Dopo alcune curve, il sentiero l'aveva condotta a una piazzola con una fontana di pietra al centro, dove sorgeva l'edificio principale della tenuta. La costruzione era enorme e il parco circostante si estendeva a perdita d'occhio, fino alle rive del Potomac.

Tess stava ancora esaminando le cicatrici lasciate nel legno dalle spade dei nemici che nei secoli avevano tentato di espugnare la fortezza dove questo grande portone era collocato, quando un potente braccio idraulico le spalancò l'accesso, senza che lei dovesse suonare il campanello. La giornalista era attesa e monitorata dalle tante telecamere a circuito chiuso sparse per la proprietà. Percorse il lussuoso ingresso e si ritrovò all'interno di una magnifica biblioteca circolare. Il soffitto a cattedrale era altissimo, e al centro un osculo faceva filtrare i raggi della luna nella sala rivestita interamente in legno. Due rampe di scale curve percorrevano in modo simmetrico la circonferenza della sala e conducevano a due mezzanini speculari tra loro. Al centro della parete principale un grande ritratto rinascimentale di Aristotele, simbolo della cultura, dominava la stanza. I muri circolari rivestiti in noce erano un susseguirsi di scaffalature dal pavimento fino al soffitto e contenevano decine di migliaia di volumi, di ogni formato ed epoca, divisi per materia e argomento. A prima vista, la stanza ricordava una versione più piccola della famosa biblioteca del Trinity College di Dublino.

Tess si guardò intorno con diffidenza. C'erano libri dappertutto, tranne laddove gli scaffali ospitavano artefatti, anche questi di ogni tipo, dimensione ed epoca. Si spaziava dai classici busti romani ai dipinti rinascimentali, fino alle sculture di arte moderna. Nel complesso, si trattava di un'impressionante collezione privata che avrebbe potuto essere esposta allo Smithsonian come al Louvre, o in qualsiasi altro museo del mondo.

«Ciao Tesla, è un piacere vederti dopo tutto questo tempo» una voce rimbombò nell'ampia sala. Solo poche persone la chiamavano così, e dopo aver vagato a vuoto per un po' con lo sguardo, gli occhi di Tess si fermarono su una figura a lei ben nota. Era in piedi su uno dei due mezzanini con entrambe le mani sulla balaustra e la fissava dall'alto verso il basso.

«Mi piacerebbe poter dire lo stesso, Mike. In realtà da qui ti intravedo attraverso le stecche della ringhiera, chissà che non stia anticipando il tuo futuro dietro le sbarre.»

«Sono realmente desolato per quello che è accaduto. Credimi, non era affatto mia intenzione che le cose andassero a finire così.» Il suo tono di voce era basso e perentorio come al solito.

«Risparmia la voce, Mike, e non cercare di adularmi. Faccio ancora fatica a credere a tutto questo. Avevi tutto ciò che un uomo possa desiderare: soldi, fama, potere... perché lo hai fatto, non era forse abbastanza?» disse lei con l'aria triste di chi viene tradita e delusa da una persona cara.

«Vuoi sapere la verità, Tesla?»

«Non osare chiamarmi in quel modo, non più» lo interruppe lei bruscamente. «Solo una manciata di persone lo fanno e tu lo sai bene. Persone che hanno un valore speciale per me e tu non sei più tra queste, Mike. La tua avidità senza limiti ti ha portato su una strada da cui non c'è più ritorno. Ormai sei un criminale. Volevi farci credere di essere un patriota, ma non sei altro che una lurida spia.»

Travis rimase immobile con il busto eretto e le mani sulla balaustra, a parlare dall'alto verso il basso. Non appena udì la parola "spia" il CEO di ASTEC corrugò la fronte cosicché la cicatrice che gli correva dal sopracciglio gli socchiuse l'occhio, donandogli un aspetto ancor più severo.

«Pensi questo di me?»

«Cosa importa cosa penso? Non far finta che ti freghi qualcosa e soprattutto, risparmiami le tue cazzate. Per me sei un libro aperto, Mike. Anzi, già che ci sei, trovati un posto tra gli scaffali» sentenziò puntando simbolicamente la mano verso la miriade di libri che li circondavano. L'uomo allargò le labbra in un sorriso, interrompendo per un attimo quell'espressione seria che aveva in volto. Appena riprese a parlare, la giornalista lo interruppe di nuovo: «Adesso basta, finiamola con questa pagliacciata. So bene cosa sia l'unica cosa che ti interessa realmente e ce l'ho qui con me.» Mise una mano nella tasca della felpa ed estrasse il magnete. Gli occhi di Travis brillarono alla vista di quell'oggetto ardentemente desiderato.

«Ora dimmi dov'è Marcus e chiudiamo questa storia.» Estrasse la Glock 26 di Blake che teneva dietro la schiena e gliela puntò contro. Anche sotto tiro, Travis non si scompose minimamente. Rimase con i palmi sul corrimano di legno, mostrando quei proverbiali nervi d'acciaio che lo avevano contraddistinto.

«Non hai capito proprio niente, ragazza. Non sono una spia. Io sto dalla parte di chi vuole proteggere questo Paese. Non è vero, agente Markovic?» Travis alzò lo sguardo, rivolto ora verso il lato opposto della stanza.

«Metta giù la pistola, signorina Westlake. Non glielo chiederò una seconda volta» tuonò l'agente speciale del controspionaggio della US Army, puntando una Sig Sauer alla schiena della giornalista.

«Buonasera, agente speciale Markovic. Sono lieto di conoscerla finalmente, ho sentito molto parlare di lei» salutò agitando la mano in aria, sempre dandogli le spalle e senza voltarsi. «Mi dispiace solo che il suo amico *Tazzina* non si possa unire a noi per la festa, temo si sia dovuto trattenere nel bosco.»

«Sbaglia di nuovo, signorina Westlake. Io non ho amici» rispose Markovic. «Quel maiale di Robida in realtà è l'unico motivo per cui questa faccenda è andata fuori controllo. Adesso poggi la pistola e il magnete a terra, metta entrambe le mani sulla testa e si sdrai anche lei sul pavimento. Se collabora, le assicuro che non le verrà fatto del male. Sappia però che conterò solo fino a tre, dopodiché se non avrà fatto ciò che dico, considererò il suo atteggiamento un atto ostile contro il governo americano e aprirò il fuoco. Ha capito le mie istruzioni?» Il bestione parlò forte e chiaro. Fece un respiro profondo e poi scandì la parola «UNO».

«Mike, illuminami, ti prego. Come intendi esattamente "proteggere" il tuo Paese, sequestrando mio marito o lasciando che il tuo amico mi spari alle spalle?»

Markovic e Travis si scambiarono uno sguardo silente attraverso i due mezzanini.

«Non ho rapito Marcus. Lui ha rubato il magnete! Io lo stavo solo tenendo prigioniero con la motivazione di alto tradimento. Ci sono cose che non sai!» rispose, secco, Travis.

«Bugiardo! Marcus ha preso il magnete solo perché ha scoperto il tuo piano malvagio e così me lo ha spedito per nasconderlo da te. Da allora hai sguinzagliato i tuoi uomini contro me, Blake e chiunque altro ti si sia parato contro. Vedi Alice Campbell e il capitano Freeman. Ma immagino questa sia solo la punta dell'iceberg, non è vero Mike?»

«La verità è solo un punto di vista, Tesla.» Travis questa volta rispose con voce pacata, senza più quel tono autoritario che lo aveva contraddistinto fino a quel momento. Anche la posizione del corpo era cambiata. Le mani erano sempre aggrappate alla balaustra, ma le braccia non erano più tese come prima a sorreggergli il busto. Erano piegate, e i gomiti poggiavano sul corrimano quasi a sostenere il peso del corpo. Piccole goccioline di sudore gli imperlavano la fronte e quella cicatrice sull'occhio adesso non sembrava più un tratto inquietante, bensì evidenziava la sua vulnerabilità.

«DUE... basta chiacchiere! Il dottor Travis sarà testimone che le ho dato la possibilità di arrendersi, signorina Westlake» sentenziò l'agente speciale della US Army.

«Ti stai focalizzando sul quadro generale tralasciando i dettagli. Attenta Tesla, Markovic ti sparerà senza pietà.»

«Finiscila, Mike. C'è una scia di sangue dietro a questo dannato magnete e porta dritta... a te!» disse la Westlake dopo una piccola pausa. Travis annuì, finalmente compiaciuto, ma sempre più affaticato e curvo sul corrimano.

«Mi arrendo, non sparare!» La Westlake aprì le dita della mano facendo roteare il calcio della pistola intorno all'occhiello del grilletto. «Almeno Robida ha avuto ciò che si meritava.» Si girò lentamente verso l'enorme agente dell'esercito americano con le mani in alto, poi si chinò per adagiare la Glock e il magnete sul parquet. Un sorriso dipinto sul volto della donna. «Perché ridi?» chiese il colosso.

«Perché so qualcosa che tu non sai» rispose lei.

«È finito il tempo dei giochetti, signorina Westlake.»

«Decisamente, agente Markovic. Lo dica anche a loro!» Puntò il dito verso l'ingresso e il militare girò la testa in quella stessa direzione, ritrovandosi sotto il tiro di una 9mm.

«Polizia, getta la pistola!» ordinò Andrew Miller, le mostrine cucite sulle spalle della divisa d'ordinanza ne mostravano il grado.

«Sergente, mi chiamo Dragan Markovic, sono un agente speciale del controspionaggio della US Army. Sto conducendo un arresto federale, se me lo consente, le mostro le mie credenziali...»

«So esattamente chi sei, Markovic. Ecco perché non lo ripeterò una seconda volta» disse minaccioso Miller.

«Scusate il ritardo, la porta era aperta!» esordì Blake affiancandosi a Miller. Tess diede un calcio alla Glock che scivolò verso Blake. Lui l'afferrò da terra, ricambiando il sorriso.

«Markovic, è così che ti chiami vero? Non ci siamo potuti presentare per bene allo zoo, ma sono felice di rivederti. Adesso ti prego, fai qualcosa di stupido. È da ieri che aspetto il pretesto giusto per spararti in faccia!»

«Ok, calmiamoci tutti. Ora metto giù la pistola. State facendo un grosso sbaglio» disse l'enorme serbo alzando le mani.

«Ci penso io al bestione, Billy. Tu vai da quell'altro lassù» replicò Miller, andando dal colosso. Blake annuì e si indirizzò verso Travis sull'altro mezzanino.

«C'eri tu dietro a tutto questo, non è vero?» tuonò Blake salendo la rampa di scale del pianerottolo.

«Ho un regalo per te da parte di Alice Campbell, di Brian Carter, di Roger Freeman e anche da parte di mio figlio Francesco, maledetto bastardo!» Caricò la spalla pronto a colpire Travis in faccia con il calcio della pistola, ma la voce della Westlake lo fermò un attimo prima di sferrare il pugno.

«NO BILLY, ASPETTA!»

La giornalista si era spostata a ridosso del mezzanino ed era posizionata esattamente sotto Travis. Il CEO di ASTEC non si era ancora mosso dalla balaustra da dove aveva fatto il suo discorso. Tess si piegò sulle ginocchia per toccare col dito una macchia di sangue sul pavimento. Guardando poi in alto vide un rigagnolo scarlatto che gocciolava dalla balaustra del mezzanino sopra di lei. Travis non provò neanche a parare il pugno del detective, non avrebbe potuto.

«Oh porca troia!» esclamò Blake, trattenendo il pugno a mezz'aria.

«Cosa c'è?» chiese Tess.

«Le sue mani…» rispose il tenente, incredulo.

«Billy, tutto bene laggiù?» chiese anche Miller dal mezzanino opposto mentre ammanettava Markovic.

«Le mani di Travis... sono inchiodate al corrimano!»

- 30 -

«Mio Dio... aveva provato ad avvertirmi!» Tess si portò istintivamente la mano alla bocca, sgomenta, poi corse su per le scale. «Aveva detto che la verità dipende "dai punti di vista" e di focalizzarmi "sui dettagli". Pensavo fosse sciocca retorica, poi ho visto qualcosa che gocciolava dal mancorrente. Ora capisco cosa stesse cercando di dirmi.»

«Sparate a quel fottuto gigante finché potete! È un bugiardo figlio di puttana!» esclamò Travis con un filo di voce. *Su questo siamo d'accordo!* pensò Blake tra sé e sé.

«Teneva sotto tiro anche me, non solo te. Ecco perché non potevo parlare liberamente. Mi ha inchiodato a questa balaustra del cazzo costringendomi a recitare...» la voce di Travis adesso era molto affaticata.

«Fermi un attimo, che diavolo sta succedendo qui? Stai forse dicendo che è stato lui a organizzare tutto?» Blake apparve confuso. Travis sembrò annuire, ma era talmente esausto che perse conoscenza.

Miller, nel frattempo, condusse Markovic giù per le scale del mezzanino opposto, puntandogli la canna della pistola dritta nella schiena.

«Andrew è un sergente nella mia squadra. È stato lui ad aiutarmi in questa indagine parallela che ho condotto. Ha creduto da subito nella mia innocenza ed era l'unica persona di cui mi potessi fidare» Blake si rivolse alla Westlake abbracciandola forte.

«Sono felice che tu stia bene, grazie di cuore per quello che hai fatto per Franco, sarò sempre tuo debitore» le confidò all'orecchio. Lei contraccambiò l'abbraccio. «Avresti fatto lo stesso. Ora però dobbiamo trovare Marcus.»

«Andrew, chiama i rinforzi. Abbiamo anche bisogno di un'ambulanza.» Miller fece un nuto e parlò nella radiolina legata alla spallina della divisa.

«Parlami, Mike. Da che parte sei, non capisco?» Tess lo schiaffeggiò per farlo rinvenire. Lui fece un colpo di tosse e riaprì gli occhi. «Sono un patriota, Tesla, mi conosci. Farei di tutto per questo Paese» rispose pallido sottovoce.

«Dov'è Marcus, è ancora vivo? Perché hai detto che lo tenevi in ostaggio per alto tradimento, ti ha obbligato quel bastardo a dirlo?» Tess lo bombardava di domande, ma lui chiuse gli occhi senza rispondere.

«I soccorsi saranno qui a momenti dottor Travis, resista. Ci dica ciò che sa» incalzò Blake.

«È la verità, non stavo mentendo. Ho rinchiuso Marcus perché ho motivo di credere che sia coinvolto in una rete di spionaggio» Travis parlava sempre più piano. Sembrava potesse perdere di nuovo i sensi da un momento all'altro.

«Che stai dicendo Mike, non può essere stato Marcus?!» Tess lo interruppe con la voce singhiozzante. Travis fece un lungo respiro e riprese a parlare con un filo di voce.

«ASTEC Labs da qualche tempo sta portando avanti un progetto segreto per sfruttare al meglio i campi magnetici. Alcuni giorni fa c'è stata una svolta decisiva e abbiamo sviluppato un prototipo. Si tratta di qualcosa di rivoluzionario e non solo per le applicazioni in campo militare, ma soprattutto per i possibili risvolti nella sfera civile. Ovviamente, se finisse nelle mani sbagliate gli effetti sarebbero devastanti. I mercati finanziari crollerebbero, ne seguirebbero guerre... sarebbe l'apocalisse in poche parole.» Travis parlava con le mani ancora bloccate al corrimano. I chiodi usati erano a testa larga e non c'era alcun modo di liberarlo senza gli attrezzi adatti. Blake e la Westlake lo sorreggevano per le braccia per sgravargli il peso poiché ormai le sue gambe non lo tenevano più.

«La sera stessa in cui il prototipo venne realizzato, il suo inventore, il dottor Singh, venne ucciso in quella che fu schedata come una rapina di strada finita male. L'aggressore non fu mai catturato, ma ad ASTEC sapevamo bene che non poteva trattarsi di una semplice coincidenza.»

«Me lo ricordo» esclamò la giornalista, «era il giorno che ho dato le dimissioni al The Public Eye. Siamo usciti con un pezzo su quell'uccisione. Di per sé il fatto non era eclatante, purtroppo gli omicidi a Washington sono all'ordine del giorno. Ciò che attirò la mia attenzione fu ovviamente che il ricercatore lavorasse nella compagnia di mio marito. Ricordo anche che il killer gli sparò nel collo usando una pistola dal calibro molto piccolo.»

Travis annuì e riprese faticosamente a parlare.

«Quello stesso giorno tutti i file relativi all'invenzione vennero cancellati dai nostri server. Senz'altro doveva essere un lavoro commesso dall'interno da qualcuno con un livello di autorizzazione molto elevato. La nostra sicurezza interna ha cominciato a indagare, sospettavamo già che ci fosse una talpa. Mahmid, il nostro capo della sicurezza, scoprì che era stato proprio Marcus a cancellare i file e che poi aveva sottratto il prototipo dalla nostra Volta.» Travis fece una pausa obbligata, ridotto ormai allo stremo delle forze.

«Ma certo, è tutto collegato! Il killer del dottor Singh è sicuramente Jamal Jones, il criminale della sparatoria nella nostra centrale a La Plata. Anche lì Jones ha sparato a Carter nel collo con una mini Colt, lo stesso tipo di esecuzione di Singh. Scommetto che si tratta della stessa arma. Jones venne mandato in centrale appositamente per me perché mi ero rifiutato di abbandonare il caso Whiterman e stavo arrivando alla verità.» Al che, Blake si voltò verso Markovic, minaccioso: «Sei stato tu a mandarlo, non è vero?»

«È una teoria interessante, detective, ma senza prove temo sia solo la ricostruzione delirante da parte di uno dei maggiori ricercati d'America. È ufficialmente sulla *Most Wanted List* dell'FBI, lo sa? Sergente Miller, la esorto a riconsiderare i fatti. Sì, è vero, ho inchiodato il dottor Travis alla balaustra e forse i miei metodi sono poco ortodossi. Ma l'ho fatto perché lui è la mente dietro a questo terribile complotto. Non lasciatevi ingannare dalle sue fandonie, un prototipo classificato Top Secret dal nostro governo è stato rubato. È una situazione che compromette la sicurezza nazionale e io ho attivato uno specifico protocollo di emergenza. Travis e Whiterman si incolpavano l'un l'altro e non c'era tempo da perdere. Non devo certo dirvi io cosa fanno a Guantanamo per far parlare i terroristi. Per quel che mi riguarda, state ostacolando un protocollo volto a garantire la sicurezza nazionale degli Stati Uniti d'America e sarete tutti considerati complici in questo crimine di alto tradimento. Sergente, per l'ultima volta, mi liberi subito! Sta commettendo un grave errore.»

«I proiettili...» intervenne Blake.

«Come dice?» chiese Markovic con aria confusa.

«La scientifica confermerà che i proiettili che hanno ucciso Carter e Singh provenivano dalla stessa pistola. Come lo spiegherai?»

Il colosso serbo sogghignò. «Non sono un esperto, ma ho sentito parlare di queste pistole miniaturizzate. Quei proiettili sono poco più grandi delle noccioline. Sono talmente piccoli che si deformano all'impatto, rendendo impossibile qualsiasi tipo di tracciamento da parte della scientifica. Ancora una volta, temo che le sue fantasie tenente non impressioneranno la giuria. Specialmente quando verranno soppesate rispetto alle immagini dello zoo, nelle quali si vede chiaramente che lei spara a Freeman. Ora, visto che mi parla di proiettili, sicuramente quelli nel corpo del povero capitano possono essere collegati a una specifica pistola. È un'arma piena di impronte digitali, detective Blake, le sue!»

«Hai sparato tu a Freeman, maledetto figlio di puttana!» Blake ringhiò, puntandogli la pistola contro.

«Che fa, vuole sparare anche a me adesso? Tenente, viviamo in un Paese democratico e lei ha il diritto di avere un processo equo, verrà giudicato da una giuria di suoi pari.»

«Hanno pensato a tutto, Andrew, Tess ne è testimone. Hanno ucciso perfino una mia amica, Alice Campbell, perché stava accudendo mio figlio!» Blake si rivolse verso il collega.

«È vero» confermò Tess.

«Benissimo!» sorrise ironico Markovic, «se lo dice l'altra ricercata sulla *Most Wanted List* dell'FBI, allora è tutto a posto! Peccato però che i notiziari non parlino dell'uccisione di questa sua fantomatica amica. Sicuro che non si tratti di un'altra sua storia delirante?» Blake immaginò come fosse semplice per un'organizzazione criminale così sofisticata ripulire un appartamento e far sparire un cadavere. Stava sbattendo contro un muro di gomma.

«E che mi dici di mio figlio? Quello psicopatico di Robida lo ha rapito e ha provato a ucciderlo. Ma Franco si è salvato e testimonierà anche lui.»

«Non so di cosa stia parlando, signor Blake. Robida è un consulente privato, ma si è rivelato una scheggia impazzita, forse un criminale e su questo siamo d'accordo. Però non rispondo delle sue azioni e io non ho nulla a che fare con suo figlio.»

Blake si rivolse verso il CEO di ASTEC, che però aveva di nuovo perso conoscenza.

«Dottor Travis, resti con noi» gridò Blake, scuotendolo con vigore. Travis farfugliò qualcosa di incomprensibile, lo stavano perdendo. «Ha bisogno di un medico, dannazione! Perché ci mettono così tanto i soccorsi?» imprecò il detective.

«Il magnete...» Travis disse con voce ormai impercettibile, sembrava stesse delirando. «Con la morte di Singh e tutta la documentazione distrutta, il prototipo è tutto ciò che resta...»

«Ma c'è ancora Marcus! Non sarebbe in grado di replicarlo?» Chiese Tess, Travis scosse la testa per dire "no".

«Marcus come capo dell'R&D ha accesso ai massimi livelli d'informazione su tutti i progetti, però non è stato lui a progettare il magnete. Le conoscenze tecniche del prototipo sono morte assieme al dottor Singh, l'inventore. Possiamo recuperare il progetto solo smontando il magnete pezzo per pezzo. Ecco perché è fondamentale recuperarlo.»

«Mike, dov'è Marcus? È ancora vivo? Rispondimi!»

Finalmente Travis aprì di nuovo gli occhi e la fissò.

«Tesla, non capisci che ci sono troppe coincidenze? Marcus ha rubato il magnete e ha cancellato i file dai nostri server. Lo sappiamo, ha già confessato, anche se ce n'è voluto per farlo parlare. Ma c'è un'unica persona che ha orchestrato tutto questo e solo Marcus e io avevamo accesso alla *Volta* di ASTEC dov'era custodito il magnete.»

«Che stai dicendo Mike, lo avete torturato? Ma allora sei uguale a quel pezzo di merda!» La Westlake lo incalzò, puntando il dito verso il gigante.

«Marcus continuava a dire che aveva scoperto un complotto per rubare il magnete e che lo aveva sottratto solo per fermare questo schema criminale» rispose Travis.

«E come fai a sapere che non stesse dicendo la verità?»

«Perché Marcus mi ha accusato di essere il capo di questa cospirazione solo dopo che l'ho scoperto a rubare il magnete! La miglior difesa è l'attacco Tesla, e io so di non essere la mente dietro a questo complotto. Come si dice in questi casi, se non è zuppa, è pan bagnato!»

«Immagino che non si è potuto rivolgere alla polizia per via del suo protocollo Top Secret da rispettare, quindi mi ha mentito spudoratamente quando sono venuto da lei ad ASTEC per informarla che Whiterman fosse sparito» incalzò Blake per metterlo alla prova.

«Ci può scommettere!» Travis inaspettatamente si drizzò

sulle ginocchia, di nuovo con il busto eretto come all'inizio. Sembrava rinvigorito da una folata di orgoglio. «Faccio rapporto esclusivamente al Capo di Stato Maggiore e al Segretario della Difesa. Ho anche conferito personalmente con il Presidente. Stia certo che non ho né l'intenzione né l'autorità di mettere il destino del mio Paese nelle mani della polizia della contea di Charles. Ho contattato subito i servizi segreti e mi è stato assegnato un CISA, un ufficiale militare. Seguiamo tutti il nostro protocollo, non è così tenente?»

«Oh, intende dire Markovic?!? Bella mossa, dottor Travis!» osservò Blake, battendo ironicamente le mani. Travis abbassò lo sguardo, incassando il colpo.

«Mi ha ingannato. Sembrava collaborasse, solo ora mi sono accorto che invece faceva il doppio gioco. Mi ha drogato e mi sono svegliato inchiodato a questa fottuta balaustra!»

«Lei non è poi tanto diverso da Markovic, sa? Fa grandi proclami, però ha inscenato il finito suicidio di Whiterman. Ha guidato la sua macchina sul ponte Nice e si è lanciato giù, vero signor paracadutista della *101st* airborne division? Si crede un patriota, ma è solo un criminale in doppio petto!»

«Si sbaglia, tenente. L'ho preso in ostaggio, questo sì, ma non ho inscenato alcun suicidio. Volevo solo che rivelasse dove aveva nascosto il magnete, lui non parlava, quindi l'ho pestato un po', tutto qui. L'idea di ucciderlo non mi è passata mai per la mente, tantomeno di paracadutarmi da un ponte!»

«Mike, ora basta. Dov'è Marcus?» insistette Tess, ma Markovic la sovrastò con una fragorosa risata.

«Cosa ridi, scemo? Ancora non hai capito che fuori di qui ti aspetta un biglietto di sola andata per Florence, nel Colorado[7]» tuonò la giornalista.

7. Soprannominato "Alcatraz delle Rockies", quello di Florence è il peggior penitenziario di massima sicurezza degli Stati Uniti; una sorta di inferno in terra.

«È perché so qualcosa che tu non sai» rispose il bestione. Era la stessa risposta che gli aveva dato lei poco prima e Tess non era certa se si trattasse di un déjà vu oppure di un altro sintomo dovuto al PTSD. Ebbe un momento di stasi, quasi catatonico, poi il rumore di uno sparo le fece subito destare i sensi: una macchia di sangue circolare si allargava rapidamente nel tessuto che vestiva uno dei presenti.

- 31 -

L'idea che la storia si ripeta ciclicamente è un tema trattato nel corso dei secoli da diversi personaggi illustri che hanno influenzato il pensiero occidentale, dalla filosofia alla politica fino alla letteratura. Tra questi spicca Giambattista Vico, filosofo e retore politico dell'Illuminismo, che formulò la famosa teoria dei corsi e ricorsi storici. Anche Mark Twain asserì che una delle sue teorie preferite era che nessuna occorrenza è unica e solitaria, ma semplicemente la ripetizione di un qualcosa che è già accaduto, forse frequentemente. Questo concetto della ripetizione di un evento dalla somiglianza straordinaria a uno passato, a volte produce nelle persone una sensazione di risonanza che definiamo *déjà vu*.

Fu esattamente ciò che accadde a Theresa Westlake nel momento in cui sentì l'agente speciale Markovic dire «*È perché so qualcosa che tu non sai*». Poi il colpo di pistola che echeggiò nella stanza interruppe bruscamente quell'episodio di convergenza della giornalista. La prima cosa che Tess vide furono degli spruzzi di sangue sul dorso della sua mano. D'istinto la ritrasse al corpo e si toccò freneticamente il petto, ma era indenne, non era lei il bersaglio del proiettile. Accanto a lei, vide Blake accasciarsi al suolo.

«Billy!» gridò, temendo per le sorti dell'amico. Il tenente però stava solo tentando di afferrare Travis mentre cadeva a peso morto. Con le mani inchiodate alla balaustra il CEO di ASTEC non poté toccarsi il petto come fece Tess. Blake era in ginocchio, sorreggeva Travis con un braccio e con l'altra mano tastava il parquet sotto di lui alla ricerca della sua Glock che aveva poggiato poco prima sul pavimento. *Dove diavolo è finita?*

«Andrew...» fece poi il tenente con voce sconsolata, senza neanche voltarsi.

«Billy...» disse Miller dietro di lui.

«Hai chiamato i soccorsi da un pezzo, ma non sento alcuna sirena. Non sta arrivando nessuno, non è vero?»

«Forse sono bloccati nel traffico. Sai com'è quando giocano i Nats...» rispose il sergente in modo sarcastico.

Il detective chiuse gli occhi facendo una smorfia che racchiudeva in sé tutto il dolore di un tradimento. Aveva portato entrambe le mani sulla ferita di Travis nel tentativo di arginare l'emorragia, ma la vittima aveva smesso di contorcersi. Il proiettile esploso a poca distanza lo aveva colpito dritto al cuore. Blake portò le dita insanguinate sulla carotide alla vana ricerca di un battito ma non lo avvertì, Mike Travis era morto.

Tess fissava inorridita la Glock di Blake ancora fumante. Era nella mano destra di Miller e ora puntava minacciosamente verso di lei. Con l'altra mano il sergente impugnava la sua pistola e teneva sotto tiro Blake.

«Andy, sei un ottimo sbirro. Ti prego, dimmi che non lo hai fatto solo per un po' soldi?» Blake infine trovò il coraggio di voltarsi e guardare il collega negli occhi.

«No, non è stato solo per *un po'* di soldi, Billy. Si è trattato di un sacco di soldi!» rispose ironico. «Più di quanti ne avrei mai guadagnati in tutta la mia carriera, rischiando la vita ogni giorno. E per cosa? Finire in una bara come Carter e Freeman, lasciando moglie e figli con una bandiera piegata in una cornicetta e le rate del mutuo da pagare? No grazie. Puoi tenerti il mio orologio di merda che danno come regalo per il pensionamento, amico. Sai che ti dico, fanculo il dipartimento e fanculo anche te, Billy!»

«Stai zitto, miserabile verme! Non sei neanche degno di pronunciare i loro nomi. Carter e Freeman erano degli eroi, tu sei soltanto un vigliacco.»

Markovic ascoltava in silenzio, sempre con le mani dietro la schiena. Tess, rendendosi conto che la situazione stava precipitando tentò una mossa disperata sperando di sorprendere Miller mentre dialogava con Blake, ma il gigante accanto a lei spalancò le braccia come fosse un'aquila in planata su una preda e un istante dopo la Westlake si ritrovò stretta nella sua morsa d'acciaio. Il colosso aveva di nuovo in mano la sua Sig Sauer e le poggiò il silenziatore sulla tempia, voltandosi verso Miller in attesa d'istruzioni.

***

Al momento dell'arresto, Miller chiuse solo uno dei polsi di Markovic con le manette lasciando l'altro libero. Non se ne accorse nessuno poiché il colosso era rimasto tutto il tempo con le mani dietro la schiena. Lo stesso Markovic lì per lì ebbe un momento di smarrimento, non avvertendo il clic del secondo bracciale. Pensò di aver convinto Miller con quel monologo in cui esponeva le proprie ragioni e si professava innocente a discapito di Blake, ma il motivo era un altro.

Nascosto dall'enorme schiena del serbo, il sergente Miller gli prese l'avambraccio, allineandolo col suo, e gli strinse il gomito con la mano, emulando quel gesto che l'agente speciale della US Army si era scambiato alcune sere prima con il misterioso motociclista vestito di nero in un vicoletto buio di Washington. Avvertì una scarica di adrenalina elettrizzante al pensiero che il sergente Miller potesse essere quel personaggio sinistro che gli aveva commissionato il lavoro.

Dopo la stretta al gomito, mentre scendevano le scale che conducevano dal mezzanino al piano terra, Markovic avvertì il freddo di un cilindro di metallo scivolargli lungo la schiena, nella cinta dei pantaloni.

Un silenziatore... È la mia pistola!

Miller, alle sue spalle, gli si avvicinò all'orecchio e sussurrò: «Lunga vita alla madre Russia!»

Markovic a quel punto non ebbe più dubbi. Miller era quella persona che gli aveva illustrato il nuovo mondo che sarebbe emerso dalle ceneri dell'economia occidentale; la guida verso quel cambiamento epocale.

***

Le manette gli penzolavano dal polso sinistro. Il bracciale che avrebbe dovuto chiudergli il polso destro era aperto.

«Non provarci più o ti ficco una pallottola in testa!» esclamò Markovic, cingendole il fianco con un solo braccio e trattenendola a sé. Blake e la Westlake erano di nuovo sotto tiro, questa volta addirittura da tre pistole. Non c'era altro da fare che cercare di guadagnare tempo.

«Ma certo! Sei stato tu a dare la chiave delle manette di Carter a Jamal Jones» disse Blake rivolgendosi a Miller. La vista delle manette aperte che penzolavano dal braccio di Markovic gli ricordarono l'episodio analogo occorso alla stazione di polizia della contea di Charles. «Ora capisco come ha fatto quel criminale a sorprendere Brian!» Miller incassò la testa nelle spalle facendo finta di essere dispiaciuto.

«E io che ho dato la colpa a Freeman... che stupido!»

«Carter era un dannato testardo. Se solo si fosse fatto da parte... non era previsto che morisse, ha voluto fare l'eroe. Invece, dopo la sua morte Freeman ha perso la testa e alla fine abbiamo dovuto fermare anche lui.»

«Come pensi di cavartela, Andy? Tutti questi morti non potranno certo scomparire come una bolla di sapone.»

«Be', vediamo. Hai ucciso un uomo nel tuo ufficio, poi il mondo intero ti ha visto sparare a Freeman allo zoo. Travis è la ciliegina sulla torta, questa è tua, non è vero Billy?» Miller mise la propria pistola nella fondina e continuò a tenere Blake sotto tiro con la piccola Glock del tenente.

«Dimentichi Whiterman» disse Blake, non sapendo cos'altro dire. «La sua macchina è stata ritrovata abbandonata sul Nice Bridge. Qualcuno è saltato giù, è sulle registrazioni delle videocamere di sicurezza. Come lo spiegherai?»

Miller sembrò divertito dalla domanda.

«Ma infatti sembrerà proprio che Whiterman sia saltato da quel dannato ponte, non è vero agente Markovic?» incalzò Miller in tono ironico, rivolgendo lo sguardo verso il gigante. «Vai da Whiterman e fai quello che sai. Tra qualche giorno verrà ritrovato in una rete da pesca nella Chesapeake Bay. Il suicidio verrà confermato e il cerchio sarà finalmente chiuso.»

Il CISA annuì, più ascoltava Miller più metteva a fuoco il quadro generale. Aveva calcolato tutto fino al minimo dettaglio, era un piano perfetto. Preso dall'entusiasmo, Markovic tradì nuovamente il patto concordato in quel vicolo di Washington e si rivolse a Miller in russo: «*Kak naschet zhenshchiny?*»

Il sergente però sgranò gli occhi, visibilmente confuso.

«Cos'hai detto? Non parlo la tua lingua ragazzone!»

Markovic non capiva perché Miller facesse ancora finta di non parlare russo. Ormai erano giunti alla resa dei conti.

Coerenza, fino alla fine!

Solo una costanza ferrea e un'estrema attenzione in ogni circostanza potevano permettere a una spia di non essere scoperta.

«Che facciamo con la donna?» ripeté Markovic in inglese.

«Tu vai da Whiterman, a lei ci penso io.»

Il colosso lanciò la ragazza a terra e scomparve attraverso alcuni scaffali che si rivelarono essere un pannello girevole.

«Il magnete, signorina Westlake. Prego, lo faccia rotolare gentilmente verso di me.» Miller la esortò gesticolando con la pistola. Tess si voltò verso Blake.

«Perché non vieni a prendertelo da solo, stronzo?» Tess prese il magnete dalla tasca e lo porse al sergente.

Miller la intimò nuovamente a posarlo a terra e farlo rotolare verso di lui, ma lei aveva già steso il braccio orientandolo in direzione della Glock. La foto della spiaggia alle Barbados era allineata davanti ai suoi occhi e all'improvviso si illuminò di blu. Il cilindro le decollò dalle mani mirando dritto verso la Glock. L'impatto violento disarmò Miller e il magnete, incollato alla pistola, cadde a terra. Blake gli saltò subito addosso, ma Miller fu lesto a prenderlo per la maglietta e usare la sua stessa inerzia per scaraventarlo contro gli scaffali dietro di lui. In un attimo il detective fu sommerso da una cascata di libri che gli franarono addosso. Miller provò ad afferrare la pistola a terra, ma appena strinse il magnete con la mano si ustionò per il freddo glaciale emanato dal prototipo. D'istinto scagliò i due oggetti lontano, sempre saldamente attaccati l'un l'altro, che finirono sul lato opposto del mezzanino verso le scale.

Senza esitare, la Westlake gli diede un calcio violento a un rene e Miller cadde a terra, contorcendosi dal dolore mentre Blake stava riemergendo dalla pila di volumi che lo aveva ricoperto. La giornalista tentò di sferrare un altro calcio ma Miller, cercando con la mano negli scaffali dietro la schiena, aveva trovato una scultura di bronzo con cui parò il colpo.

Tess cadde a terra e rimase sdraiata dolorante con la caviglia tra le mani, l'impatto violento con la pesante scultura l'aveva azzoppata.

La sagoma di Miller apparve minacciosa sopra di lei. Aveva le mani giunte sopra la testa nella stessa posizione del boscaiolo che si appresta a spaccare in due un ciocco di legno con l'ascia, eccetto che Tess riconobbe l'artefatto che Miller teneva tra le mani. Era una delle riproduzioni originali della famosa scultura "*La Piccola Ballerina di 14 Anni*" eseguita da Edgar Degas. La giornalista si coprì la faccia con le mani e chiuse gli occhi preparandosi all'impatto, in cuor suo sperava in un miracolo. La replica di Degas pesava oltre quindici chili e il colpo di Miller le avrebbe fracassato il cranio come un guscio d'uovo.

- 32 -

Ancora una volta il triplice scatto della serratura allertò il prigioniero, e la porta di ferro della cella si aprì con il consueto cigolio delle cerniere. Marcus Whiterman si trovava al solito posto, incatenato al muro vicino alla brandina.

«Dov'è Travis? Devo parlare con lui!»

«Lo raggiungerai presto» rispose Markovic, che accese per la prima volta la luce nella stanza del detenuto, accecandolo. In questi giorni di prigionia Whiterman era rimasto quasi sempre al buio e gli unici sprazzi di luce che aveva visto provenivano dal neon del corridoio. Il ruolo di Whiterman era cambiato all'improvviso. Aveva cessato di essere una risorsa preziosa, non serviva più come pedina di scambio e doveva essere eliminato per portare a termine il piano. Markovic gettò un paio di manette ai suoi piedi: «Legati le mani dietro la schiena» ordinò. «La tua prigionia è finita. Ti porterò in un luogo isolato dove verrai rilasciato.»

«Come faccio a sapere che stai dicendo la verità?»

«Posso spararti in fronte qui, se preferisci» disse la montagna umana, estraendo la sua Sig Sauer. Il cofondatore di ASTEC raccolse i bracciali d'acciaio e obbedì.

«Girati e fammi vedere» ordinò il gigante.

Il prigioniero si voltò per mostrare che effettivamente le manette fossero chiuse e salutò il carceriere con entrambe le dita medie alzate. Il serbo allora uscì in corridoio e tornò un attimo dopo con un secchio pieno fino all'orlo d'acqua sporca.

«Quello a che serve?» chiese Whiterman.

Il liquido all'interno era torbido. Se ne accorse anche il detenuto, i cui occhi si stavano finalmente aggiustando alla luce. Era acqua presa dal Potomac.

***

Blake si lanciò contro Miller con lo stesso impeto con cui si placca il quarterback in una partita di football americano. Lo scaraventò per terra un attimo prima che frantumasse la testa della Westlake con la ballerina di bronzo di Degas.

«Sbrigati» urlò il detective mentre rotolava al suolo avvinghiato a Miller, «vai a fermare Markovic prima che uccida tuo marito. A lui penso io.»

La giornalista riaprì gli occhi sentendo le parole dell'amico. La sagoma di Miller sopra di lei era sparita. Si alzò in piedi e vide i due poliziotti al suolo che se le davano di santa ragione.

«Corri, non c'è tempo da perdere!»

Markovic aveva già qualche minuto di vantaggio, doveva sbrigarsi. Spinse lo stesso pannello girevole usato dal serbo e corse via zoppicando.

Il duello tra i due colleghi era in una situazione di stallo. Miller aveva provato a prendere la sua pistola dalla fondina, ma Blake era riuscito a disarmarlo prima che facesse fuoco e l'arma era caduta giù dalla balaustra del mezzanino al piano sottostante. Miller allora afferrò la statuetta di Degas con entrambe le mani, questa volta per la testa, e la roteò come fosse una mazzafionda contro Blake, che però era riuscito ad afferrare un grosso volume con la copertina di cuoio da uno scaffale e lo usò come scudo. Si trattava di un raro atlante geografico del Diciassettesimo secolo che venne perforato dallo spigolo della base della statua nel parare il colpo.

Fu il turno del contrattacco di Blake che piazzò un paio di pugni, prima allo stomaco e poi al volto, e il sergente cadde a terra. Blake si sfilò la maglietta per creare una fasciatura sulla mano a protezione del freddo, poi si inchinò per afferrare il blocco magnete-pistola e riuscì a disattivare la reazione elettrochimica azionando il bottoncino sul lato del cilindro. A quel punto, i due oggetti si separarono con facilità.

Miller però si era già rialzato da terra e vide Blake a torso nudo, con una garza medica macchiata di sangue all'altezza della spalla destra. Prima che il detective potesse girarsi e far fuoco, Miller gli piantò le dita nella fasciatura. Nonostante il cocktail di farmaci somministratogli dal veterinario, Blake avvertì un forte dolore che gli fece cadere gli oggetti dalle mani. La Glock rimbalzò su un asse del pavimento e si fermò poco prima del bordo della scalinata mentre il magnete cadde sul suo fianco liscio e cominciò a rotolare sul parquet e poi giù dai gradini, scomparendo dalla vista dei due contendenti. Il percorso del cilindro fu scandito da una serie di rumori sordi a mano a mano che cadeva da uno scalino all'altro, finché quel suono ritmico cessò a indicare che anche il magnete aveva finito la sua corsa.

Miller, nel frattempo, era riuscito nel suo intento. Dopo aver rimosso la garza aveva strappato via i punti di sutura dalla ferita del tenente con le unghie, penetrando la carne viva con le dita. Preso il sopravvento, il sergente gli sferrò una gomitata in faccia e spedì Blake in ginocchio contro la balaustra. Era esausto, i punti erano saltati e il sangue sgorgava di nuovo a fiotti dalla spalla. Non poté far altro che osservare passivamente Miller che si dirigeva carponi verso la pistola sul ciglio della scalinata. Si sentiva come in un incontro di boxe quando un pugile spedisce l'altro al tappeto e l'arbitro comincia a contare. Blake era il pugile al tappeto che tentava disperatamente di rialzarsi, la balaustra del mezzanino erano le corde del ring. Nella sua testa sentiva il conteggio dell'arbitro, scandito da ogni passo di Miller verso la pistola. Provò ad alzarsi, aggrappandosi al mancorrente con una mano, ma ricadde giù. Il corpo non obbediva a ciò che gli ordinava il cervello. Poi Miller afferrò la Glock 26. L'arbitro aveva contato fino a dieci, il tempo era scaduto.

Quando Blake riuscì finalmente ad alzarsi, sapeva che era troppo tardi. A Miller bastava girarsi e sparare, lui era troppo lontano per impedirglielo. Afferrò comunque la ballerina di Degas per la testa con il braccio sano e la trascinò con sé verso il nemico.

Due linee correvano parallele sul pavimento. Il suo braccio destro gocciava sangue, disegnando una striscia rossa sul parquet. A sinistra invece, in modo quasi simmetrico, lo spigolo del basamento della statua trascinata rigava gli assi di legno.

***

Tess si era ritrovata in un corridoio a ferro di cavallo dal quale si accedeva a diverse stanze da letto. Ne aveva ispezionato rapidamente alcune, ma del marito non vi era traccia. La villa era enorme e Marcus Whiterman poteva essere rinchiuso ovunque. Zoppicava vistosamente, il colpo inferto da Miller sulla caviglia le aveva procurato una microlesione alla tibia, lei però continuava imperterrita la sua ricerca, muovendosi il più velocemente possibile. In una delle stanze aveva trovato una coppia di portacandele d'argento massiccio e ne aveva preso uno da usare come arma. Non sarebbe stato un duello ad armi pari contro la Sig Sauer di Markovic, ma era meglio di niente. Una scala al centro del corridoio semicircolare la condusse al piano di sotto e si ritrovò in un sontuoso salone. Lo stile era completamente diverso dalla libreria foderata in legno, questa sala era ultramoderna. Le pareti erano di vetro e acciaio, come l'enorme camino circolare al centro della stanza. Le vetrate avevano una meravigliosa vista sul parco circostante, incluso uno scorcio del Potomac che delimitava uno dei confini della vasta proprietà.

Tess notò subito che uno dei pannelli di vetro era leggermente aperto, uscì fuori e si ritrovò nel giardino. Immaginò che una tenuta del genere dovesse per forza avere una qualche costruzione secondaria dislocata da qualche parte nel parco. Forse una dependance, di sicuro almeno un capanno degli attrezzi per manutenere l'enorme giardino. Pensò che una costruzione simile, distaccata dal corpo principale, sarebbe stata un luogo perfetto per nascondere un prigioniero, occorreva trovarla.

La luna era alta e brillava nel cielo terso. Un profumo di erba tagliata aleggiava nell'aria. La giornalista si affidò al suo sesto senso che la condusse dove il terreno scendeva in modo graduale verso il Potomac. Dopo una cinquantina di metri, dietro ad alcuni alberi, scorse la sagoma di un piccolo edificio. L'espressione sul volto rivelò la sua soddisfazione, forse era sulla strada giusta. Purtroppo, quella sensazione di felicità fu breve: il suono di uno sparo proveniente dalla villa la paralizzò sul prato. Chi era riuscito a raggiungere la pistola per primo, Blake o Miller?

***

Fu Miller a fare fuoco. Tuttavia, il sergente non si era voltato per sparare contro Blake. Una volta afferrata la Glock, ancora rivolto verso le scale, aveva visto qualcosa in fondo ai gradini che gli fece cambiare priorità. Il tenente dietro di lui non era più il pericolo imminente. Prese la mira e… Lo sparo esploso nella libreria sembrò echeggiare.

Quando successivamente Miller si voltò per fronteggiare Blake era ormai troppo tardi. Il detective era arrivato a misura e roteò la replica della "*Piccola Ballerina di 14 Anni*" come una mazza ferrata. Il colpo violentissimo con lo spigolo della base della scultura fracassò il cranio del sergente, che fece una mezza piroetta e si afflosciò sulle scale a faccia insù come un sacco vuoto. Con gran sorpresa da parte di Blake, oltre allo sfenoide rotto, Miller aveva anche un foro da proiettile al centro del petto da cui si estendeva una vistosa macchia di sangue. Sarebbe morto comunque, anche senza quella mazzata alla testa. Qualcuno gli aveva sparato, era il motivo per cui Miller non si era girato subito verso Blake, ed era il motivo per cui lo sparo di Miller sembrò echeggiare nella stanza. Non era effetto del rimbombo, si trattava di due spari esplosi all'unisono.

«Sei difficile da rintracciare, tenente Blake!»

Una voce con uno spiccato accento straniero si propagò dal fondo della scalinata. Blake riconobbe subito quel rotacismo prim'ancora di guardare la persona in faccia. Poi quelle parole gli azionarono un meccanismo della memoria, un altro déjà vu. Erano le parole del messaggio di testo inviato sul cellulare della Westlake che li aveva avvertiti dell'imminente agguato a casa della giornalista. Yosef Mahmid, il capo della sicurezza di ASTEC Labs, stava in piedi sul primo gradino della scala impugnando una Beretta. Aveva l'altra mano sul mancorrente e con la suola di una scarpa teneva fermo il cilindro magnetico sullo scalino.

Un sorriso, stiracchiato a fatica, deformò la faccia di Mahmid prima che l'israeliano collassasse a terra. Il detective accorse in suo aiuto e da vicino vide la macchia scura nella giacca nera, bucata dal proiettile di Miller. Lo prese e lo adagiò su un divano di pelle Chesterfield situato proprio sotto al mezzanino. Disteso sul sofà, con lo sguardo rivolto verso l'alto, Mahmid vide Travis attraverso i pioli della balaustra. Era sempre nella stessa posizione, in ginocchio e con le mani inchiodate al mancorrente. Sembrava pregasse con la testa china su una spalla.

«Avrei dato la vita per quell'uomo» disse Mahmid con un filo di voce e gli occhi gonfi di lacrime. Blake era già in linea con il centralino della polizia. Gli fu sufficiente dire il suo nome e dove si trovava per attivare un intervento di massa.

«Mandate anche delle ambulanze, abbiamo diversi feriti.»

Il proiettile che aveva raggiunto l'israeliano aveva causato una ferita grave, potenzialmente letale, però Blake doveva correre in soccorso di Tess che era sola, ferita e disarmata. Un duello impari contro Markovic.

«È la seconda volta che mi salvi la vita, cocciuto di un mulo israeliano… ma adesso tocca a me salvarne delle altre.»

Mahmid gli fece l'occhiolino, aveva capito.

«Fila via e lasciami morire in pace.» Gli mise la pistola in mano e si adagiò comodo sul divano Chesterfiled, lo sguardo alto e fiero verso la sagoma di Mike Travis, prima di chiudere gli occhi.

- 33 -

A giudicare dalla singola finestra visibile dall'esterno, l'edificio sembrava essere costruito su un solo piano. Non era poi così piccolo come appariva da lontano attraverso gli alberi, il falsopiano su cui era edificato ingannava la prospettiva. Non era neanche un semplice capanno per gli attrezzi, come Tess ebbe modo di appurare sbirciando dalla finestra. Le luci all'interno erano spente, ma filtrava qualche raggio di luna che illuminò una canoa biposto appesa su una rastrelliera a parete. Sul pavimento, verso uno dei muri, s'intravedeva addirittura un carrello da rimorchio sul quale era caricato un piccolo motoscafo coperto da teloni. Accanto alla barca, su un cavalletto, erano adagiate due tavole da sup e delle pagaie. La costruzione era principalmente un rimessaggio per imbarcazioni, d'altronde il fiume era lì a due passi. Tuttavia, la pianta relativamente larga del fabbricato consentiva anche lo stoccaggio di un falciaerba e arnesi vari per il giardinaggio e piccoli lavori di bricolage. Gli attrezzi erano sistemati sul muro opposto al fiume, verso la villa, sopra a un tavolo da lavoro con qualche sedia posizionata intorno. Il posto si prestava bene a essere un potenziale luogo di detenzione, il problema era che non sembrava esserci anima viva.

Delusa, Tess camminò intorno al capanno alla ricerca di un altro posto che potesse fungere da prigione. Non vide nulla di simile, solo una piccola loggia di cemento adiacente al muro del rimessaggio che ospitava un grosso motore per sistemi di ventilazione forzata. Era acceso, si sentiva il sibilo monotono del motore, il che era incoerente col fatto che il capanno fosse chiuso e inutilizzato. Nonostante quella di Tess fosse una corsa contro il tempo, la situazione meritava un approfondimento.

Continuando a camminare lungo il muro arrivò davanti all'ingresso, provò la maniglia e la porta si aprì. La prospettiva era diversa da quella della finestra, ma la sostanza era la stessa. Vide gli stessi oggetti da un'altra angolazione, però nessuna traccia di prigionieri. Poggiò la mano sulla canoa appesa al muro e uno strato di polvere le si posò sulle dita. Si guardò intorno, tutti gli oggetti sembravano impolverati, perfino il piano del tavolo da lavoro. Il capanno non veniva usato da tempo. Si voltò e fece per andarsene, ma uscendo fuori udì di nuovo il sibilo del motore dell'aria condizionata. Si voltò, accese la luce del capanno e guardò meglio. Sul pavimento vicino al tavolo, nella coltre di polvere, c'era il segno dello spostamento di una sedia. Si inchinò per ispezionare da vicino e notò anche delle orme di passi. Passò la mano sul pavimento e vide che nel suolo era intagliata una sezione amovibile, perfettamente mimetizzata con la direzione degli assi del parquet.

Cazzo, questa è una botola!

Si rialzò e spense la luce per evitare che da sotto si notassero cambiamenti, poi stringendo il candeliere d'argento aprì la botola: era pesantissima. A mano a mano che la tirava su, una lama di luce al neon filtrava dai bordi. Notò subito un fitto strato di schiuma isolante sulla fodera interna del pannello del tipo usato per insulare i rumori nelle sale di registrazione. Infilò la testa con cautela e vide che l'intero corridoio era ricoperto dallo stesso materiale. Una scaletta di metallo fissata a parete, invece, conduceva giù al seminterrato.

Ci siamo! Ci potrebbe essere un'intera banda a suonare qui sotto e non si sentirebbe nulla in superficie…

Era un sotterraneo insonorizzato, un posto perfetto per una prigione. Dal corridoio si snodavano quattro porte, poste simmetricamente a coppie, una di fronte all'altra. Si capiva che la cubatura sottostante era ben maggiore di quella in superficie. La struttura era a forma piramidale, la cui base era completamente interrata e priva di finestre. Questo spiegava il grosso motore acceso per la ventilazione forzata.

Tess scese per la scaletta e richiuse la botola sopra la testa facendo attenzione a non fare rumore. Appena poggiò i piedi a terra una scarica di adrenalina le provocò un formicolio che le percorse tutto il corpo partendo dagli arti inferiori, e facendole perfino dimenticare il dolore alla caviglia.

Pronta... sospirò in silenzio.

La prima porta era spalancata e la stanza era vuota. Si trattava di un cucinotto, essenziale negli arredi a eccezione del frigorifero, un modello grande a doppia anta e decisamente sproporzionato rispetto al resto. Nel lavandino c'erano dei piatti sporchi, sembrava un pasto recente. Tess aprì il frigo, c'era una scorta di cibo a conferma che qualcuno stesse utilizzando quel sotterraneo. Era nel posto giusto. Strinse forte il candeliere nella mano e si diresse verso la porta di fronte che era chiusa. L'aprì velocemente, pronta a colpire, ma si ritrovò in un bagno, anch'esso vuoto, con arredi spartani e di modeste dimensioni. Vide i classici oggetti da toletta sul lavandino: spazzolino, dentifricio, rasoio, sapone. Il bagno era utilizzato da qualcuno. Tess non aveva tempo da perdere, chiuse la porta dietro di sé e proseguì con cautela nel corridoio verso l'altra coppia di porte. Aprì per prima quella sulla sua sinistra, sempre pronta a colpire. Ancora una volta non fu necessario. Si ritrovò in una piccola camera, e bastò uno sguardo al letto sfatto per capire che fosse vuota. Sulla scrivania in fondo spiccava la sagoma di una ventiquattrore poggiata dritta. Incuriosita da quel parallelepipedo di pelle nera, fece per sollevarlo dalla maniglia: era molto più pesante di quanto pensasse. La adagiò sul bordo più grande per aprirla, ma la doppia serratura a combinazione non glielo permise. Non ebbe neanche modo di farsi incuriosire dal contenuto, che avventurandosi con gli occhi sul ripiano vide qualcosa che quasi la fece strillare. Si coprì la bocca appena in tempo: un orecchio.

Oh mio Dio, Marcus…

Si fece coraggio e lo prese in mano.

È di gomma… un auricolare.

Fece un sospiro di sollievo e lo mise giù. Un altro strano oggetto aveva colto la sua attenzione, un cilindro di alluminio lungo e stretto, nulla a che vedere con il magnete che era basso e tozzo. Su una delle due facce riconobbe il logo stilizzato di ASTEC Labs, la compagnia del marito. Sotto il logo era incisa in stampatello la parola "RUST", che in inglese significa ruggine.

Un ossimoro… pensò lei, *l'alluminio non arrugginisce!*

Conoscendo bene l'azienda del marito aveva capito che doveva trattarsi di un altro prototipo. Lo mise giù senza curarsi troppo di approfondire cosa fosse, aveva fretta.

L'ultima porta era diversa dalle altre, era di ferro e al centro del pannello albergava uno spioncino. Due dettagli che anticipavano cosa fosse quella stanza. Arrotolò le dita saldamente al candeliere e sbirciò. Scorse due uomini a terra. Uno sdraiato sul pavimento, l'altro accanto, in ginocchio, teneva in mano una pistola. Era di spalle, chinato sul corpo dell'uomo steso. Dallo spioncino sembrava il mondo di Lilliput e Tess non capiva chi fosse chi, visto che l'uomo in ginocchio nascondeva con il corpo il viso di quello sdraiato. Però la situazione era chiara e lasciava ben poco all'immaginazione: un uomo aveva ucciso l'altro e stava perquisendo il cadavere. All'interno della cella il pavimento di cemento era bagnato e un secchio d'acqua capovolto giaceva vicino al cadavere. La lotta tra i due uomini era stata breve e si era conclusa poco prima del suo arrivo. Il vincitore del duello, in ginocchio, stava frugando tra le tasche della vittima quando la giornalista irruppe con il candeliere alto sopra la testa, pronta a sferrare un colpo micidiale. Le cerniere della porta di metallo fecero il solito cigolio e tradirono quello che doveva essere un silenzioso attacco a sorpresa. L'uomo si voltò lesto con la pistola in mano pronto a sparare, ma non fece fuoco. Neanche la giornalista sferrò il colpo con il candeliere. Entrambi abbassarono le proprie braccia armate.

«Tesla!» esclamò lui.

La giornalista vide un paio di manette aperte per terra accanto a lui con la chiavetta ancora inserita nella serratura. Whiterman aveva in mano un altro mazzo di chiavi e stava provando ad aprire la serratura della ferraglia che gli legava ancora il polso alla catena fissata al muro. La serratura fece clic e lui fu finalmente libero.

«Marcus! Grazie al cielo sei vivo!» scoppiò in lacrime e lasciò cadere il pesante candeliere. Markovic giaceva immobile a terra accanto a loro.

«Questo bastardo mi ha rapito alcune sere fa. Mi hanno torturato e...»

«Lo so Marcus, lo so. Tu piuttosto, stai bene?»

Whiterman aveva il volto di Rocky quando abbraccia la moglie sul ring alla fine del celebre combattimento con Apollo Creed. «Ha detto che mi avrebbe liberato invece ha provato ad affogarmi in un secchio pieno di acqua sporca. Non so bene perché, avrebbe potuto spararmi. Io però sono riuscito a prendergli la pistola e gli ho sparato.»

«Mio Dio Marcus, che ti è successo?» chiese la Westlake. Il marito le carezzò il viso con la mano mutilata

«Me li ha tagliati questo bastardo con una tronchese, poi ha cauterizzato i monconi delle dita con la fiamma ossidrica.»

Lo abbracciò di nuovo, con un'espressione terrorizzata.

«È stato Mike a organizzare tutto. Voleva il prototipo del magnete. Avevo capito che c'era qualcosa di strano con la morte di Singh e te l'ho spedito appena in tempo. Poche ore dopo mi hanno rapito. L'hai ricevuto?»

Lei annuì, continuando a fissare il cadavere di Markovic. Il bestione aveva diversi proiettili in corpo, non si ferma facilmente uno di quella stazza.

«È stata legittima difesa. Non farei male a una mosca, mi conosci.»

«Lo so. Questa merda avrebbe meritato ben altra morte. Ha ucciso diverse persone, anche io me la sono vista brutta.»

«Mi dispiace, è stata colpa mia. Non avrei dovuto coinvolgerti, ma non sapevo veramente a chi altro spedire il magnete. Non mi fidavo più di nessuno. È un'invenzione troppo importante, non potevo permettere che finisse nelle mani sbagliate.»

«So tutto, Marcus.»

Rimasero qualche istante in silenzio abbracciati, poi fu la Westlake a rompere il silenzio. «È acqua del Potomac.»

«Cosa?»

«L'acqua sporca nel secchio, l'ha presa dal Potomac. Dopo averti rapito hanno inscenato il tuo suicidio simulando che ti fossi lanciato dal Nice Bridge, ma il tuo corpo non è mai stato ritrovato. Ti hanno tenuto vivo finché gli servivi, ora Markovic voleva annegarti in quell'acqua in modo da confermare l'ipotesi del suicidio. Ti avrebbero ripescato tra qualche giorno nella baia di Chesapeake. Avevano perfino preparato una finta cartella clinica dalla quale risultavi essere un malato terminale e un biglietto di addio sul tuo iPad.»

«Hai scoperto tutto questo da sola?»

«Sono una cronista d'inchiesta, ricordi? È il mio lavoro scoprire la verità! Però non ho fatto tutto da sola, mi ha aiutato un detective. Anzi, dobbiamo sbrigarci, non è ancora finita!»

«Aspetta, dov'è il magnete?» chiese Whiterman preoccupato. «È molto importante, Tesla.»

«A questo punto non lo so Marcus, dipende da Blake. L'ho lasciato che stava lottando contro Miller nella villa, il magnete era lì con loro. Io sono corsa dietro a questo bestione che stava venendo qui ad ammazzarti.»

«Quale villa, dove siamo? E chi sono Blake e Miller?» chiese Whiterman, visibilmente confuso.

«Prendi la pistola e andiamo» disse Westlake, rendendosi conto che il marito era stato rinchiuso sottoterra per giorni e non aveva idea di cosa fosse accaduto fuori, in superficie. «Sei in un sotterraneo, sotto a un capanno nel giardino di una grande proprietà in Virginia. Ti spiego tutto mentre torniamo all'edificio principale. Dobbiamo sbrigarci!»

Arrivati alla scaletta, i due cominciarono a salire. Appena lei alzò la botola, il silenzio di quel mondo sotterraneo e completamente insonorizzato fu violato dal fracasso di una dozzina di sirene.

«Vai avanti» disse Whiterman dietro di lei, «mi sono scordato una cosa. Ti raggiungo subito.»

Tess era preoccupata per Blake e si apprestò fuori dal capanno, ma la sua corsa sul prato fu breve. Venne intercettata da un fascio di luce e una voce la intimò di fermarsi e alzare le mani. Un istante dopo, due poliziotti le furono addosso e l'ammanettarono prima che potesse dire alcunché. Provò a spiegarsi, ma fu subito interrotta.

«So benissimo chi è lei. Il mondo intero conosce il suo volto, signora Westlake.»

La scortarono nella villa. C'erano agenti ovunque, intenti a ispezionare ogni angolo dell'edificio. Sia la polizia sia l'FBI avevano fatto base nella biblioteca, la scena del crimine. Erano presenti anche diversi paramedici e due di loro avevano liberato Travis dai chiodi e lo stavano infilando dentro a un sacco per cadaveri. Altri infermieri del pronto intervento stavano spingendo una barella su cui era caricato un uomo. Nonostante il respiratore sul viso, Tess riconobbe il volto di Yosef Mahmid che aveva incontrato qualche volta tramite il marito. Gli erano stati tolti gli indumenti dal torso e gli era stata applicata una vistosa fasciatura da cui traspirava sangue. Il ferito era cosciente, vide la Westlake e la salutò con un cenno della mano intubata. Uno degli agenti le intimò di sedersi per terra, lei fece finta di seguire l'ordine, invece scattò verso le scale del mezzanino. Dai movimenti del personale della scientifica aveva capito che stavano esaminando un altro corpo sdraiato sui gradini. Le furono sufficienti pochi passi per avere una visuale che fugasse il suo atroce dubbio. L'uomo steso sulle scale in una pozza di sangue era Miller; Blake l'aveva spuntata un'altra volta. Tirò un sospiro di sollievo mentre un agente l'afferrò in malo modo e strinse le manette di un altro scatto per dissuaderla dal tentare un altro scherzetto.

«Abbiamo preso Blake» urlò improvvisamente un altro sbirro entrando nella sala, «stava nel parco vicino al fiume.» Due agenti scortarono il detective tenendolo stretto sottobraccio, ciascuno da un lato. Non era solo un modo di assicurarne la custodia, lo stavano letteralmente trascinando. Blake strusciava i piedi a terra esausto, a malapena cosciente.

«Ha bisogno di assistenza medica, è ferito» proseguì il poliziotto. Tess urlò il suo nome, lui alzò la testa e sorrise per rassicurarla, poi Blake vide la lettiga con sopra l'israeliano.

«Mahmid, come sta? Mi ha salvato la vita!»

Mahmid sentendo la voce di Blake alzò la mano intimando ai soccorritori di fermarsi, poi facendo appello agli ultimi sgoccioli di forze residue si puntò sui gomiti per tirarsi un po' su e si sfilò il respiratore dalla bocca. Il paramedico tentò di fermarlo, ma non ci fu verso, Mahmid gli scacciò via la mano.

«Infermiere, dica a quell'agente di venire subito qui, prima che muoia!» parlò con un filo di voce e perfino l'accento parve meno forte. «Se non ce la dovessi fare a testimoniare formalmente, sappiate che quell'uomo che avete arrestato è innocente» disse, puntando il dito verso Blake. «Sono stato io a sparare a quel figlio di puttana sulle scale, purtroppo anche lui ha beccato me. Stava per fare fuoco anche contro Blake, ma lui è riuscito a colpirlo un attimo prima in legittima difesa. Ho visto tutto!» Mahmid fece una pausa per rifiatare.

«Grazie, signore. Non si affatichi però...» L'agente fece segno di portarlo via verso l'ambulanza, ma con una velocità impressionante Mahmid gli afferrò la cravatta e tirò la faccia dell'agente a sé.

«Ascoltatemi, tutti e due. Quando sono arrivato il dottor Travis era già morto. Lo hanno brutalizzato. Se Dio ne guardi dovessi sopravvivere, dovrò fare i conti con me stesso per il resto della vita di aver tardato qualche minuto. Non farò un altro errore del genere. Non morirò finché non vedrò giustizia fatta. Mi avete capito bene?»

L'agente e il paramedico annuirono e solo allora Mahmid gli lasciò la cravatta. I due rimasero fermi a guardarsi in silenzio, incerti su cosa fare.

«Be', mi vuoi portare in ospedale o vuoi farmi schiattare su questo cesso di lettiga? Allora preferivo il Chesterfiled come letto di morte» tuonò Mahmid con fare stizzoso.

***

L'agente dell'FBI Arcadius Parker si avvicinò al rimessaggio delle barche, aveva gli stivali bagnati dalla guazza sul prato.

Come d'abitudine se li pulì sullo zerbino prima di entrare, ma lasciò comunque un'impronta bagnata sul pavimento impolverato. Diede un rapido sguardo al locale e notò subito delle orme vicino al tavolo, sembravano apparire dal niente. Prima ancora di trovare la botola, aveva già capito tutto.

Sollevò il pannello e Whiterman era lì sotto sulle scale, sembrava lo stesse aspettando.

«Lascia la pistola!» ordinò Parker, puntandogli contro la sua arma d'ordinanza.

«Non sparare!» urlò Whiterman, facendo cadere l'arma giù di sotto. «Sono innocente, per l'amor di Dio non sparare!»

«FBI, non ti muovere!» ribadì il federale.

«Mi chiamo Marcus Whiterman, sono stato rapito e tenuto ostaggio qui sotto per giorni. Mi hanno torturato. Mia moglie, Theresa Westlake, mi ha trovato poco fa, può chiederglielo. Sono disarmato!» ripeté mentre usciva dal bunker.

«Troverete un cadavere là sotto. Credo si chiami Markovic e fosse un agente della US Army, ma era un farabutto.»

Whiterman diede a Parker un tesserino federale che teneva in mano e identificava l'enorme serbo come tale.

«L'ho preso dal suo taschino dopo che gli ho sparato. È lui che mi ha rapito ed è stato il mio carceriere questi giorni. Si è trattata di legittima difesa, stava per ammazzarmi. Lo giuro!»

- 34 -

La torre originale del Walter Reed National Military Medical Center, annoverata nel registro nazionale dei siti storici, si stagliava nel cielo notturno di Bethesda, nel Maryland. Era visibile già da lontano, prima che il convoglio raggiungesse la struttura ospedaliera a sirene spiegate. Impiegarono circa un quarto d'ora per raggiungere l'ospedale militare, noto anche come Navy Med, dalla villa in Virginia. Aveva predisposto tutto Parker, a capo dell'operazione. Voleva che tutti stessero nella stessa ala, ben sorvegliati e lontano da altri pazienti. Soprattutto dovevano essere isolati dai media, almeno finché non fosse stata fatta luce sull'intera vicenda che aveva scosso Washington e tenuto il mondo intero con il fiato sospeso. C'erano ancora troppi buchi da riempire nella storia, e Parker decise che era più facile tenere tutto sotto controllo all'interno di una struttura militare.

Francesco Blake era stato trasferito dallo studio veterinario. Alex Robida, alias *il Tazzina*, fu recuperato nella riserva naturale di Scotts Run secondo la descrizione fornita della Westlake. La scena era tremenda, l'ecuadoriano era sdraiato al suolo mezzo nudo accanto al suo pene reciso. Aveva uno stiletto piantato nel collo dietro alla mandibola. La lama di quasi venti centimetri aveva penetrato il tessuto molle fino all'impugnatura, trapassando da parte a parte sia il palato inferiore sia quello superiore, compresa la lingua. La punta dell'arma si era andata a conficcare da qualche parte nel cervello uccidendolo all'istante. Robida stringeva una pistola nelle quattro dita di una mano e la Westlake asserì che si era trattato di legittima difesa. *Il Tazzina* aveva tentato di stuprarla e lei lo aveva accoltellato con tutta la forza un attimo prima che lui le sparasse. Secondo la ricostruzione della giornalista si era trattato di una questione di secondi e uno dei due doveva morire, non c'erano alternative. Oltre a quella di Robida, anche le autopsie di Mike Travis, Andrew Miller e Dragan Markovic vennero condotte al Walter Reed.

Westlake e Whiterman ottennero che il loro avvocato Jeffrey Roma li raggiungesse in ospedale. Volevano collaborare con le autorità, ma non avrebbero parlato senza il loro caro amico e legale di fiducia. Tra i vari attori coinvolti nella cospirazione, tutti pazienti ricoverati, Yosef Mahmid era certamente il caso più grave. Il proiettile aveva lesionato lo stomaco e la milza e lui aveva perso molto sangue. Fu operato con urgenza e lottava tra la vita e la morte. Fortuna per Blake, il capo della sicurezza di ASTEC Labs aveva rilasciato una dichiarazione che lo scagionava per la carneficina avvenuta nella biblioteca della villa a McLean, ma i capi d'accusa contro Blake erano tanti. Nel frattempo, lui e il figlio Francesco furono sistemati in una camera doppia dell'ospedale. Il ragazzo era fuori pericolo, ma era stato comunque sedato per precauzione affinché facesse per tutta la notte un ciclo di ossigeno attraverso il respiratore. La ferita del detective fu medicata per l'ennesima volta in ventiquattro ore e gli fecero una trasfusione di sangue, oltre che curare altri traumi minori. Tutto sommato il detective non correva pericoli, anzi, per sicurezza venne ammanettato al letto. L'FBI gli contestava ancora le indagini sull'omicidio del capitano Freeman allo zoo e le due morti nel suo ufficio in Maryland.

«Tutto questo è assurdo» asserì Jeffrey Roma.

L'avvocato di Marcus e Tess aveva assunto anche la difesa di Blake.

«Non avete altro che indizi circostanziali contro di lui. Non ci sono vere prove di colpevolezza. L'unica cosa certa è la legittima difesa del mio cliente in relazione alla morte di Jamal Jones, un criminale con vari precedenti penali. Fermo restando la necessità di ricovero ospedaliero, le manette sono un sopruso!»

La discussione continuò per alcuni minuti, ma l'FBI confermò lo stato di arresto.

«Stia tranquillo tenente, ne approfitti per riposarsi qualche ora. Avrò la firma del magistrato per la sua scarcerazione domani mattina stessa. Nel frattempo, non dica una parola!»

«Non si preoccupi avvocato, grazie. Non ho particolari programmi per stasera» Blake abbozzò un saluto, quel tanto che il bracciale di metallo legato alla ringhiera del letto gli permetteva. «Ho un letto comodo e mio figlio sano e salvo che mi dorme accanto. Non mi serve altro.»

Anche Theresa Westlake tutto sommato non se la passava affatto male. Al di là di qualche escoriazione e un tutore di neoprene allo stinco per una microfrattura tibiale, stava benone. La storia della legittima difesa contro Robida reggeva con le analisi preliminari della scientifica e non vi erano sostanziali accuse che ne prevenissero il rilascio, sebbene condizionato all'obbligo di non lasciare la città e di rendersi disponibile alle indagini.

Passate le dieci e finite le procedure di routine, fu permesso a Tess di vedere Blake. La giornalista era stata dimessa dall'ospedale e stava per tornare a casa. I due parlarono alcuni minuti come vecchi amici sebbene si conoscessero solo da pochi giorni, le vicissitudini affrontate insieme li aveva uniti, in tutti i sensi.

Whiterman si alternò con la moglie al capezzale di Blake. I due si incrociarono sotto lo stipite della porta, spalla a spalla, e si scambiarono un sorriso affettuoso. La sua mano martoriata, ora fasciata, le carezzò la spalla. Anche le condizioni del cofondatore di ASTEC Labs non destavano particolari preoccupazioni. Aveva riportato alcune contusioni al viso e aveva perso la prima falange a due dita di una mano, ma non erano ferite gravi al punto da pregiudicarne le dimissioni dall'ospedale.

«Le sono debitore tenente, Theresa mi ha detto che senza di lei non ce l'avrebbe fatta. Non so come ringraziarla.»

«A dire il vero sono io a essere in debito con sua moglie. Mi ha salvato la vita più di una volta, anche mio figlio non ce l'avrebbe mai fatta senza di lei. È una donna straordinaria!»

Whiterman annuì, lo sapeva bene, ma Blake aveva già distolto lo sguardo dal suo interlocutore poiché la situazione gli sembrò paradossale: il marito della donna con cui aveva dormito la sera prima gli stava offrendo la sua gratitudine!

Whiterman, così come la Westlake, era libero di lasciare l'ospedale dopo aver testimoniato. Aveva riferito che il dottor Masud Singh, l'inventore del magnete, gli aveva confidato i suoi timori circa una possibile cospirazione volta a sottrarre l'invenzione. Descrisse Singh come paranoico, non si fidava di nessuno, neanche dello stesso Whiterman che era il suo capo. Però quando Singh venne ucciso poche ore dopo quella sera, Whiterman si dovette ricredere. I timori di Singh non erano paranoie e la sua morte non poteva essere una semplice coincidenza. Consapevole del pericolo, Whiterman decise di agire con rapidità. Prese il magnete dalla *Volta* di ASTEC senza interpellare nessuno, neanche il suo socio Mike Travis, e lo spedì alla moglie. Lo camuffò da souvenir appiccicandoci sopra una foto che aveva scattato durante il viaggio di nozze e che replicava proprio l'immagine di un magnete da quattro soldi che avevano comprato alle Barbados.

***

La strada che li condusse in centro città era quasi una linea retta lungo la Connecticut Avenue. Sebbene fossero separati legalmente, Whiterman e la Westlake erano ancora marito e moglie. Entrambi amici di Jeffrey Roma, decisero di tornare insieme con un passaggio in macchina del loro avvocato. Gli eventi traumatici a cui i due sposi erano stati esposti sembravano aver fatto sciogliere i loro disaccordi coniugali come neve al sole. Parevano due rondini annidate sul sedile posteriore. Nello specchietto retrovisore Jeff vide il suo amico carezzarle i capelli e fece una smorfia affettuosa.

«Volete rimanere a dormire da me stanotte?» disse l'avvocato. Viveva solo e la casa era spaziosa, ci sarebbero stati stanze e bagni separati qualora i due non avessero voluto dormire insieme. Tess disse subito di sì, non aveva proprio voglia di dormire a casa sua da sola. Lui non rispose.

La lunga berlina transitò nel quartiere di Woodley Park dove accanto a un cancello si ergeva un grande leone di bronzo, quasi a guardia dell'ingresso. Su un lato della recinzione di ferro nera tre grandi lettere scolpite nella pietra annunciavano "ZOO". Tess ripensò al filmato della brutale morte del capitano Freeman e rabbrividì, accoccolandosi tra le braccia del marito che rimase in silenzio, pensoso. Poco dopo, la macchina arrivò davanti a casa dello scienziato nel quartiere di Kalorama, l'avvocato si fermò e cercò lo sguardo di Marcus nello specchietto ma i due sposi si stavano fissando in silenzio. Lei si avvicinò timida alla sua bocca con gli occhi chiusi, ripensando ai momenti felici vissuti insieme. Le labbra arrivarono a sfiorarsi e Tess non sapeva bene neanche cosa avrebbe fatto se lui l'avesse baciata. Forse gli avrebbe sussurrato all'orecchio di seguirlo a casa sua o forse sarebbero andati insieme a dormire da Jeff, invece non accadde nulla. Lui non la baciò, restò immobile finché lei non ritrasse le labbra imbarazzata. Solo a quel punto lui le accarezzò il viso. Fu un gesto gentile, ma non appassionato. In quel momento, Tess capì che la storia tra loro era veramente finita. Riaprì gli occhi mentre lui apriva la portiera.

«Abbi cura di te, Marcus» disse con un sorriso amaro.

«Anche tu, Tesla.»

Uscito dall'auto, Marcus mise il palmo della mano sul finestrino del posto di guida e Jeff sovrappose la propria mano sul vetro per contraccambiare il saluto dell'amico. Si scambiarono un sorriso, poi Whiterman salì le scale che portavano alla porta d'ingresso e sparì dentro casa.

L'abitazione di Jeffrey Roma era poco distante, nel quartiere di Dupont Circle. Si trattava di un elegante villino a schiera in stile vittoriano sviluppato su quattro livelli stretti e lunghi, compreso il seminterrato, dal quale aveva ricavato una dependance collegata al resto della casa da una scala interna. Era la soluzione perfetta per Tess quella notte. Avrebbe avuto tutta la sua privacy, ma al tempo stesso la sicurezza di sentirsi sotto lo stesso tetto con un buon amico.

Ormai erano quasi le undici, e Jeff si offrì di preparare un boccone veloce mentre la giornalista si faceva una doccia calda.

- 35 -

Parker analizzò più volte la carneficina avvenuta nella villa virginiana, mancava sempre una tessera fondamentale nel mosaico. Dalle varie deposizioni sembrava chiaro che il movente di tutto fosse un particolare prototipo di magnete che, però, non era stato rinvenuto da nessuna parte. Yosef Mahmid era l'ultimo ad averlo visto quando lo fermò con la suola della scarpa mentre rotolava giù dalle scale nella biblioteca, poi perse i sensi poco dopo che Blake lo soccorse. Mahmid asserì di non aver ripreso conoscenza fino all'arrivo dei paramedici. D'altro canto, Blake aveva messo a verbale di essersi precipitato fuori dalla stanza per inseguire la Westlake nel tentativo di aiutarla contro Markovic, senza curarsi del magnete. Era qui che il misterioso oggetto sembrava sparire nel nulla. Blake alla fine fu arrestato nel parco della villa e non aveva il magnete con sé. Mahmid fu trovato privo di sensi, steso sul divano in un lago di sangue.

Arcadius Parker s'incamminò nel corridoio del Walter Reed sigillato appositamente per questi pazienti, tutti sotto sorveglianza speciale, e vide un bagliore filtrare sotto la porta della stanza che ospitava i due Blake. Fece un cenno alla guardia sull'uscio ed entrò bussando, senza attendere il permesso. Il tenente stava leggendo con l'ausilio del punto luce posizionato sul suo letto e alzò lo sguardo senza salutare. L'agente dell'FBI puntò il dito verso la fine del letto e si accomodò, ancora una volta senza una vera autorizzazione. Blake riabbassò lo sguardo sulla rivista che aveva in mano usandola come schermo.

«Almeno non devo guardare quella cravatta!» sospirò sfogliando il giornale.

«Che c'è che non va con la mia cravatta?» protestò Parker, rigirando l'indumento tra le mani e guardandolo con attenzione. Aveva una serie di strisce dai colori molto accesi, francamente sembrava il disegno di un bambino di cinque anni affetto da un disturbo di iperattività che aveva fatto irruzione in un negozio di vernici.

«Come non detto. A cosa devo il piacere della visita?»

«La scientifica ha finito giù alla villa...» disse con tono pacato sistemandosi di nuovo la cravatta. «È cento percento seta, fatta in Francia!» aggiunse dopo aver letto l'etichetta, mentre si stringeva il nodo al colletto della camicia.

«Uhm, uhm...» sospirò Blake, voltando pagina alla rivista.

«Non hanno trovato quel magnete...» ribadì Parker.

«Mi dispiace.»

«Vuoi dirmi che ne hai fatto?»

«Te l'ho detto, non l'ho toccato» rispose Blake.

«Perché vuoi marcire in prigione? Non deve mica finire per forza così» Parker parlava piano, nel dubbio che Franco si potesse svegliare nonostante la sedazione.

«Il mio avvocato mi ha detto di non parlare con te senza di lui e che domani avrà il mio mandato di scarcerazione firmato. Anzi... direi oggi a questo punto!» Il detective ruotò il polso per guardare l'ora: le due lancette si abbracciavano in alto, era mezzanotte precisa.

«Ascolta, ci sono quattro cadaveri giù all'obitorio, che con i tre di ieri fanno sette...»

«Dimentichi Alice Campbell. Ti sei scomodato di far controllare il suo appartamento o continui a pensare che io dica solo bugie?» Blake lo interruppe abbassando il giornale per fissarlo dritto negli occhi.

«Lo abbiamo fatto, l'appartamento era vuoto.»

«Stronzate! Te l'ho già detto, stava tenendo mio figlio e le hanno sparato mentre ero al telefono con lei. È stato Robida, che poi ha rapito Franco. Avrai la testimonianza di mio figlio domani mattina appena si sveglia dall'anestesia, oppure pensi che io abbia avvelenato mio figlio pur di crearmi un alibi!»

Blake indicò il letto di Franco, un'enfasi per zittire il federale, e rialzò la rivista come scudo. Parker, però, l'afferrò con una zampata. «Stiamo cercando la signorina Campbell ma non risponde, ha il telefono spento. Sono passate meno di ventiquattro ore, c'è una procedura da seguire e tu lo sai, sei uno sbirro anche tu. Sappiamo, tuttavia, che il pavimento del suo salotto è stato pulito con la varechina ieri, e domani mattina Alice dovrebbe presentarsi al lavoro. Se quello che dici è vero non lo farà, ma non voglio aspettare fino a domani mattina. Se quel dannato magnete è davvero così importante, ogni minuto è prezioso.»

«E che mi dici delle due morti causate dal micro-revolver? I proiettili sono come chicchi di mais e si disintegrano all'impatto. Non possono essere collegati a una pistola specifica, questo lo capisco. Però è un calibro quasi introvabile negli Stati Uniti, non ti sembra una strana coincidenza che Carter e Singh siano morti entrambi così?»

«Il caso Singh verrà riaperto, lo prometto. Però sai bene che in casi di omicidio i capi di accusa devono risultare essere oltre il ragionevole dubbio, poi spetta alla giuria giudicare, non a me. Così come una giuria valuterà le prove per l'omicidio di Freeman, per me ci sono gli estremi per confermare il tuo arresto fino all'udienza preliminare. Per ora però è tutto in mano all'FBI, quindi qualsiasi cosa con sopra il tuo nome è roba mia, perfino le tue multe per divieto di sosta. Ti tengo per le palle amico, e quanto è vero Iddio se non collabori te le strappo via e ti faccio fare la fine di Robida!»

«Fottiti.»

«Dov'è il magnete, Blake?»

«Ti ho detto che non l'ho preso. Ora levati dalle palle!»

«Eri l'unico che poteva farlo. O forse vuoi dirmi che Mahmid si è risvegliato mezzo morto ed è riuscito a nasconderlo in un posto dove non siamo riusciti a trovarlo? Abbiamo messo a soqquadro l'intera proprietà, quindi finiamola con le stronzate! Tra persone divorate dalle tigri e gente con le mani inchiodate, non so neanche più se mi trovo ancora a Washington o se ho passato un varco spazio-temporale e sono finito al Colosseo ai tempi dell'Impero romano, tra gladiatori e crocifissioni. Pensa bene a tutti quelli che sono morti per quel cazzo di magnete, perché se non lo trovo ce ne saranno altri. Io adesso devo separare i buoni dai cattivi in questo casino e il tuo silenzio non mi aiuta a capire da che parte sei. Devi fare una scelta, Blake!»

Parker si alzò e fece per andarsene, Blake dopo uno strattone rabbioso fissò le manette che lo legavano al letto, impotente. Aveva ragione, ma poteva fidarsi? Dopotutto, anche Markovic era un agente speciale che però si era rivelato essere una spia.

«Ok, ricominciamo da capo» disse Blake prima che Parker uscisse dalla stanza.

Blake ripercorse tutte le dinamiche della cospirazione cominciando dalla morte di Singh e la messinscena del suicidio di Whiterman. Il ruolo di Freeman, probabilmente ricattato, i metodi poco ortodossi di Travis, i doppi giochi di Markovic e gli stupri di Robida.

A un certo punto della discussione, Blake arrotolò la rivista puntandola verso la finestra. «Loro fanno così, Arcadius! Si nascondono dietro un ideale di giustizia, ma usano la gente finché serve, poi se ne sbarazzano. Lo hanno fatto prima con Carter e Freeman, poi con Alice e Travis, e lo avrebbero fatto anche con Whiterman se non fossimo riusciti a fermarli in tempo.»

«Continua, ti ascolto» lo esortò il federale.

Blake riprese, spiegando il tradimento del sergente Andrew Miller. «Mi sono fatto fregare come un bambino. Ha fatto finta di aiutarmi con l'indagine in questi giorni, ma in realtà mi ha manovrato come una marionetta. Il resto lo sai dalle parole di Mahmid!» concluse Blake.

«Certo, Yosef Mahmid. Ti fa comodo che ti abbia scagionato per le morti alla villa, eppure, ora che è in coma e non può più parlare vuoi che io pensi che abbia preso lui…»

«Il magnete! Lo so già dove vuoi arrivare. Molto bene agente speciale Parker, allora facciamo un patto...»

Parker ascoltò l'offerta di Blake. Lo squadrò con circospezione, si mise la mano in tasca e poi con una chiavetta aprì le manette che lo legavano alla sbarra del letto.

«Non fare nulla di stupido, sei ancora in stato di arresto e non esiterei un secondo a farti un buco in fronte. Voglio sentirti dire che hai capito!»

«Ho capito» rispose Blake tirandosi via la flebo dal braccio. Si vestì in fretta e offrì nuovamente i polsi a Parker, che gli rimise i bracciali d'acciaio.

«Tranquillo, ti comprerò anche una cravatta nuova quando sarà tutto finito!»

***

Fu una di quelle docce lunghe e calde che riempiono il bagno di vapore. Aveva bisogno di ripulirsi e non solo a livello fisico, ma psicologico soprattutto. Tess stava seduta sul piatto doccia a piangere e osservava l'acqua formare una spirale intorno allo scarico semi ostruito. Per un attimo le sembrò di vedere tra le increspature dell'acqua il volto del suo orco, lo zio John. Poi, a mano a mano che il gorgo defluiva lentamente in senso antiorario la criniera bianca dello zio John si allungò, il volto si deformò e alla fine scomparve.

Immaginò di essere lontana migliaia di chilometri da lì, come era solita fare in occasione della ricorrenza dell'11 settembre. Si odiò per aver scelto di restare a Washington. Magari, se ora fosse stata in Indonesia a fare la doccia, avrebbe perfino potuto appurare se fosse vero che nell'emisfero opposto i gorghi degli scarichi ruotano in senso inverso.

S'infilò un morbido accappatoio e rovistando nei cassetti del bagno trovò una trousse con dei trucchi. Inusuale a casa di un gay, ma dopotutto quella era una dependance e chissà quante donne aveva ospitato negli anni. Li usò per sistemarsi il viso e coprire i lividi prima di riattraversare il soggiorno, dirigendosi verso la camera da letto dove si sarebbe vestita per raggiungere Jeff al piano di sopra. Passando accanto al tavolino del divano notò un album di fotografie aperto etichettato "*Giurisprudenza*". Si sedette e lo sfogliò incuriosita.

Vari scatti ritraevano Jeff durante gli anni della laurea in legge, che nel sistema accademico americano è come un dottorato che si consegue dopo una prima laurea quadriennale ottenuta al college. A quei tempi lei ancora non lo conosceva, a differenza del marito, con cui Jeff era amico fin dai tempi del college. Riconobbe alcune persone che ebbe modo di conoscere negli anni e soprattutto un bel ragazzo con cui Jeff si frequentò per un periodo. A quei tempi era ancora molto difficile essere gay ed erano pochi quelli che riuscivano a fare *coming out*. Tess ricordò quando Jeff gli raccontò della sua adolescenza. Crebbe in un paesino facendo finta di essere eterosessuale per il papà, un uomo molto tradizionalista. Uscì perfino con qualche ragazza per accontentarlo e sembrare "normale", qualunque cosa quella parola significasse in quei tempi. Fu solo anni dopo, partito per il college e lontano da casa, che Jeff poté entrare in contatto con la propria sessualità. Confessò a Tess che la sua amicizia con Marcus nacque come un'infatuazione per lui, però a Marcus piacevano le ragazze e Jeff se ne fece una ragione. Ripiegò sull'amicizia e divennero inseparabili, erano entrambi tipi sportivi e condivisero molti hobby.

Sfogliando tra le foto apparve anche Marcus. In quegli anni, dopo il college, frequentavano università diverse e vivevano in città diverse, ma di tanto in tanto trovavano il modo di vedersi. Una foto in particolare catturò la sua attenzione. Marcus era sdraiato su un divano con il piede ingessato. Jeff gli era accanto e con un pennarello gli stava disegnando il gesso. Lo scarabocchio sembrava il gioco dell'impiccato con una "X" segnata vicina al disegno dell'uomo appeso alla forca.

«La cena è pronta!» Una voce si propagò dalla cima delle scale. Non sapeva bene se considerarla una cena "ritardata" o una colazione "anticipata", ma lo snack di mezzanotte era pronto. Un pasto semplice: degli avanzi di pollo in salsa Tandoori con riso e verdure al vapore. Era il meglio che la cucina potesse offrire a quell'ora, sebbene Jeff stappò anche una bottiglia di Cabernet francese invecchiato dieci anni che diede un tocco gourmet al tutto.

«Non ho resistito alla tentazione di sbirciare nell'album di fotografie che avevi sul tavolino giù di sotto» confessò lei, addentando voracemente una coscia di pollo.

«Oh, davvero?» esclamò lui con un sorriso. «Stavo guardando delle foto l'altro giorno e devo essermi scordato di rimetterlo a posto. Tengo tutti gli album nella libreria giù di sotto. Quale era?» chiese sorseggiando del vino.

«Gli anni della laurea in legge. Ho anche visto qualche foto di Marcus con quel ridicolo taglio di capelli!»

Jeff a momenti rigurgitò il vino, esplodendo in una sonora risata. Lei arricciò il naso. «C'è anche una foto in cui Marcus si era fatto male alla caviglia. Ma veramente avete giocato al gioco dell'impiccato sul suo gesso? Che scemi!» disse scuotendo il capo, incredula.

«L'impiccato?!? No, non ricordo. Che intendi?»

Fecero una scommessa e scesero per le scale a controllare. Tess gli mostrò la foto. «Ta-ta! Vedi, l'impiccato. Ho vinto, mi devi un dollaro!»

«Sei tu che mi devi un dollaro mia cara, quello non è il gioco dell'impiccato! Premesso che ho l'estro artistico di un bambino di quattro anni, quello però è il mio modo di disegnare un paracadutista. Ricordo bene quell'incidente, ci eravamo lanciati entrambi, ma Marcus è atterrato con un piede in un buco del terreno e si fece male alla caviglia.»

Tess si strozzò. Non sapeva che il marito sapesse paracadutarsi. Fece un rapido conto degli anni e l'incidente coincideva proprio con il periodo della risonanza magnetica che Marcus aveva eseguito all'ospedale della George Washington University. Era l'esame a cui si riferiva il capitano Freeman nel suo appunto scritto sul pacchetto di fiammiferi.

- 36 -

Una volante della polizia stazionava di fronte al cancello della villa quando un grosso SUV nero le si affiancò. Per farsi riconoscere aveva segnalato con i lampeggianti rossi e blu che le macchine civetta del governo tengono nascosti sotto al cofano, vicino al radiatore. I due veicoli si erano poi accostati sul lato del guidatore.

L'agente speciale Parker abbassò il finestrino e fece un saluto al poliziotto di pattuglia che lo stava aspettando.

«Questo è il reperto che mi ha chiesto, ho solo bisogno che mi metta una firma qui» disse il piedipiatti, passandogli una busta di plastica.

Il federale prese il sacchetto e fece uno scarabocchio su un foglio prima di liberare lo sbirro. Era quasi l'una e il poveraccio voleva tornarsene a casa. Blake rimase in silenzio ammanettato nel sedile posteriore, ben nascosto dai cristalli scuri della grossa Chevrolet. Parker forzò i sigilli apposti al cancello e lentamente il SUV percorse il viottolo selciato che conduceva alla villa. Dovette rompere un secondo sigillo sul portone medievale all'ingresso, poi finalmente furono di nuovo nella dannata biblioteca. Avvolta nel silenzio, senza poliziotti e paramedici, quel luogo sembrava perfino più tetro. Ovunque ti girassi c'era del nastro giallo e nero, e altri strumenti della polizia scientifica. Blake diede uno sguardo al divano dove aveva adagiato Mahmid, le macchie del suo sangue si facevano più scure via via che il plasma si seccava.

«Era qua» disse Blake, puntando il dito verso il primo gradino della scala che conduceva al mezzanino di sinistra.

«Il magnete era qui, proprio dove Mahmid lo aveva fermato con la suola della scarpa. L'ho preso prima di lanciarmi all'inseguimento di Markovic, non sapevo che situazione avrei affrontato. La Westlake era ferita e disarmata contro quel bestione, che invece aveva una pistola. Ho pensato che il magnete potesse tornare utile e diventare merce di scambio in caso Tess fosse stata presa in ostaggio.»

Parker fece una smorfia, compiaciuto. Era certo che Blake avesse mentito dicendo di non averlo preso lui.

«Poi sono andato in quella direzione» continuò il detective, mostrando il percorso attraverso una doppia porta che conduceva al salone con le pareti di vetro. La stanza era più grande della maggior parte dei bilocali di Washington ed era dominata dal camino circolare in vetro e acciaio posizionato al centro della sala. Di giorno, dal salone si potevano ammirare delle vedute spettacolari del Potomac e del parco circostante. La notte, quella stanza di vetro si trasformava in un gigantesco osservatorio astronomico dai cui pannelli si poteva ammirare l'intero manto stellato.

La vista del Grande Carro lo immerse nell'inquietudine.

Coraggio Franco, passerà anche questa.

Sollevò l'indice verso uno dei pannelli scorrevoli: «Questa vetrata era aperta e ho pensato che Markovic fosse uscito da qui.»

Una brezza termica accarezzò i loro volti trasportando con sé gli odori del giardino, mentre una serie di passi concitati li condusse al casotto verso il fiume. «Sono arrivato qui e ho trovato la porta del rimessaggio aperta, ovviamente sono entrato.» Accesero la luce e uno sciame di zanzare li seguì nel capanno. «La botola era aperta» proseguì, indicando verso altro nastro giallo della scientifica, «una luce filtrava da sotto.

Ho cominciato a scendere dalla scaletta e ho sentito delle voci. Una era quella della Westlake.»

Parker e Blake scesero gli scalini uno per volta.

«Fui rincuorato, almeno era viva. Il corridoio era deserto, poi ascoltando il discorso ho capito che Tess stava nella stanza in fondo e stava bene. Parlava col marito, aveva ucciso Markovic e anche lui stava bene. Non c'era più pericolo e ho dovuto prendere una decisione alla svelta, sapevo che la polizia stava per arrivare, l'avevo chiamata io. Ho pensato a tutte le persone a me care che sono morte per colpa di questo maledetto magnete e sono risalito su per la scaletta.»

«E che cosa ne hai fatto?» chiese Parker, impaziente.

«Abbiamo fatto un patto, Parker, ricordi?»

L'agente dell'FBI scosse il capo con rassegnazione.

Parker aveva già ispezionato il sotterraneo, Blake invece si era fermato sulla scaletta e, dopo aver sentito le voci e aver appurato che Tess fosse ok, aveva fatto marcia indietro. Non sapeva com'era fatto il bunker.

«Ha la pianta di un piccolo appartamento, ma non ci sono finestre, tutti gli ambienti sono insonorizzati» cominciò Parker. «Ci sono la cucina, il bagno e una camera da letto. Poi c'è quella quarta porta lì...» il federale indicò verso una striscia di sangue secco che dal corridoio spariva sotto l'anta metallica della stanza in fondo. «Era dove tenevano Whiterman. Le impronte di Markovic sono ovunque, presto avremo anche il riscontro sul DNA. Probabilmente dormiva nella stanza da letto.»

Parker non disse nulla della valigetta con il mezzo milione di dollari e gli oggetti high-tech riconducibili ad ASTEC Labs. Diedero uno sguardo veloce alle altre stanze prima di dirigersi verso la cella.

«Whiterman ha detto che questa prima striscia di sangue che vedi in realtà è frutto di una messa in scena di Travis. Ha fatto sembrare che Markovic gli sparasse qualche giorno fa, per spaventare Whiterman e tentare di fargli confessare dove avesse nascosto il magnete. In realtà, in quell'occasione Travis aveva delle sacche di sangue sotto al giubbotto e si è fatto sparare a salve. Certo, oggi in biblioteca è andata diversamente, a ogni modo la scientifica ha già confermato che questo sangue non è compatibile con quello di Travis né con quello di Whiterman. Ed è diverso anche da quel sangue lì, che invece è di Markovic» concluse Parker, indicando un'altra macchia rossa al centro della cella.

«Arcadius, mi leveresti le manette per piacere?»

Parker aprì i bracciali agitando la Sig Sauer davanti ai suoi occhi. «Hai dieci minuti, come pattuito. Ma ricordati Billy, questa non spara a salve!»

Era l'accordo fatto al Walter Reed. Il detective avrebbe rivelato dove aveva nascosto il magnete in cambio di dieci minuti di "indagine supervisionata" nella prigione di Whiterman. C'erano degli aneddoti che Blake ancora non si riusciva a spiegare e teneva per sé; voleva vederci chiaro.

«Prima fammi usare il cesso, con tutto questo trambusto mi sono scordato di pisciare in ospedale.»

Davanti al bagno, situato proprio sotto la botola aperta, un suono del cellulare allertò Parker. Guardò il display e un pop-up lo avvisava di tre chiamate perse. L'indicatore di campo recitava: "Nessun Segnale". La ricezione aveva scovato il telefono per un istante, giusto il tempo di consegnare l'avviso delle chiamate perse.

Diamine, siamo veramente in un bunker qui sotto! E chi diavolo mi sta chiamando a quest'ora?

«Aspettami qui un attimo, avrai i tuoi dieci minuti.» Parker lo ammanettò alla scaletta e risalì in superficie. Appena il segnale venne ripristinato, il suo cellulare prese a squillare.

«Sono Parker» rispose.

«Agente Parker, mi scusi per il disturbo a quest'ora, sono Patricia dal centralino. Ho una donna in linea che chiede insistentemente di lei, dice di essere Theresa Westlake.»

«Passamela, grazie Patricia» disse titubante.

«Agente Parker, sono Theresa Westlake. Sono a casa dell'avvocato Roma che mi ha cortesemente offerto ospitalità per questa notte dopo che abbiamo lasciato mio marito Marcus a casa sua. Ho provato a chiamare Blake, ma non risponde al cellulare e il centralino dell'ospedale non me lo passa, così ho chiesto di lei. È urgente.»

La voce era la sua e le informazioni di cui disponeva non erano dominio dei media. Non si trattava di una nottambula perditempo, era proprio la giornalista.

«Cosa posso fare per lei, signora Westlake?»

«È vicino a Blake per caso? Devo parlargli con urgenza.»

«Le ricordo che lei non ha composto il numero di un talk-show dove la gente chiama da casa per parlare con gli ospiti in trasmissione, ha chiamato il centralino dell'FBI e Blake è in stato di arresto. Ha già conferito col suo avvocato e pertanto la legge dice che per ora decido io se, quando e con chi parla William Blake, chiaro? Dica a me e valuterò se riferirgli la cosa. Come saprà già, la telefonata è registrata.»

Ascoltò la Westlake per qualche minuto poi disse: «Io e Blake siamo tornati alla villa, abbiamo fatto un patto. Parlerò con lui, ma se non mi dice dove ha messo il magnete mi assicurerò che trascorra il resto della sua vita in prigione.» Chiuse la comunicazione e restò qualche secondo a fissare lo schermo dello smartphone, che nel frattempo si era spento. Blake intanto osservava Parker da sotto la scaletta.

«Spostati contro il muro.»

Senza esitare, saltò giù di sotto bypassando la scaletta.

«Bel salto!» disse Blake, un po' perplesso.

«Non è niente rispetto a quello che avete fatto tu e la Westlake ieri dalla Whitehurst Freeway. L'ho rivisto in TV e mi è venuta la pelle d'oca.»

«Credimi, avrei preferito prendere le scale fino al Washington Harbour come hai fatto tu, ma sai com'è, un cecchino la pensava diversamente...»

«Eh già, abbiamo trovato il buco del proiettile nel cartello stradale. A proposito, quanto pensi fosse alto quel salto?»

«Non so, direi tre metri fino alla chioma dell'albero e un'altra dozzina giù fino alla strada. Perché me lo chiedi?»

«Perché ho appena fatto un salto di tre metri e mi fanno male i piedi, tu invece ne hai saltati quindici come Rambo...»

«Ah, ah, anche io ho pensato a Sylvester Stallone che si buttava giù dal dirupo, sai? La Westlake nel cercare di convincermi a farlo ha tirato in ballo Tarzan, ma è a Rambo che ho pensato! Mi son detto, se l'ha fatto lui ce la faccio anche io!»

«Ma tu ti chiami William Blake, non dovresti scrivere sonetti o roba del genere?»

Risero.

«Era lei prima al telefono, la giornalista» riprese Parker. Blake si fece subito serio.

«L'altezza del Nice bridge è circa tre volte il salto che avete fatto voi. Quarantuno metri per la precisione, più o meno la larghezza di un campo di football americano.» Parker si portò una mano all'orecchio e mimò il gesto del lancio di un quarterback per enfatizzare quella distanza.

«Quella è morte certa. Dubito che perfino John Rambo osi così tanto» disse il detective.

«Sì, infatti, sembra perfetto per un suicidio...»

Parker non riuscì a finire la frase, fu interrotto da Blake.

«Lo diceva anche quel poveretto di Freeman. Uno che arriva fino al Nice Bridge per buttarsi lo fa per incontrare morte certa.»

«O quantomeno per farla credere» obiettò Parker. «La signorina Westlake mi ha appena parlato della tua teoria del paracadute. Certo quaranta metri sembrano tanti, ma in realtà sono pochini per far aprire un paracadute.»

«Per un paracadute normale sì, ma non per i paracadute d'emergenza. Sono piccoli, si aprono velocemente e s'infilano dentro a un marsupio. Indossato sotto a un impermeabile, di notte e con quella visibilità, non lo vedrebbe nessuno. Non arresta la caduta come un vero paracadute, ma...»

«... è più che sufficiente se si atterra su uno specchio d'acqua!» concluse la frase Parker.

Blake annuì compiaciuto, Parker stava pensando come lui.

«Certo, resta comunque un salto difficile, specie in quelle condizioni meteo, non lo si può improvvisare. Però Travis era addestrato, faceva parte di un'unità militare d'assalto di paracadutisti. Avrei voluto parlare con lui di questo, ma Miller gli ha sparato prima che potessi farlo.»

«La tua ipotesi è affascinante, ma Travis prima di morire ha anche detto di non essere stato lui a paracadutarsi e di non aver mai pensato di uccidere Whiterman e io ci credo.»

«Be', però ha ammesso di averlo rapito...»

«Lo ha catturato, è diverso» lo corresse Parker. «Ricorda che secondo il punto di vista di Travis, Whiterman aveva sottratto illecitamente il magnete. Singh era stato ucciso e nessuno si fidava più di nessuno. Travis, come Whiterman, voleva assicurarsi che il magnete non finisse nelle mani sbagliate. Come hai appena ricordato tu, Travis è un veterano di guerra, un ufficiale della US Army con una carriera impeccabile, un vero patriota.»

Un duplice scatto riaprì le manette di Blake e i due ripercorsero il corridoio fino alla cella. «Chi altro potrebbe essere stato allora, forse Markovic? Perché qualcuno è saltato giù di sicuro, ci sono i video.»

«La Westlake mi ha chiamato da casa dell'avvocato Roma. Dice che ha visto una vecchia foto di Whiterman e Roma ai tempi degli studi. I due si conoscono dal college.»

«Sì lo so, lo ha detto anche a me» disse Blake.

«Nella foto, Whiterman ha un gesso alla caviglia. La Westlake dice che ha chiesto a Roma come se lo fosse fatto e lui gli ha detto che Whiterman è atterrato male dopo un lancio col paracadute. Pare che avesse discrete competenze di lancio, la Westlake però ne era del tutto ignara. Mi ha raccontato della tua teoria su Travis, però mi ha anche detto che il periodo in cui Whiterman si è fatto male alla caviglia coincide con quello in cui il marito fece una risonanza al pronto soccorso della George Washington University. Ha detto qualcosa riguardo un appunto su un pacchetto di fiammiferi di Freeman che il capitano ti ha dato prima di morire. Era sconvolta, non sa cosa pensare. Dice che tutto quello che sembrava essere una coincidenza fino adesso si è rivelato essere parte di un piano diabolico calcolato nei minimi dettagli. Voleva che tu lo sapessi. Che ne pensi?»

***

La Westlake era davvero sconcertata. Nonostante i suoi metodi draconiani, Travis aveva espressamente rigettato le accuse di aver inscenato il suicidio di Whiterman o di aver anche solo pensato di poterlo uccidere. Aveva accusato Whiterman di essere una spia, ma Tess non volle credergli.

Jeff intanto provava a rassicurarla sostenendo che lui e Marcus avevano fatto tanti sport assieme e il sapersi lanciare con il paracadute di per sé non significava nulla, era una semplice coincidenza. Ma in questi giorni Tess aveva imparato che di coincidenze in questa storia non ce n'erano, sembrava tutto studiato a tavolino. Alla fine si trattava di capire se Marcus fosse stato effettivamente rapito prima del finto suicidio, come lui asseriva, oppure no. Ovviamente, se fosse stato già rinchiuso in cella non si sarebbe potuto lanciare dal ponte e inscenare il suo suicidio.

«Perché farlo, poi? Marcus è una vittima qui, non un carnefice» ripeteva Jeffrey Roma. «Sono talmente certo della sua innocenza che gli ho perfino detto dove Blake ha nascosto il magnete.»

Ormai la conversazione era passata di livello e anche Jeff si era adeguato passando dal vino allo scotch.

«Cosa?!? Lo ha preso Blake... Jeff, ma sei impazzito? Era un'informazione confidenziale protetta dal segreto professionale!» Tess saltò dalla sedia su tutte le furie.

«Calmati e ascolta. La legge è molto chiara, una conversazione tra cliente e avvocato è protetta dal segreto professionale solo se non ci sia intenzione di commettere o coprire un reato. Il magnete però è il movente di una carneficina e ogni tentativo di nasconderlo è illegale. Blake è un poliziotto e lo sa bene, nel suo caso è un'aggravante. Non era un mio diritto rivelarlo, era mio dovere! Se non lo avessi fatto sarei stato punibile per intralcio alla giustizia. Inoltre, non posso aiutare Blake se lui non collabora.»

«Ma perché dirlo a Marcus? Avresti potuto dirlo all'FBI!»

«Ancora non so se fidarmi di Parker dopo quello che è successo con Markovic. Ci sono molte ombre sull'operato del governo in questa storia. Marcus invece sa bene cosa significhi questa scoperta e cosa accadrebbe se cadesse nelle mani sbagliate. Non dimenticare che Marcus aveva già il magnete nelle sue mani e ha già scelto di privarsene mandandolo a te. Ha resistito ad atroci torture per proteggere sia te sia il magnete, non credo sia lui il nemico, Tesla. Ora, con la morte di Travis, tuo marito ha temporaneamente assunto il governo di ASTEC fino al prossimo CDA. Gli ho detto che gli avrei dato la notte per decidere cosa fare e poterne discutere con il board, dopodiché avrei informato l'FBI. Domani all'ora di pranzo farò una conferenza stampa e rivelerò la verità sul magnete.»

Tess si versò del vino, più per prendere tempo e valutare bene le parole di Jeff che per vera sete. Le argomentazioni di Roma erano valide, c'era però un problema.

«Credo che Parker e Blake siano tornati alla villa. Hanno fatto un patto, ma Parker non me ne ha voluto parlare e si è rifiutato di passarmelo al telefono. Se Parker fosse davvero coinvolto come temi, Blake potrebbe essere in pericolo.»

«Merda!» esclamò Roma, «potrebbe essere un trucco per portarlo fuori dall'ospedale da solo!» Roma controllò l'orologio. «Ha aspettato che la scientifica finisse le indagini, ormai non ci sarà più nessuno alla villa. Dobbiamo sbrigarci, se fosse veramente una trappola, Blake sarebbe in grave pericolo.»

- 37 -

Il palmo della mano di Blake cercò il conforto della parete. La notizia sciocante gli ronzava ancora tra le orecchie come una zanzara. Aveva sviluppato la sua teoria su Travis da quando aveva scoperto i suoi trascorsi nella divisione paracadutisti della US Army, e da quel momento non aveva mai preso in considerazione l'idea che non fosse stato lui a saltare giù dal ponte Nice, inscenando il suicidio di Whiterman. Una volta in salvo sulla barca, il finto suicida alza la testa senza più il cappello e rivela finalmente la sua identità: Mike Travis. Almeno così era stato nella testa di Blake fino a questa rivelazione di Tess, che improvvisamente aveva minato tutte le sue certezze.

«Billy, mi stai ascoltando?» Parker insistette a voce alta per avere la sua attenzione.

«Ti avevo chiesto di venire qui per togliermi dei dubbi, ma il fatto che fosse stato Travis a saltare giù da quel dannato ponte non era una delle mie perplessità. Anzi, la consideravo una delle poche certezze in questa storia. Adesso invece mi sembra di vedere quell'altro saltar giù come se fossi lì!» rispose il detective.

«Chi, Whiterman? Ma sei pazzo? Quell'uomo ha un alibi di ferro! Aveva in mano il magnete dall'inizio, eppure se ne è privato spontaneamente per nasconderlo, senza contare che ha subito torture atroci.»

«Potrebbe essere tutto parte del piano, proprio per crearsi un alibi di ferro, magari aveva già programmato di riprendere il magnete dalla ex moglie in un secondo tempo quando le acque si fossero calmate. Non lo so, Arcadius. Freeman mi aveva messo in guardia sulla risonanza magnetica di Whiterman e infatti il glioblastoma era finto. Ora si scopre che lo stesso esame diagnostico alla caviglia era per un'incidente col paracadute di cui neanche la moglie era a conoscenza. Sarebbe una strana coincidenza e in questa storia nulla è lasciato al caso, sembra essere tutto calcolato.»

Blake si guardò intorno nella cella dove era stato rinchiuso il marito della Westlake. I muri edificati con i tipici mattoni rossi delle case americane erano stati lasciati grezzi e trasudavano umidità in più punti. La catena fissata al muro con la cavigliera di ferro rimandava a certe storie di prigioni di almeno tre secoli prima.

«Sembra che tu abbia qualche problema personale con Whiterman, ma francamente non mi interessa. Abbiamo fatto un patto e ti restano solo cinque minuti, dopodiché o mi dici dove hai messo il magnete o faresti bene ad abituarti ad ambienti come questo.»

L'agente speciale svitò il tappo di un una bottiglia d'acqua per schiarirsi la voce, Blake studiava con attenzione i dettagli di quella stanza alla ricerca di nuovi indizi. «Non pensi sia strano che uno come Markovic si sia fatto sorprendere da Whiterman, che addirittura sia riuscito a prendergli la pistola e gli abbia sparato?»

«Eccola qui, una Sig Sauer M11, proprio come la mia. Le abbiamo in dotazione in molte unità del governo.»

Parker estrasse la busta di plastica che gli aveva dato il poliziotto all'ingresso: «L'ho presa come da accordi. Il coroner ha già confermato la corrispondenza con il calibro dei proiettili che hanno ucciso Markovic e domani avremo anche il resoconto della balistica per confermare che i bossoli provengano da questa pistola. Ora ti restano tre minuti.»

Blake ispezionò la ferraglia che aveva incatenato il prigioniero. Nonostante l'umidità le pareti erano robuste e i bulloni ben saldi. Provò con qualche strattone, ci sarebbe voluto un elefante per strapparla dal muro, forse due. Si sedette a terra con la schiena al muro, sentiva l'umidità trasudare e si rialzò di scatto. Mise un piede nella cavigliera di ferro e cominciò a tastare i mattoni del muro a uno a uno.

«Che stai facendo?» chiese Parker, ma Blake non rispose. Non capiva perché costruire un sotterraneo tanto sofisticato, con soffitto e pareti insonorizzate e poi lasciare quella stanza così spoglia, al punto da sembrare non completata. Era una prigione certo, una spiegazione poteva essere quella di voler incutere tristezza e disperazione come nelle carceri medievali, ma Blake non era del tutto convinto. Chiese a Parker la bottiglia e rovesciò dell'acqua sui mattoni, osservando come il liquido vi scorresse sopra. Lo fece in modo sistematico, dai mattoni più alti fin dove la lunghezza della catena gli permise di arrivare, tralasciando quelli fuori portata. Il flusso d'acqua scorreva uniforme, riflettendo qualche imperfezione del muro. Arrivato alla distanza limite concessagli dalla lunghezza della catena, il flusso d'acqua venne alterato dalle stuccature intorno a due mattoni allineati. Il liquido sembrava filtrare e Blake li ispezionò con attenzione: la stuccatura era finta. Il materiale si appoggiava agli altri mattoni attigui senza però aderire, e infatti l'acqua scorreva nelle piccole fessure impercettibili a occhio nudo.

«Porca troia!»

Una leggera pressione sui due mattoni li fece schizzare fuori, un cassetto segreto inserito a parete. Da fuori erano indistinguibili, perfino ai raggi UVA della scientifica che analizzò la scena. D'altro canto, la situazione era palese e la polizia non dovette fare ricerche particolari. C'erano una vittima, l'arma del delitto, un movente e perfino una confessione. All'interno del cassetto era nascosta una Sig Sauer M11 identica all'arma che aveva ucciso Markovic, un'altra protesi di silicone a forma di orecchio con una ricetrasmittente incorporata e un anellino con due chiavi.

«Spostati da quella pistola, Billy!» Parker prese la sua M11 e la puntò minacciosamente verso il detective.

***

Seduto nel soffice sedile della sua Lincoln Continental, Jeffrey Roma stava elencando tutti i possibili capi d'imputazione che potevano essere contestati alla giornalista laddove Tess avesse violato i sigilli della villa e fosse entrata.

«Se Parker volesse, ci potrebbe far passare le pene dell'inferno per questa cosa. Io verrei radiato dall'ordine.»

«E se avessimo ragione e Parker fosse coinvolto?»

Roma restò in silenzio e lei percepì il suo disagio. Oltre che illegale era rischioso, e forse lui non se la sentiva di entrare. D'altronde, non era coinvolto in prima persona come lei.

«Blake mi ha salvato la vita, Jeff, è un rischio che devo correre. Aspettami pure qui, sei anche più utile se mi fai da palo, così se dovesse succedere qualcosa di strano... be', sai cosa devi fare!»

Lo salutò col suo bellissimo sorriso e lui fece un cenno di assenso con il capo.

***

«Parker, metti giù la pistola, tranquillo. Io quest'arma non la tocco!» Blake si voltò con le mani alzate. «Questo spiega il mio principale sospetto. Miller era solo uno fra tanti. Gli è stato detto di dire e fare certe cose affinché sembrasse lui la mente suprema della cospirazione, ma non è così. Me ne sono accorto da come aveva risposto a Markovic quando il bestione gli aveva parlato in russo e lui non aveva capito cosa stesse dicendo. Era questo che mi ronzava nell'orecchio. Sentivo che qualcosa non quadrava, ma non riuscivo a capire cosa fosse.»

Parker aggrottò le sopracciglia.

«È stato Whiterman! Guarda, c'è una di quelle strane ricetrasmittenti per comunicare, hai detto tu stesso che ha una frequenza particolare che funziona perfino dentro questo bunker. E poi vedi queste due chiavi, scommetto di sapere a cosa servono!»

Le provarono. Una apriva la porta della cella dall'interno, l'altra era del lucchetto sull'anello di ferro che teneva il prigioniero incatenato per un arto del corpo.

«Whiterman entrava e usciva da qui a suo piacimento! Parlava dalla sua ricetrasmittente sapendo sempre dove fossero gli altri, specialmente Markovic, a cui ha fatto credere di essere suo prigioniero quando invece era lui stesso a impartirgli gli ordini!»

Parker continuava a rimanere in silenzio con la pistola puntata contro Blake.

«Pensaci bene, la Westlake ha anche detto che quando stavano uscendo insieme da qui Whiterman è voluto tornare indietro con una scusa. È tornato per scambiare le pistole, così che l'esame balistico della scientifica confermasse che a sparare fosse stata l'arma di Markovic! Sono identiche, lo stesso Markovic non si sarebbe mai accorto della differenza tra le due Sig Sauer. È come pensavo, Whiterman non ha disarmato Markovic per spararg li, aveva una pistola nascosta e quando Markovic ha messo giù la sua arma per affogarlo nel secchio d'acqua, lui gli ha sparato con un'altra M11.»

«Effettivamente, Whiterman era da solo sotto la botola quando l'ho aperta con una M11 in mano» disse Parker.

«Ha dato lui stesso l'ordine di farsi annegare perché aspettava Markovic per ucciderlo e crearsi un alibi! Né Miller, né Markovic hanno sospettato nulla perché far morire Whiterman affogato nell'acqua del Potomac faceva parte del piano e confermava la tesi del finto suicidio dal ponte Nice. Era tutto calcolato. Nessuno lo aveva visto in faccia e lui aveva previsto che tutti i suoi collaboratori morissero. Sono certo che se Miller avesse ucciso me invece del contrario, Whiterman avrebbe trovato un modo per eliminare anche lui.

È Whiterman che è saltato giù dal ponte fingendo il suo stesso suicidio. Sapeva che la polizia avrebbe scoperto la messa in scena fornendogli l'alibi, era un triplo gioco! È un piano complesso, sviluppato da una mente diabolica che ha previsto tutto nei minimi dettagli sin dall'inizio. Dalla morte del dottor Singh fino a qui. È stato sempre un passo avanti.»

Parker fece un lungo sospiro.

«I tuoi dieci minuti sono scaduti, adesso dimmi dove hai nascosto il magnete!»

Blake annuì, offrì i polsi all'agente che gli mise i bracciali d'acciaio.

«È qui fuori nel parco. L'ho sotterrato sotto una zolla d'erba vicino a una betulla, adesso ti ci porto.»

Parker rise. *Finalmente…*

Varcarono la porta di metallo e con andatura spedita ripercorsero il corridoio. Blake afferrò il primo piolo della scala, poi un altro e un altro ancora. Parker sembrava la sua ombra.

«FERMO!»

Mancavano solo tre pioli quando la botola si richiuse sopra la sua testa. L'urlo dei due topi in trappola soffocò in quell'ambiente insonorizzato. Provarono a spingere a quattro mani, ma era stata inchiavata dall'esterno. Parker afferrò il cellulare, ma non aveva segnale. Sotto la schiuma insonorizzante, la botola era rivestita con uno spesso strato di piombo che, oltre a insonorizzare ulteriormente, isolava da molte frequenze radio, tra cui quelle dei cellulari. «Hai visto chi è stato?» chiese Parker, ma Blake scosse la testa.

«Cosa ti fa pensare che Miller non fosse il burattinaio a muovere i fili dietro a questo teatrino?» continuò il federale.

«Miller è stato corrotto, lo ha pure ammesso. Per Markovic era diverso, sembrava mosso da un ideale. Quando ha parlato in russo ho pensato a uno scopo patriottico.»

«Russo?!? Ne sei certo? Markovic era di nazionalità serba,

sono entrambe lingue slave, forse ti sei confuso...»

«Nessun dubbio, era certamente russo. Perché me lo chiedi, che differenza fa?»

Parker estrasse di nuovo la sua M11 e la puntò verso Blake che era ancora in piedi sui pioli della scaletta sotto la botola.

«Vdokhnovitel[8].»

Parker pronunciò quella parola con tono perentorio, mostrando un'inaspettata dimestichezza con la lingua russa.

Blake impallidì, assalito all'improvviso da un miscuglio di emozioni: incredulità, ansia, ma soprattutto paura.

8. In russo: "Mente Suprema, ispiratore".

- 38 -

Chi sei veramente?

Fu una delle mille domande che gli passarono per la testa mentre fissava la M11 di Parker.

«Cosa significa?» chiese infine Blake, titubante.

«Avevo una brutta sensazione da quando ho scoperto il coinvolgimento di ASTEC Labs» cominciò Parker. «La CIA e l'FBI stavano indagando su una pista di spionaggio russo che aveva preso di mira dei segreti governativi, soprattutto militari. I media non lo sanno, ma Mosca e Washington sono ai ferri corti su questa vicenda. Siamo sull'orlo di una nuova guerra fredda sebbene nessuno ne parli, sono pochissimi a saperlo. Il problema è che queste spie sono organizzate in un network di cellule simili a quelle del terrorismo islamico. Le cellule restano silenti per decenni per integrarsi al meglio nel nostro tessuto sociale. Col tempo sono scomparse dai nostri radar, ormai sono cittadini americani che si vestono e parlano come te e me, ma in realtà sono pericolosi assassini. Sono addestrati dal nostro stesso governo e rivestono ruoli che orbitano intorno ai nostri protocolli top secret.»

«Come Markovic!» esclamò Blake; Parker annuì.

«Ne abbiamo beccati un paio prima di lui, ma sono morti cancellando le proprie tracce prima che potessimo risalire alla loro intelligence. Sappiamo, però, che esiste un capo che coordina e attiva le cellule senza che loro sappiano chi sia. Lo chiamano *Vdokhnovitel*. Significa "Mente Suprema", noi lo chiamiamo *Mastermind*. Finora questa figura astratta è sempre stata un passo avanti a noi, sempre pronta con un piano B o un piano C, e così via. È come dare la caccia a un dannato fantasma!»

«Forse Whiterman è il *Mastermind*!» disse Blake, ancora incerto su Parker che lo teneva sotto tiro. Pensò alla scena di un famoso film in cui un agente federale rivelava l'esistenza di un'analoga figura fantasma, idolatrandola. Temeva che le parole di Parker fossero autoreferenziali, ora che gli aveva rivelato dove aveva nascosto il magnete.

E se Arcadius Parker stesse descrivendo se stesso, come il Kaiser Soze nel film I Soliti Sospetti?

«Scansati, devo uscire di qui!» Fece fuoco contro la botola all'altezza della serratura, ma il proiettile rimbalzò sulla lamiera di piombo, mancandoli di un niente. Parker allora fece perno sulle braccia e provò a calciare la botola a piedi pari con tutta la sua forza, ma non c'era verso di aprirla.

«Qualcun altro sa dove hai messo il magnete?»

«L'ho detto solo all'avvocato Roma.»

***

Il sigillo dell'FBI sul portale all'ingresso della villa era spezzato. L'enorme SUV di Parker nella piazzola sembrava una portaerei ormeggiata in una baia.

Sono dentro…

La luce nella biblioteca era accesa, ma di Blake e Parker nemmeno l'ombra. In tanti anni di giornalismo investigativo di rado le era capitato di ritrovarsi su una scena così brutale, e questa l'aveva vissuta in prima persona. Passò accanto al divano intriso di sangue e avvertì difficoltà a respirare. Ebbe un capogiro che la costrinse a sedersi, le faceva male la testa.

No, non adesso...

Riconobbe l'incipit di un attacco di panico. Non ne aveva più avuti da tanti anni, però gli eventi di questi giorni avevano riaperto in lei delle cicatrici che nascondevano ferite molto profonde. La stanza pareva danzarle intorno, le sembrò di udire suoni che sapeva bene non esserci e temeva che presto sarebbero arrivate anche le allucinazioni visive, quelle olfattive e perfino quelle tattili. Conosceva fin troppo bene il disturbo da stress post traumatico. Scoppiò a piangere e nascose il viso nelle ginocchia per rifugiarsi. La testa la riportò all'11 settembre, quando uscita dal World Trade Center Plaza vide la devastazione che la circondava. Un'ecatombe di detriti mista a parti del corpo umane invase la biblioteca. Sentiva odore di metallo bruciato, urla di persone disperate, i brividi salire. Rimase immobile a piangere qualche minuto, poi strizzò gli occhi e scosse la testa come un frullatore e tutto sparì, veloce come venne. Scattò in piedi, sapeva che la tregua concessagli dal suo cervello non sarebbe durata a lungo. Presto o tardi *Il Fantasma* sarebbe tornato e lei avrebbe dovuto rendergli conto *della sua libertà.*

Uscì dalla villa e corse giù al capanno. Un altro sigillo rotto allertava il passaggio di qualcuno. Accese la luce, tutto sembrava tranquillo. Si avvicinò alla botola e le parve di sentire una vibrazione, perfino dei rumori di sottofondo. Ebbe il timore di essere preda di altre allucinazioni, ormai non le distingueva più dalla realtà che la circondava.

No, non un'altra volta, ti prego. Resisti ancora un po'...

Fece ruotare la maniglia della botola, e disinserì il chiavistello. Dopo un lungo respiro l'aprì, pronta a un altro confronto con i mostri del suo passato... ma questa volta era tutto vero. A salutarla, la canna di una Sig Sauer a un palmo dal viso.

Parker si teneva con una mano alla scaletta e con l'altra quasi le fece un buco in fronte. Tess alzò le mani in segno di resa e il federale saltò fuori. «Che diavolo sta facendo qui? È stata lei a chiuderci la botola sulla testa?»

Parker ruggì come un leone e la giornalista scosse la testa per dire no. «Sono venuta a cercarvi. Ho visto l'auto nella piazzola, i sigilli rotti e così sono entrata.»

«Ha visto qualcun altro in giro?» incalzò l'agente speciale.

Lei fece ancora cenno di no con il capo.

«Parleremo del suo reato federale per violazione dei sigilli dell'FBI in un altro momento, signorina Westlake.»

«Mi ringrazi quando vuole, agente Parker. È stato un piacere salvarle il culo!»

Parker, basito, si affacciò ingiù nel sotterraneo verso Blake. Il detective si limitò a incassare la testa nelle spalle facendo un ghigno. «Ora sai come ho fatto a restare in vita questi giorni!»

Parker parlottò imprecando tra sé e sé, stupefatto dall'arroganza della Westlake mentre il tenente risaliva la scaletta.

«Quindi pensate che Marcus...» mormorò la Westlake appena la informarono del cassetto segreto nella cella.

«Di qua» nel frattempo, Blake indicò verso una zona del parco dove la vegetazione si infittiva. «Come ho già detto, quando sono uscito dal capanno ho sentito le sirene della polizia in avvicinamento, ma dopo il doppio tradimento di Markovic e di Miller non sapevo quale agenzia governativa sarebbe arrivata e se mi potessi fidare. Per sicurezza, ho sepolto il magnete sotto una zolla d'erba a ridosso di quella betulla.» Puntò il dito verso un grosso tronco. Guardarono tutti nella direzione indicata, una grossa zolla era stata rovesciata e giaceva con le radici all'insù. La buca accanto era vuota. Blake si guardò intorno incredulo sperando di aver sbagliato punto, ma non era così. Qualcuno ci era già arrivato.

«L'ho detto solo a Roma, è il mio avvocato. C'è il segreto professionale...» provò a giustificarsi il detective.

«La conversazione con un avvocato è vincolata dal segreto professionale solo laddove essa non nasconda l'intenzione a commettere un nuovo reato, Billy.» La giornalista ribadì ciò che Jeff le aveva detto poco prima. «Considerando che il magnete è il movente di un'autentica carneficina, qualsiasi corte sosterrebbe il caso. Dico bene, agente Parker?» Il silenzio del federale sembrò essere una tacita conferma.

«Jeff ha rivelato a Marcus dove avevi messo il magnete proprio per questo motivo. Ha pensato fosse la cosa più prudente considerando che non sapeva di chi potesse fidarsi. Dopotutto, è un'invenzione della sua azienda.»

«Avrebbe dovuto dirlo a me!» tuonò Parker.

«Non si fidava, dopo quello che era successo con Markovic e francamente non posso biasimarlo» disse Tess in sua difesa. Blake rimase in silenzio, poco prima anche lui aveva temuto che Parker potesse essere il *Mastermind.*

«Jeff mi ha accompagnato qui, è fuori dal cancello in macchina. Sentiamo che dice» Prese il suo cellulare usa e getta e compose il numero dell'amico, ma dopo qualche squillo la chiamata andò in segreteria.

«Non c'è tempo da perdere. Dobbiamo dividerci, il posto è enorme» suggerì Blake.

«Non mi piace» obiettò Parker. «Potrebbe essere armato e la pistola ce l'ho solo io.»

«A dire il vero hai tre M11, Arcadius» obiettò Blake.

Era una decisione difficile da prendere in un attimo. Blake era in stato di arresto, la Westlake sembrava una scheggia impazzita e le altre due pistole erano dei reperti. La procedura da seguire era ovvia, ma nella sua carriera Parker aveva imparato che a volte l'istinto era più importante delle regole.

«Ha mai usato una di queste, signorina Westlake?» Si rivolse alla giornalista passandole una delle M11 per il carrello.

«Affermativo» rispose lei.

«Tieni, Billy» disse, passandogli la terza Sig Sauer. «Tu cerca nella villa, lei signorina torni al cancello dall'avvocato Roma mentre io setaccio il parco fino al fiume.»

I tre si divisero come un fuoco d'artificio esploso nel cielo, ognuno con la propria pistola.

***

Blake era impegnato a controllare tutte le stanze dei tre piani della villa. Oltre a svariate sale, camere e bagni, la casa contava anche una palestra e una stanza adibita a cinema. Tutti gli spazi erano curati nei minimi dettagli, perfino nella zona di servizio. Westlake invece ripercorse il viottolo selciato fino al cancello sulla rotonda esterna. L'enorme Lincoln dell'avvocato Roma era parcheggiata nella rotonda esattamente dove l'aveva lasciata.

«Jeff, Jeff…» arrivò fino al finestrino chiamando il nome dell'amico, ma una volta aperta la portiera vide il sedile vuoto. Il telefono di Jeff era lì, sul posto del passeggero.

«Merda!» esclamò mentre prendeva il suo telefonino per chiamare Parker. «La macchina è vuota. Ho trovato il suo telefono sul sedile...»

«Sbrigati a tornare!» ansimò Parker col fiatone, «una piccola imbarcazione è appena partita dalla banchina sul fiume. Vediamoci al capanno.» – Click.

La giornalista corse il più veloce possibile e incrociò Blake nel giardino, anche lui era stato allertato da Parker. Si affrettarono al rimessaggio dove l'intera parete corta del capanno, quella rivolta verso il fiume e formata da due grandi porte, era stata spalancata. Parker aveva rimosso il telone e stava spingendo a mano il carrello con sopra una piccola imbarcazione a motore. Il peso era enorme, ma era riuscito a fare già un bel pezzo dello stradino sterrato che conduceva al fiume sfruttando il leggero falsopiano in discesa. Si era però fermato su una gobba del terreno.

«Di qua, svelti!» ansimò, sfinito: «Aiutatemi con questo dosso, poi il terreno scende fino alla banchina.»

In tre, due dietro e uno davanti, riuscirono a scavallare la cunetta, poi il carrello grazie al declivio si mosse agilmente fino alla piccola insenatura dove una discesa di cemento permetteva di varare facilmente le imbarcazioni dentro e fuori dall'acqua.

«Che è successo?» chiese Blake.

«Ho visto Whiterman! È buio ed ero lontano, ma era lui, sono sicuro!» Parker riferì di aver sentito il rumore di un fuoribordo che si accendeva e di essere corso verso il fiume. Era arrivato appena in tempo per vedere lo scienziato sul gommone allontanarsi a tutta birra.

«E Roma?» chiese Blake rivolgendosi a Tess.

«Jeff non era in macchina» rispose la Westlake.

«È possibile che sia stato lui a chiudere la botola sulla nostre teste?» ipotizzò l'agente speciale, assalito dal dubbio.

«Oddio, non lo so, dipende da quanto tempo siete rimasti intrappolati prima del mio arrivo. L'ho lasciato alla macchina e mi sono fermata alcuni minuti in biblioteca. Se anche Jeff fosse corso diretto da voi partendo poco dopo di me, direi che avrebbe potuto guadagnare tra i cinque e i sette minuti sul mio arrivo, non di più.»

«Allora non può essere stato Roma a chiudere la botola. Noi siamo rimasti rinchiusi quasi un quarto d'ora. È stato sicuramente Whiterman!»

«Allora dove è finito Jeff?» chiese Tess.

«Magari alla fine si è fatto coraggio ed è venuto in tuo soccorso, speriamo che Whiterman non lo abbia ammazzato da qualche parte nel parco» disse Blake.

«Forse lo ha preso in ostaggio. Era troppo buio e il gommone è partito a razzo, non ho visto altro che la sagoma di Whiterman di sfuggita, ma non posso escludere che ci fosse un'altra persona a bordo» ribadì Parker.

Il motore fuoribordo da 90 cavalli si accese al primo colpo e lo scafo sembrò decollare sull'acqua, all'inseguimento del gommone. In lontananza gli acuti delle prime sirene si facevano sempre più forti.

«Ho chiamato i rinforzi e ho chiesto l'intervento della polizia fluviale per far bloccare il Potomac. Lo prenderemo quel figlio di puttana!» esclamò Parker, sicuro di sé al timone.

«Un altro inseguimento sul Potomac» commentò Blake tra

gli schizzi d'acqua che gli bagnavano il viso.

«Almeno siamo tutti sulla stessa barca questa volta!»

L'inseguimento però fu molto più breve del precedente. Dopo circa un miglio, appena passato l'American Legion Memorial Bridge, che connette il Maryland con la Virginia attraverso la Interstate I-495, la loro caccia venne interrotta.

«Laggiù!» gridò Blake di vedetta. Nei pressi di Plummers Island Parker chiuse il gas virando verso la sponda sinistra e lo scafo cessò di planare, riabbassando la prua in acqua.

Un corpo galleggiava sul fiume.

- 39 -

Sembrava uno di quei dragoni rossi e blu che si vedono alle celebrazioni del nuovo anno cinese. Dalla visuale dell'elicottero, la carovana di veicoli delle forze dell'ordine sfilava a sirene spiegate arrampicandosi come un serpente per le curve tortuose della strada che conduceva alla villa di McLean. Le vetture arrivarono alla rotonda e si sparpagliarono occupando l'intera piazza. Dall'alto, il gioco di colore adesso aveva formato un cerchio luminoso che spiccava nell'oscurità della notte.

Il velivolo della polizia virò per seguire il corso del Potomac mentre una moltitudine di agenti si riversarono in strada come formiche. Il potente faro alogeno del cabinato volante squarciò il buio e andò a scovare il motoscafo pilotato da Parker. Avevano recuperato il corpo dall'acqua, si trattava di un uomo ed era ancora vivo, nonostante la ferita critica.

La manovra di salvataggio rappresentò l'ennesimo déjà-vu del giorno, ed era proprio quella scena che tanto aveva ossessionato il detective. Nel cuore della notte, in prossimità di un ponte, un uomo riemerge dalle acque del Potomac e viene aiutato a salire a bordo di una barca. In quel momento, alza la testa e rivela la sua identità: è Marcus Whiterman!

Era l'ipotesi formulata da Blake per risolvere il mistero del Nice Bridge ma, più che un déjà-vu, per lui fu un incubo che si avverava. Non era il ponte Nice ma l'American Legion

Memorial e Whiterman non era saltato con un paracadute, ma la cosa sconcertante fu che per un perverso gioco del destino la persona a tirarlo a bordo era proprio Blake. Non aveva dovuto immaginare nulla questa volta, lui era proprio lì e tutto stava accadendo davanti ai suoi occhi.

Marcus Whiterman era stato colpito da un proiettile nell'addome. Il colore del sangue rivelava che il colpo aveva perforato il fegato, una brutta situazione. Parker e Blake si scambiarono un'occhiata silenziosa che diceva già tutto.

La ferita non era casuale, a sparare era stato di certo un professionista che sapeva esattamente cosa volesse ottenere con quel gesto. Il punto d'ingresso della pallottola e l'angolo d'incidenza volevano sì uccidere, ma non subito. Non con la stessa velocità di un colpo alla testa, almeno. La ferita avrebbe lasciato la vittima agonizzante per un po' a lottare tra la vita e la morte perché l'obiettivo dell'assassino era quello di rallentare gli inseguitori, forzarli ad abbandonare la caccia nel disperato tentativo di salvare la vita della vittima.

Gli ultimi minuti di vita di Marcus Whiterman non furono però uno spreco completo. Il killer sapeva che quella scelta rappresentava un compromesso. Avrebbe guadagnato del tempo prezioso per la sua fuga, ma così facendo avrebbe lasciato dietro di sé qualcuno ancora vivo, qualcuno che lo aveva visto in faccia e questo non era mai accaduto prima.

Il codice etico imposto dalle forze dell'ordine avrebbe voluto che Whiterman rimanesse in silenzio per conservare quel filo di energia che lo teneva in bilico tra la vita e la morte, anche se ardeva in loro il desiderio di avere risposte.

«Non voglio restare in silenzio» disobbedì la vittima, «so bene che comunque vada sono i miei ultimi minuti di vita!» Dopotutto, Whiterman era una persona di scienza e sapeva a cosa andasse incontro. Tess era rannicchiata accanto a lui e gli teneva la testa. A prescindere dal suo ruolo nella vicenda, comunque da appurare, lei era pur sempre la moglie e il marito le stava morendo tra le braccia.

«Il magnete, Tess, promettimi che lo recupererai!»

L'afferrò con tutta la forza che gli rimaneva mentre un rivolo di sangue gli uscì dalla bocca, evidenziando così anche un probabile danno polmonare. Tess annuì piangendo. Una lacrima nera le rigò la guancia, a riprova che in quei giorni non faceva altro che litigare con il mascara.

«Che è successo, chi è stato Marcus?»

Con estrema fatica e un filo di voce, Whiterman cominciò la sua ultima narrazione.

«Mi ha detto dove fosse il magnete e mi ha dato un gommone per venire, dicendo che se fossi arrivato dal fiume non mi avrebbe visto nessuno. Aveva ragione, la polizia pattugliava le strade, non il Potomac. Sono arrivato indisturbato e ho attraccato al pontile in legno. Andando a prendere il magnete sono passato vicino al capanno e ho visto la luce accesa. Mi sono affacciato, la botola era aperta. Ho capito che non ero solo come speravo e ho agito d'impulso. Il magnete era sepolto da qualche parte e sapevo che di notte sarebbe occorso del tempo per trovarlo, non potevo rischiare di essere visto. Perciò sono entrato e ho chiuso la botola sulle loro teste per guadagnare tempo.»

Blake intanto stava facendo del suo meglio per contenere l'emorragia. Parker aveva girato la prua e stava tornando veloce verso la banchina dove li aspettava l'ambulanza. Whiterman tossì dell'altro sangue e riprese a parlare.

«Mi sono messo a cercare il magnete. Ci ho messo un po', c'erano tanti alberi e di notte sembrano tutti uguali, ma alla fine l'ho trovato. Stavo per andarmene, ma nel frattempo sei arrivata tu e li avevi liberati. Mi siete passati davanti, vicino a quella dannata betulla. Io ero accovacciato dietro a un cespuglio, vi sentivo parlare.»

«Perché Marcus?» chiese Tess.

«Troppa gente invischiata, non distinguevo più i buoni dai cattivi e non volevo che il magnete finisse nelle mani sbagliate. Sono tornato al gommone ed era lì ad aspettarmi. Ha detto che era stato lui a mettere la chiave nelle patate.»

«Patate... chiave... di che parli?» intervenne Blake.

«Mi ha salvato la vita, senza il suo aiuto Markovic mi avrebbe ucciso, ma gli servivo per completare il suo piano.»

«Aspetta un attimo. Hai detto che Markovic è venuto nella tua cella con un secchio d'acqua e che sei riuscito a prendergli la pistola e spararagli. Non hai mai detto che qualcuno ti avesse aiutato!» Blake decise di non contestargli ancora la scoperta del cassetto segreto con la seconda pistola; Parker intanto ascoltava in silenzio da dietro il timone.

«La dinamica descritta nella mia testimonianza è vera, ho solo omesso un dettaglio. Markovic alcune ore prima mi aveva portato il pasto, delle patate lesse appunto. Non sapeva che in una di esse fosse nascosta una piccola chiave avvolta in un biglietto in cui mi si diceva di tenerla a portata di mano, che da lì a breve mi avrebbe salvato la vita. Infatti, così è stato. Alcune ore dopo, Markovic è tornato dicendo che mi avrebbe portato in un posto e liberato, ma in realtà lo stronzo voleva affogarmi. Ha poggiato la pistola per terra credendomi ammanettato, io però mi ero liberato i polsi con la chiavetta. Così mentre aveva le mani sulla mia testa e me la forzava nel secchio, ho preso la sua pistola e gli ho sparato. Sono stato rapido, lui non se lo aspettava. Ecco, guarda...»

Tossì dell'altro sangue e le passò un rotolino di carta che teneva nella tasca dei pantaloni. Avvolgeva una chiave.

Tess lesse a voce alta il testo scritto sul pizzino: «Tieni questa chiave sempre a portata di mano, oggi ti salverà la vita! Recupera il magnete, ma non fidarti di NESSUNO! Mi rivelerò al momento opportuno.»

Ancora una volta il detective e l'agente dell'FBI si scambiarono uno sguardo silente. Parker fece di sì con la testa e Blake gli contestò la scoperta del cassetto con l'altra Sig Sauer, la ricetrasmittente e le chiavi per liberarsi e uscire dalla cella. Ricostruì la dinamica esattamente come aveva fatto precedentemente con Parker.

«Dicci la verità, non continuare a mentire. Sappiamo che hai orchestrato tutto tu. Dicci chi ti ha sparato e perché?»

«Che cassetto, quale pistola... Di che cazzo stai parlando, Blake?» Whiterman chiese confuso, con un alito di voce.

«Risparmi il fiato dottor Whiterman, siamo quasi arrivati. I paramedici sono sul posto e la porteranno subito in ospedale.»

«NO!» urlò, spremendo le sue ultime energie e afferrando la moglie per il polso. «È andata come vi ho detto! Tesla, te lo giuro. È stato tutto architettato per aizzare me e Mike uno contro l'altro, perché sia io che lui eravamo pronti a morire per questo Paese. Mike è già morto e io sto per raggiungerlo, ma quel figlio di puttana non può farla franca!»

Il volto di Whiterman rispecchiava il grigiore della neve quando si ammassa sul bordo della strada. La moglie gli stringeva la mano destra e Blake notò dei lividi intorno al suo polso, esaltati dalla carnagione ormai cianotica. Attanagliato da un atroce dubbio, prese il polso sinistro dello scienziato e constatò che era perfettamente sano. Gli alzò allora il risvolto dei pantaloni e abbassò i calzini per guardargli le caviglie. Erano lisce, senza traccia di abrasioni.

«Merda!» imprecò Blake rivolto a Parker, che aveva seguito con lo sguardo quella bizzarra perquisizione.

L'imbarcazione ormeggiò, Tess era curva sul marito con l'orecchio a sfiorargli le labbra per decifrarne gli ultimi rantoli.

«Prima hai detto che avevi i ceppi della catena che ti legavano il polso destro, ma i ferri che abbiamo trovato in realtà sono fatti per la caviglia» domandò pleonasticamente Blake, ma Whiterman non rispose.

L'equipe medica salì a bordo e Tess alzò la testa, aveva il mascara spalmato su tutto il viso. Sotto di lei, Whiterman fissava il cielo, immobile. La giornalista si portò le mani insanguinate al volto mentre i paramedici tentarono di rianimare il paziente, ma era troppo tardi.

«Ti ha detto chi è stato a...»

Tess annuì. «Ha detto che l'ha abbracciato e gli ha sussurrato all'orecchio "*grazie, amore mio*" poi gli ha sparato a bruciapelo nel fianco e lo ha gettato in acqua.»

***

«Non poteva raggiungere il cassetto, vero?» chiese Parker.

«No. Non se era legato al polso» chiarì Blake. «Ecco perché ha usato dei ceppi da caviglia per incatenarlo. Voleva farci credere che fosse stato Whiterman a orchestrare tutto. Se fosse stato incatenato alla caviglia avrebbe potuto raggiungere il cassetto, invece anche quello era un fottuto tranello; l'ultimo anello del suo piano diabolico, avremmo incriminato Whiterman, nessuno avrebbe mai pensato a lui.»

«*Vdokhnovitel*» disse Parker, «quel russo bastardo ci ha fregato ancora!»

La squadra di ricerca era composta da diverse unità tra elicotteri, barche e truppe di terra dislocate sui due versanti del fiume, eppure impiegarono oltre mezz'ora per trovare il gommone.

Un primo gruppo di barche della polizia aveva creato un blocco nei pressi di Snake Island, il piccolo atollo al centro del Potomac in corrispondenza della diga di Little Falls. Da lì in poi le imbarcazioni non potevano risalire il fiume per via della diga, ma era altrettanto improbabile che il fuggitivo potesse saltarla nella direzione opposta. Pertanto, la squadra di ricerca si focalizzò nel tratto compreso tra Snake Island e l'American Legion Memorial Bridge. Il segmento misurava circa tre miglia, ma il gommone era nero e già questo non rendeva facile vederlo al buio.

Fu rinvenuto a circa un miglio dal punto dove era stato ripescato Whiterman, in una zona bassa e paludosa del fiume conosciuta con il nome di Wades island. Più che di un'isola si tratta di qualche ciuffo di sterpaglia che cresce sopra a degli ammassi fangosi e che fuoriescono dalla superficie dell'acqua all'altezza della diga numero 8 del Chesapeake and Ohio Canal[9] (C&O).

9. Il C&O Canal, annoverato tra i siti storici degli Stati Uniti, è un corso d'acqua che scorre parallelo al Potomac da Washington fino a Cumberland, nel Maryland. Fu operativo tra il 1831 e il 1924 per il trasporto di carbone ed è caratterizzato da 74 dighe per alzare e abbassare il livello dell'acqua e permetterne lo scorrimento lungo un dislivello di circa 200 metri.

Era il luogo perfetto per nascondere il gommone. Lo videro solo quando gli furono praticamente sopra, nascosto da una rete su cui erano state applicate un po' di quelle sterpaglie per camuffarlo; un'altra azione studiata nei minimi dettagli. Non a caso in quel punto, l'alzaia del C&O Canal costeggia il Potomac a non più di un paio di metri di distanza. La strada d'alzaia lì si collega a uno stradino che sfocia direttamente nella Clara Barton Parkway, una strada a scorrimento rapido che gli permise di allontanarsi in modo veloce ed efficace, bastava avere un mezzo di trasporto pronto in quel punto del fiume.

La polizia organizzò dei posti di blocco ma in prima battuta, a seguito del primo allarme lanciato da Parker, fu divulgato l'identikit di Marcus Whiterman. Prima di correggere il tiro il fuggitivo aveva accumulato quasi un'ora di vantaggio che, tradotto in distanza e considerando la velocità che poteva raggiungere sulle strade deserte a quell'ora della notte, poteva significare ben oltre cento chilometri. In pratica poteva essere ovunque dalla Pennsylvania al West Virginia incluso New Jersey, Delaware, Maryland, Virginia e Washington, D.C.

***

Le prime luci dell'alba risvegliarono la capitale dopo che la polizia aveva condotto un'inutile perquisizione nell'abitazione del sospettato. In quel momento, una Ducati transitò in un garage pubblico di una piccola cittadina della Pennsylvania. Il centauro mise la moto sul cavalletto in uno dei tanti posti liberi e si avvicinò a una comunissima Toyota Camry. Le luci dell'utilitaria lampeggiarono, lui aprì la portiera e si sedette al posto di guida. Poggiò il casco nero con la visiera brunita sul sedile di fianco e si specchiò nel vetro retrovisore. Vide i tratti somatici che aveva assunto dai tempi del college, dopodiché Jeffrey Roma cessò di esistere in quel riflesso.

Si rimosse le lenti a contatto nere rivelando due occhi del colore del ghiaccio siberiano. Aprì il vano sotto il cruscotto e prese un asciugamano bianco e un flacone. Ci rovesciò sopra buona parte del liquido e si strofinò la testa con vigore. Il nero dei suoi capelli si trasferì sul panno candido, lasciando emergere una capigliatura bionda che pettinò all'indietro.

Prese quindi un paio di occhiali da vista e un porta documenti che conteneva passaporto, patente, carte di credito, il tesserino sanitario e tutto il resto. Una nuova identità. Aprì la prima pagina del passaporto, la foto ritraeva le sue nuove sembianze a eccezione degli occhiali che teneva ancora in mano. Se li calzò sul naso con fare compiaciuto mentre infilava tutti i suoi vecchi documenti in una busta di plastica insieme all'asciugamano sporco di nero. La mano sparì nella giacca da motociclista e riemerse arrotolata al prezioso magnete. Allungò il braccio verso il vano portaoggetti e vi adagiò il cilindro con cura.

La macchina si spostò alcuni metri, per fermarsi poco dopo accanto a un bidone. Abbassò il finestrino e sporgendo la mano dal cristallo fece cadere la busta di plastica nella spazzatura. Prese il flaconcino, rovesciò il resto del liquido nel cesto e gettò via la boccetta. Jeffrey Roma non fumava, questa persona sì. Si accese una Marlboro con uno zippo e lo fece cadere acceso dentro il bidone accelerando verso l'uscita.

Vide la fiamma crescere dallo specchietto retrovisore e un sorriso gli deformò il volto.

Я снова их трахнул – Li ho fottuti un'altra volta! pensò il Mastermind.

14 settembre
XXXXX

«Un'altra notte da solo a combattere per ore i fantasmi di quel passato sempre presente, quella morte così viva, quegli attimi così eterni...»

I CINQUE SENSI

Michele Petragnani Ciancarelli, *Il Fantasma Della Mia Libertà*, 2001

Epilogo

Alle 7 di quel mattino l'edizione cartacea del *The Public Eye* era introvabile in qualsiasi edicola. La distribuzione contava anche su alcuni rivenditori automatici posizionati a incroci strategici della capitale, ma erano stati saccheggiati da qualche furbetto che con pochi spicci si era preso tutte le copie per rivenderle sovrapprezzo ai semafori. Nonostante avesse stampato alla massima capacità, le copie del giornale erano largamente inferiori alla richiesta. Il motivo era semplice, *The Public Eye* era l'unico quotidiano in cui la descrizione degli eventi che avevano tenuto per giorni il Paese sulle spine era affidata a uno dei protagonisti della vicenda stessa: Theresa Westlake.

La riconciliazione con il direttore Gordon Stevens fu spontanea. Alcune storie d'amore non tramontano mai, e quella tra la Westlake e *The Public Eye* era una di queste. Nei giorni frenetici, mentre la maggior parte dei media assunsero una posizione più o meno dura sui due fuggitivi, *The Eye* era uno dei pochi che supportasse realmente la presunzione d'innocenza, come peraltro previsto dall'articolo 11 della dichiarazione universale dei diritti umani.

Il fatto che Tess avesse rassegnato le dimissioni poco prima di trovare spazio nella lista delle persone più ricercate dall'FBI si tradusse in una grandissima pubblicità per il giornale, che rasentava la bancarotta. Il pubblico ritrovò interesse, e le vendite risalirono vertiginosamente in quei giorni culminando con il tutto esaurito. Scommettere sull'innocenza di Blake e della Westlake era stata una giocata d'azzardo che pagava molto bene e il *The Eye* aveva puntato sul cavallo giusto.

Tess decise di creare una rubrica a episodi nella quale rivelava, di volta in volta, dettagli di prima mano che non potevano essere trovati da nessun'altra parte. L'idea ebbe successo. Il giornale avrebbe continuato ad aumentare le vendite, attratto pubblicità e nuovi investitori.

La prima uscita, che diede il nome alla rubrica, era quel documento che Tess scrisse di getto qualche settimana dopo l'11 settembre 2001 e che avrebbe cambiato la sua vita: *Il Fantasma Della Mia Libertà*.

***

Quel pomeriggio, la sala conferenze del *The Public Eye* era gremita. Gordon Stevens dietro il leggio accarezzava Groucho, acciambellato tra le sue braccia. Aveva appena finito di leggere *Il Fantasma Della Mia Libertà* alla platea composta dall'intero staff del giornale, gli azionisti, diversi giornalisti dei principali media oltre che, ovviamente, l'agente speciale Parker e il detective Blake.

«Leggere questo testo oggi mi fa venire i brividi così come fece tanti anni fa, quando lo lessi per la prima volta. Mi fu inviato da uno dei superstiti di Ground Zero e fino a oggi è rimasto un documento privato, condiviso solo con persone intime. L'11 settembre ha cambiato la vita di tante persone. Colei che ha scritto queste parole ha abbandonato una carriera nella finanza per dedicarsi al giornalismo, per ricercare e divulgare la verità. E come disse Gesù, *Veritas Vos Liberat*, così è stato per questa coraggiosa donna che sono orgoglioso di poter chiamare collega, ma soprattutto amica. Signori e signore, fate un caloroso applauso di bentornata al *The Eye* alla nostra redattrice capo, Theresa Westlake.»

La stanza intera si alzò in piedi ad applaudire mentre Tess guadagnava il podio. Passando diede il cinque a Garrett Wilkins e rivolse uno sguardo di gratitudine al direttore Stevens. Blake intanto tentava di sistemare il nodo a una cravatta nuova che aveva regalato a Parker. Il federale lo scacciò via con un buffetto sulla mano. Risero entrambi, finché Tess cominciò il suo discorso.

«Salve a tutti, grazie di essere qui. Prima di tutto volevo ringraziare Gordon e i miei colleghi per il loro supporto durante questi giorni. Sappiate che è un grande onore per me essere tornata in questa meravigliosa famiglia. Come sapete ho vissuto dei giorni drammatici, ma come dice Nietzsche, quello che non ti uccide ti rende più forte… e allora sappiate che sono tornata più forte che mai!» Sfociò in un sorriso, e un applauso scrosciante la costrinse a una breve pausa. Ne approfittò un astuto reporter per avvicinarsi al palchetto e fare una domanda ad alta voce.

«Buon pomeriggio, sono Scott Riley. Ciao Theresa, sei sempre bellissima davanti alle telecamere. Cosa puoi dirci di Jeffrey Roma, detto ormai il Mastermind. È vero che era uno dei tuoi migliori amici e che ha ucciso tuo marito?»

Gordon Stevens, accanto a Tess, si chinò verso il microfono per cercare di farle guadagnare del tempo.

«Magari la dottoressa Westlake risponderà a qualche domanda più tardi...»

«Va tutto bene Gordon» disse lei, rassicurandolo con un gesto della mano. Non riuscì però a nascondere un velo di tristezza sul suo volto. La domanda aveva toccato un tasto dolente.

«Grazie per la domanda, Scott. C'è un criminale pericoloso a piede libero che si è preso diverse vite, tra cui quella di mio marito. Sia io sia Marcus abbiamo voluto molto bene a Jeffrey Roma, sebbene lui avesse fatto solo finta di volerne a noi così come ad altre persone mentre cospirava contro questo Paese. Ma sono certa che il nostro governo lo assicurerà presto alla giustizia e allora risponderà di tutto ciò che ha fatto» rispose lei in modo scontato.

«Be', questa è una risposta veramente formale, Theresa! Mi sembra innanzitutto che tu debba imparare a sceglierti meglio gli amici. Poi, se fossi in te, cercherei quel Jeff, "la mente suprema", o come diavolo si chiama e lo tirerei fuori dal buco dove si nasconde afferrandolo per le palle. D'altronde, sei sempre quella giornalista che si apparta nei vicoli per svolgere lavoretti sporchi a testa bassa davanti alle telecamere, giusto? Insomma, per un cronista d'assalto storie così dovrebbero essere un po' come il miele per gli orsi...» incalzò Scott con un sorrisetto malizioso.

«Aspetta un attimo. È quello stronzo che mi ha chiamato assassino in diretta televisiva durante la conferenza stampa dello sceriffo a La Plata!» disse Blake a Parker.

Riley si passò la mano sulla barbetta brizzolata con fare compiaciuto. Lei provò a mantenere un sorriso di circostanza, ma avvertì un capogiro e dovette sorreggersi saldamente con le mani al leggio per non cadere. Chiuse gli occhi, sentiva il respiro farsi affannato e mischiarsi a voci indistinguibili. Quando li riaprì, la faccia di Riley era offuscata. Si deformava sempre più, finché i tratti somatici scomparvero, c'era solo una folta criniera d'argento ad avvolgergli la testa. Pian piano, da quel volto deformato ricomparve un viso, *quel* viso. Si stropicciò gli occhi inutilmente cercando di farlo sparire, ma le parole "*Orso e Miele*" le echeggiavano nelle orecchie. Distolse lo sguardo e, con la mano tremante, afferrò la bottiglietta sul leggio. Avvertì un'ondata dolciastra invadergli improvvisamente la bocca e le sembrò di soffocare. Bevve un lungo, interminabile sorso d'acqua nel vano tentativo di liberarsene, ma metà del liquido le fuoriuscì dalla bocca, non riusciva a deglutire. Bere era inutile. Le sembrò di udire la voce distante dello zio John e si tappò le orecchie, ma anche questo gesto fu inutile. Si rese conto che, a uno a uno, stava perdendo la battaglia contro i suoi cinque sensi; la battaglia contro *il*

Fantasma. Lui era tornato, l'aveva finalmente scovata e ora stava per privarla ancora una volta *della sua libertà*.

«Ehi, qualcuno può portare questo stronzo fuori dalla mia redazione, per favore?» esclamò Stevens rivolto verso la sicurezza. Blake lo aveva già afferrato sotto la spalla e lo stava spingendo verso l'uscita, mentre Riley borbottava qualcosa riguardo al proprio diritto costituzionale a fare domande. Tess riaprì gli occhi, Blake aveva storto il braccio di Riley dietro la schiena e gli stava vomitando insulti a bassa voce nell'orecchio.

«Credo sia un po' come lo yin e lo yang...» riprese Theresa Westlake.

Sentendo la sua voce, Blake si fermò con il reporter sottobraccio ormai in prossimità della porta.

«... la gente parla di *Bene e Male* come se fossero dei valori assoluti, ma non lo sono. Questa storia tremenda mi ha insegnato che nessuno è interamente buono, così come nessuno è del tutto cattivo. Prendete l'agente Markovic, per esempio. Certo, era un criminale spietato e ha avuto quel che si meritava. Mio marito lo ha ucciso e in un certo senso si può dire che Marcus Whiterman abbia avuto giustizia prima di morire, però è anche vero che la famiglia di Markovic è morta sotto i bombardamenti della NATO in Serbia. Lui ha forse ottenuto giustizia per quest'atrocità? Non vi so rispondere. Quel che so è che mio marito è stato principalmente un uomo buono, anche se si è macchiato di alcune gravi colpe. Markovic invece verrà ricordato come una persona cattiva, sebbene sono certa avesse i suoi ideali, alcuni perfino nobili.

È lo yin e lo yang, come dicevo: c'è un po' di bene anche tra i peggiori mali e viceversa. Lo era anche per Mike Travis e per Jeffrey Roma, *Mastermind*, o qualunque sia il suo vero nome. E scommetto che lo stesso valga anche per qualsiasi altra persona in questa stanza. Anche te e me, Scott.»

Fece una breve pausa per cercarlo tra la folla e quando finalmente trovò il suo sguardo, Riley si tramutò in pietra. Gli occhi di Tess sembravano vuoti, senza anima, e incutevano terrore proprio come quelli di Medusa. In quell'eterno istante che congelò i loro sguardi, lei ammiccò in modo ambiguo.

«Hai ragione, ho del lavoro sporco da portare a termine. Magari ci vedremo presto in qualche vicoletto al buio, orso...»

Il fantasma della mia libertà

Michele Petragnani Ciancarelli, 2001

È un'altra notte insonne. Da quasi due mesi ormai, notti come queste sono diventate una realtà con la quale ho imparato a convivere. Un'altra faccia del fantasma della mia libertà. Cominciano tutte nello stesso modo queste dannate notti. Sdraiato sul letto, le palpebre pesanti si chiudono come persiane per oscurare la luce alle finestre della mia anima ferita. Fatico a cadere tra le braccia di Morfeo perché so che non durerà molto. La mia mente macchinosa comincia a muovere i suoi ingranaggi e presto mi sveglierò in una pozza di sudore.

Ho paura. All'improvviso, ancora con il fiatone, l'odore acre di acciaio fuso mi pervade con una violenza tale da sembrare vivo. Quell'aroma sono solo alcune molecole del milione di tonnellate di metallo che mi è crollato intorno. Quelle molecole sono sempre con me, non si possono soffiare via con un fazzoletto. Si sono ancorate perpetuamente alle mie mucose nasali l'11 settembre. È con questa nauseante allucinazione olfattiva che sta per cominciare un'altra di "quelle notti". Un'altra notte da solo a combattere per ore i fantasmi di quel passato sempre presente, quella morte così viva, quegli attimi così eterni.

Ho paura perché so che presto anche le altre allucinazioni psicosomatiche mi domineranno. Mi guardo intorno nel buio della mia stanza alla ricerca di una speranza, ma vedo solo nero. Non per molto. Due cerchi di fuoco ora divorano la notte, alimentati dall'acciaio delle torri, lanciando lapilli incandescenti. Sembrano stelle cadenti, ma sono torce umane.

Chiudo gli occhi e cerco delle certezze. Sono solo, è notte, tutto tace. Non per molto. Le quattro mura della mia stanza si rimbalzano l'eco delle urla agonizzanti di migliaia di innocenti. Mi porto le mani alle orecchie, spingendo più forte che posso. Mio Dio, falli smettere, ti prego! Ma quei lamenti mi filtrano tra le dita, mi sembra di impazzire. Continuo a spingere ancora più forte, finché i polpastrelli mi entrano nel cranio, mi fa male. Non per molto. Il dolore alla testa scompare all'improvviso, grazie al cielo. Ma che succede?

Guardo i palmi delle mani e mi tocco dappertutto, ma non sento nulla da nessuna parte. Sono stato scippato perfino del senso tattile a eccezione di quella piccola goccia di sudore che mi imperla la fronte, solleticandola. È l'unica dannata cosa che sento in tutto il mio corpo mentre comincia a scivolare giù. Corriamo insieme a rotta di collo. La gocciolina di sudore giù sul mio viso, io giù per trentacinque piani di scale, tentando di evacuare quel maledetto edificio. A ogni piano cresce la paura che un terzo aereo diretto verso di me sia più veloce delle mie gambe. E in quella corsa disperata devo aver ingoiato tutta la saliva del mondo perché la mia bocca è arida e pastosa. Allungo la mano sul comodino dove ho sempre un bicchiere d'acqua e lo bevo tutto d'un fiato. Eppure, come in un contrappasso dantesco, più bevo e più ho sete. Potrei bere insaziabilmente tutta la notte perché la mia non è una sete fisiologica, è una sete di giustizia. E così anche l'ultimo mio senso è corrotto. Osama Bin Laden è il terrore dei miei cinque sensi, Il Fantasma Della Mia Libertà.

Con queste sensazioni alterate rivolgo il mio pensiero a quanto di più marcio sia potuto maturare in Italia a seguito dei fatti dell'11 settembre:

l'ingratitudine delle manifestazioni antiamericane e l'ipocrisia di pacifisti faziosi. Gli uni quanto gli altri, simboli dolorosi di un Paese che non è nazione, di una patria che non è popolo.

Ai primi, gli ingrati antiamericani, ricordo la storia della nostra libertà. Quella "Dolce Vita", così ben fotografata da Fellini e invidiataci da tutto il mondo, ci fu permessa grazie al sangue degli americani caduti per liberarci dallo spettro nazista. Giovani uomini e donne come me, come te, o forse come i tuoi figli, che tanto ami e che mai vorresti morissero in guerra per liberare il tuo Paese, figuriamoci per quello di qualcun altro. Ma lo hanno fatto. Il loro sangue impregna ancora il litorale di Anzio dove ho trascorso molte estati da ragazzo. Su quel sangue, come migliaia di altri turisti, mi sono sdraiato al sole, ho giocato, riso e amato. Giorno dopo giorno, anno dopo anno. Quindi prima di dissacrare una bandiera a stelle e strisce, trascorri una mattina al cimitero americano di Nettuno. Una mattinata intera perché tanto ti ci vorrà per contare quelle lapidi bianche, pulite e semplici, come le anime di quei ragazzi che hanno combattuto e sono morti per un ideale che chiamavano libertà. Un ideale che conoscevano bene perché era lo spirito della loro patria e volevano che fosse anche nostro a ogni costo, anche quello della propria vita.

Ai secondi, gli ipocriti che pensano che gente come Bin Laden e i suoi seguaci possano essere sconfitti con un ramoscello di ulivo, li esorto a procurarsi non uno, ma 7861 ramoscelli. Li invito poi a trascorrere un intero giorno al cimitero americano di Nettuno perché tanto gli ci vorrà a deporli su ciascuna lapide di chi è morto per la sua "pace". Che lo faccia, per capire forse, che per quanto atroci, purtroppo alcune guerre sono giuste. Certo non quelle che nascono per accaparrarsi le ultime gocce di petrolio, o le "guerre sante", o le guerre di potere, ma quelle poche guerre fatte per quel bene che è più prezioso perfino della stessa vita. Quel bene per cui la gente di spirito nobile è pronta a combattere e morire. Quel bene si chiama libertà dei popoli oppressi, si chiama libertà di parola, libertà di scegliere e amare chi si vuole, si chiama libertà di essere donna e poter mostrare il proprio volto. Quel bene così speciale per il quale si sacrifica perfino il dono sacro della vita si chiama semplicemente libertà... perché ditemi, cos'è la vita senza la libertà, se non la morte dell'anima?

Ed è proprio la libertà che mi manca in queste lunghe veglie insonni. Perché sono prigioniero della paura dall'11 settembre, da quando terroristi codardi, bestemmiando il nome del proprio Dio, mi hanno privato della libertà di godermi la notte. Notte, regina del buio, io che ti amavo e che tante volte ti ho celebrata e goduta più del giorno, ora ti temo. Hai perso il vestito della goliardia che indossavi per lusingarmi nelle serate metropolitane. Notte, ti temo perché so che verrai ad affrontarmi e sarò solo e indifeso. Mi troverai prigioniero tra le quattro mura della mia stanza, dove il fantasma della mia libertà arriverà a cavallo per scipparmi a uno a uno dei miei cinque sensi.

Notte ti amavo, notte ti odio.

Ringraziamenti

Ringrazio Flavio Passi che ha creduto da subito nelle potenzialità del romanzo e con lui tutto l'entourage di professionisti di Edizioni Effetto che ha collaborato a questo progetto. Tra questi, un grazie particolare va sicuramente a Natascia Cortesi, instancabile e infallibile cecchino in forza alla milizia della grammatica italiana.

Grazie a Marco Martani, tra i primi lettori, per avermi prestato la sua lunga esperienza di sceneggiatore e regista consigliandomi su scene e personaggi.

Grazie alla mia famiglia, genitori e figli, fonti inesauribili d'ispirazione. Ma grazie soprattutto a Giulia, unica, come la via di sampietrini nel cuore di Roma.